核心素养导向下通用技术学习方式的研究

天津市中小学教师继续教育中心　编

天津出版传媒集团

天津科学技术出版社

图书在版编目(CIP)数据

核心素养导向下通用技术学习方式的研究 / 天津市中小学教师继续教育中心编. -- 天津:天津科学技术出版社,2021.12

(天津市中小学"学科领航教师培养工程"团队攻坚成果系列丛书)

ISBN 978-7-5576-9792-1

Ⅰ.①核… Ⅱ.①天… Ⅲ.①通用技术-教学研究-高中 Ⅳ.①G633.932

中国版本图书馆 CIP 数据核字(2021)第 273062 号

核心素养导向下通用技术学习方式的研究

HEXIN SUYANG DAOXIANGXIA TONGYONG JISHU XUEXI FANGSHI DE YANJIU

责任编辑:傅雪莹

责任印制:兰　毅

出版: 天津出版传媒集团
　　　天津科学技术出版社

地址:天津市西康路 35 号

邮编:300051

电话:(022) 23332397 (编辑室)

网址:www.tjkjcbs.com.cn

发行:新华书店经销

印刷:天津午阳印刷股份有限公司

开本 710×1000　1/16　印张 21.5　字数 340 000

2021 年 12 月第 1 版第 1 次印刷

定价:128.00 元

前　言

根据天津市教育委员会《关于实施天津市中小学"学科领航教师培养工程"的通知》(津教委人〔2017〕2号)文件精神,落实"学科领航教师培养工程"实施方案的要求,高中通用技术学科开展团队攻坚工作,有针对性地解决一线教育教学工作中的实际问题,通过学科领航教师优秀团队的示范和引领,整体提升我市教师队伍的专业水平。

高中通用技术学科攻坚团队选择基于通用技术学科核心素养变革学习方式作为研究方向,以实现高效教学为目标,共同探讨解决学科教学实践中存在的现实问题,提炼具有创新性、典型性和推广价值的经验,形成具有一定影响力的成果。本书内容包括核心素养导向下通用技术学习方式、学科多元融合教学、课程资源建设、实践学习案例开发和教师专业发展等内容。

感谢天津市教委和天津市中小学教师继续教育中心的精心指导和周密安排,成果集借"学科领航教师培养工程"契机向全市高中通用技术学科教师提供教学参考,实现攻坚成果在更大范围内共享,为我市通用技术课程发展贡献智慧和力量。

天津市中小学"学科领航教师培养工程"

高中通用技术学科攻坚团队

目　录

第一篇

通用技术学习方式的研究

核心素养导向下通用技术学习方式研究

天津市中小学"学科领航教师培养工程"高中通用技术学科攻坚团队

1 问题的提出

1.1 研究背景

1.1.1 国家对人才培养提出新要求

随着时代的发展,尤其是信息化、全球化时代的降临,传统意义上那种知识与技能本位的教育已无法适应日益复杂的工作环境, 人们更需要具有面向未来工作与生活需求的素养。2014 年 3 月,《教育部关于全面深化课程改革落实立德树人根本任务的意见》提出"核心素养"概念,明确学生应具备的适应终身发展和社会发展需要的必备品格和关键能力,突出强调个人修养、社会关爱、家国情怀,更加注重自主发展、合作参与、创新实践。核心素养的提出,不仅是学科发展、深度学习知识的需要,更是人的全面发展和时代的需要。教育培养的是适应未来发展需要、有创新精神和实践能力的新一代公民,而怎样学知识,决定了将来怎样运用知识以及今后怎样参与社会生活和改造世界。它的提出不仅在一定意义上关注了学生的学习能力和核心素养的形成,同时也改变了学生的学习方式,可谓是课堂上"不小的革命",以培养学生核心素养为导向的教育改革体现了时代的基本要求。

1.1.2 通用技术课堂教学中存在问题

经过十几年的教学实践,教师早已抛弃知识灌输和填鸭式的教学方式,认识到了过度灌输知识对孩子想象力和创造力发展带来的不良影响。通用技术教师在课程实践的过程中形成了许多教学方法,如案例教学、技术体验、技术探究、项目学习等方法,但仍然存在知识本位、以接受知识为主的问题。老师教什么,学生就学什么,学生的学习更多的是知识的记忆和掌握。为什么学生听课后容易忘记,甚至有的学生会认为"学习"无用,因为许多学生只是带着有限的知识理解离开课堂,他们最多是把一个新知识存入大脑,而不是置身于自己的问题领域,将自己的理解与教师讲授的观点作对比、联系、辨识和选择。

从强调"双基"到三维目标,再到今天核心素养的提出,都在向我们昭示着学生内在发展的重要性。要把知识为本转化为以"核心素养为本",在优化教学方式的基础上,更要思考学生学习方式的转变路径,切实让学生的核心素养真正落到实处。

1.2 研究意义

本项目着力建构以学科素养为导向的学习方式,从基于学科特征和高中生特点出发,探讨如何以学科核心素养为引领进行学生学习方式的变革,致力于增强课堂活力,引领学生从接受理论知识学习向迁移应用转变。尤其在新课标、新教材的大背景下,围绕实践学习项目开发适合学生发展的课程资源,为教师提供丰富的实践教学案例资源,有效支撑通用技术学科教学的开展,对于推进通用技术课程实施具有重要的现实意义。

1.3 核心概念的界定

通用技术学科核心素养是在深入挖掘技术教育价值的基础上,从文化修养、社会参与和自主发展3个方面展开建构。通用技术学科核心素养为技术意识、工程思维、创新设计、图样表达、物化能力,这是学生在本学科学习过程中逐渐形成的知识、能力、态度等方面的综合表现。技术意识包含了技术的亲近情感、理性态度、社会责任、伦理精神等,体现了技术的社会性,是技术学习方向感、价值感的集中体现;工程思维和创新设计更多地反映了学生思维发展、问题解决和创新能力等方面的自主发展,是学生可持续发展的重要基础;图样表达和物化能力则是实现技术的形态转换、技术操作、加工创造的必要条件和基本过程。

基于核心素养的通用技术学习过程应是学生主动建构知识、不断拓展能力、发展核心素养的过程。从通用技术学科特征角度看应体现实践性和创造性,可采用技术体验、技术探究、设计制作等实践学习方式;从学科的综合性出发,可采用项目学习等整合学习方式,通过大概念引导大项目、大过程的方式来组织学习活动;基于学生的身份特点和多元发展取向,采用高校协同、普职融通的连接学习方式等。

2 研究综述

2.1 国内、外研究现状

2.1.1 国外研究现状

推进基于核心素养基础教育变革的背景下,选择何种学习方式发展核心素养是一个世界性的教育难题。在加拿大推进基于核心素养的基础教育改革进程中,迈克尔·富兰与英特尔、微软、培生国际教育集团以及普罗米修斯科技公司联合启动了"为了深度学习的新教育学"研究项目,涉及美国、加拿大、澳大利亚、新西兰、芬兰、挪威和乌拉圭等7个国家,近1 500所学校。迈克尔·富兰(Michael Fullan)所领导的这一新教育学项目,旨在基于深度学习促进核心素养的发展,在理论和实践两层面不仅直接影响了加拿大安大略省的基础教育变革,甚至对整个加拿大以及全世界都产生了重要影响。迈克尔·富兰系统建构、实践探索了指向核心素养发展的深度学习理论。这一学习方式强调运用知识解决现实问题,进而在知识迁移与运用的过程中发展核心素养。深度学习的实现策略在于确立伙伴关系的师生角色、搭建学与做沟通桥梁的任务设计、实施指向证据描述的素养评价以及提升指向一致性的变革领导力。富兰的深度学习理论对我国探索指向核心素养发展的学习方式具有较强的借鉴价值。

2.1.2 国内研究现状

本文以中国知网(CNKI)数据库为数据来源,通过检索"核心素养""学习方式"关键词,共得到 2 478 篇相关文献,涉及了不同学段、不同学科基于核心素养的教学研究,可见大家对核心素养的关注度。其中,易晓敏在 2019 年第 2 期《教育与装备研究》期刊上发表的《基于核心素养培养的通用技术项目教学实践探索》,为更有效达成课程目标,探索以核心素养的培养为导向,以项目为载体,以学生为中心的基于核心素养培养的通用技术项目实践模式。归纳如何设计、组织基于核心素养培养的通用技术项目教学,并结合案例分析具体实施步骤,讨论该项目实践模式的应用效果。检索"通用技术核心素养""学习方式"关键词,共得到 6 篇相关文献,都是硕士研究生学位论文,其中 2 篇提到了项目教学。检索"高中通用技术项目学习"关键词,共得到 15 篇相关文献,2018 年以后发表的有 8 篇。鉴于上述研究,项目团队发现,目前研究以学科核心素养为引领变革通用技术学习方式很少,但在语文、数学、英语、地理、生物、化学等学科的相关研究,如王杨在《智库时代》期刊发表的《基于核心素养的数学学习方式的变革》等,对于本研究将具有一定的理论支撑和实践意义。

2.2 理论基础

2.2.1 新教育观念

来自教育内部变化的,新教育观念的产生,包括全球教育观、进步主义教育理论、后现代课程观等,为学科核心素养引领通用技术学习方式的变革准备了教育理论基础。新教育观念的内容包括以下几方面:①学生是积极的学习者,学习是主动参与、探究式的;②教师是学生学习的帮助者,学生通过相关经验构建意义;③为理解而教,学习与实践运用相结合;④合作学习,学习与社会相联系;⑤即时评价与反馈成为学生学习的工具;⑥知识是混沌的、非线性的、开放的,不再要求唯一正确的答案;⑦重视生活与工作的技能,知识和技能的实际运用包含于课程评价之中;⑧课程内容打破或超越学科界限。

2.2.2 建构主义学习理论

重建构主义认为,知识不是通过教师传授得到的,而是学习者在一定的情境,即社会文化背景下,借助学习过程中其他人的帮助,利用必要的学习资料,通过意义建构的方式而获得。由于学习是在一定的情境,即社会文化背景下,借助其他人的帮助即通过人际间的协作活动而实现的意义建构过程,因此,建构主义学习理论认为"情境""协作""会话""意义建构"是学习环境中的4大要素或4大属性。

情境:学习环境中的情境必须有利于学生对所学内容的意义建构。这就对教学设计提出了新的要求,也就是说,在建构主义学习环境下,教学设计不仅要考虑教学目标分析,还要考虑有利于学生建构意义的情境的创设问题,并把情境创设看作是教学设计的最重要内容之一。

协作:协作发生在学习过程的始终。协作对学习资料的搜集与分析、假设的提出与验证、学习成果的评价直至意义的最终建构均有重要作用。

会话:会话是协作过程中不可缺少的环节。学习小组成员之间必须通过会话商讨如何完成规定的学习任务的计划;此外,协作学习过程也是会话过程,在此过程中,每个学习者的思维成果(智慧)为整个学习群体所共享,因此,会话是达到意义建构的重要手段之一。

意义建构:这是整个学习过程的最终目标。所要建构的意义是指:事物的性质、规律以及事物之间的内在联系。在学习过程中帮助学生建构意义就是要帮助学生对当前学习内容所反映的事物的性质、规律以及该事物与其他事物之间的内在联系达到较深刻的理解。

建构主义学习理论对本研究的指导作用体现在:以学科核心素养为引领变革通用技术学习方式要联系学生的兴趣和经验,注重创设合理的情境,引导学生主动参与,注重学生的小组合作,给学生充分交流、讨论的过程,注重过程性评价对学生学习的促进作用。

2.2.3 "做中学"思想

20世纪20年代,美国著名教育家、哲学家杜威提出经验性学习理论,主张以经验的生长和改造作为教育的基础,包括"教育即生活""学校即社会""教育即生长""教育即经验改造"等,提出了"做中学"的思想。他主张让学生从经验中学习,通过解决问题来学习。学习者首先面临某种实际的疑难情境,他们通过反省性思维来分析、思考问题,提出可能的解决方案,运用理智对各种假设进行推敲,用行动进行实际检验。

杜威"做中学"的思想对本研究的指导作用体现在：帮助学生从书本的学习走向生活的学习，立足于学生的直接经验和亲身经历，既会动脑又会动手，学生在"做"中来学习相关的技术思想和理念，在亲自动手、亲身实践的过程中理解技术的方法。

3 研究目标

(1)通过分析通用技术课程学习方式和教学方式现状提出对策，从基于学科特征和高中生自身特点出发，探讨通用技术的学习方式，促进通用技术课堂学习从接受理论知识学习向迁移应用转变。

(2)以提升学科核心素养为导向开发通用技术实践学习案例，丰富学科课程资源，为教师教学提供学习和借鉴。

(3)探索核心素养导向下教师专业发展的路径，更新教师教育观念，通过教学方式的改变引导学生改变学习方式，提升教师自身的综合素质。

4 研究内容

4.1 基于通用技术学科核心素养变革学习方式的研究

主要研究学习方式对于学生发展的意义；以通用技术学科核心素养为导向的实践学习、整合学习和连接学习方式的具体实践；以学生为中心设计教学过程以及相应的教学策略等。

4.2 基于通用技术学科核心素养开发实践学习案例的研究

主要以新教材为蓝本，研究有利于学生学习方式转变的教学内容和教学设计，着眼于学习过程，重视活动的设计，创新呈现方式，开发体现学科核心素养和课程特点的实践学习案例，促进学生学习方式变革。

4.3 创客理念在通用技术学科教学的应用研究

主要以创客活动为主研究开发创新项目,不断积累教学经验并形成具有学校特色的校本教材,以培养学生创新思维和创造能力为切入点,组织学生开展技术创新活动,研究具有普适性和可操作性的教学策略。

4.4 基于通用技术学科核心素养探索教师专业发展路径研究

主要研究在培养学生核心素养目标引领下的教师专业发展路径,更新教育教学理念,明确学科核心素养的指向,优化知识结构,深化和补充学科知识,处理好知识、能力和品格之间的关系。

5 研究方法

5.1 文献研究法

收集和查阅相关文献并进行归纳、整理和分析,了解当前的研究动态和未来的发展方向;学习相关的理论知识,提供科学的研究指导,并在前人经验的基础上进行创新。

5.2 调查研究法

通过问卷、访谈等方式调查通用技术教学实施后,中学生学习现状、教师的教学现状,分析问题,寻找对策。

5.3 行动研究法

对开发实践案例,融合创客教育采取行动研究法,针对实际问题寻求解决方案,边研究,边实践,不断完善,形成结论。

5.4 经验总结法

通过对教学实践活动中的具体情况进行归纳与分析,形成较为系统化和理论化的促进发展学生通用技术学科素养的教学策略。

6 研究过程

6.1 调查研究

设计调查问卷,借助网络问卷星工具开展天津市目前通用技术教师教学方式和学生学习方式的调查,调查对象面向天津市各区通用技术教师和学生,前置条件是确定已经开设通用技术课程的学校,且有专兼职教师任教。未开设通用技术课程的学校不在本次调查范围内。共回收 166 份教师有效问卷和 982 份学生有效问卷。对调查结果进行数据分析,作为课题研究的基础。同时,借助文献检索、查找书刊等,进行课题的研究综述,为课题的顺利开展奠定理论基础。

6.2 教学实践

在教育理论的指导下,进行项目教学、案例教学、整合教学、创客教学学习方式的研究,设计相应的教学案例及项目载体,设计教学实施过程,并在教学实践中加以检验,发现问题之后,研究对策。

6.3 反思总结

归纳、整理教学中比较成功的教学案例、项目设计、创客微项目等内容,将研究过程及成果集结成册,并形成相应的研究报告。

7 研究成果

7.1 基于学科核心素养的通用技术学习方式的研究

7.1.1 关于通用技术学习方式和教学方式的调查报告

项目组以网络问卷星的方式调查天津市目前通用技术教师教学方式和学生学习方式的现状,并通过分析数据,作为下一步研究通用技术教学方式变革的基础。

第一,教师教学方式的调查。问卷主要从学校的教学条件、教师个人背景、课程教学情况、教师教学效果、学生学情反馈5个方面进行设计,共16道题目。通过数据分析得出如下结论。

(1)技术教学环境对教师选择实践教学的程度起到积极的促进作用。技术教室中有实践的氛围,促使学生产生亲近技术的愿望,也给教师提供了实践教学的空间。建议逐步完善通用技术教室的建设,包括软、硬件设备和专业教师的配备,提高专业教室的利用率,可以对改变教师现有的教学模式起到积极的推动作用。

(2)教师随着对课程的深入理解,逐步增加选择实践教学的模式。虽然目前多数教师选择案例教学作为主要的教学方法,但是随着担任通用技术教师教学年限的增加,若教学案例更新不及时,案例教学的使用率将逐年递减,建议加强新任教师的实践教学能力培训、加深其对学科的理解。

(3)合理的课程安排有利于增强学生的兴趣和参与度。课程的连续性影响了学生的兴趣和教学项目的完成度,而两节课连排极大地增加了学生的学习兴趣,尤其是参与程度,也为学生进行连续的实践操作提供了必要的条件。

第二,学生学习方式的调查。学生问卷的内容主要从学生的基本信息、技术基础、实践学习情况以及学习效果4个方面进行设计,共10个题目。根据数据分析得出结论如下。

(1)关注全体学生,实施分层教学。面对不同水平的学生,教师在进行实践教学时应因材施教,关注学生不同程度的提升。通过不同组合充分利用好有技术基础的学生,发挥其优势作为学习资源,这样不仅可以保留这些学生学习的积极性,并且可以形成团队协作的氛围。

(2)变革学习方式,丰富实践教学。教师在通用技术的教学中应加强实践教学的应用。丰富实践教学的形式和内容,选择适合贴近学生生活的现实技术问题进行探究,并形成有应用价值的成果。注重技术设计全过程的实施,加强技术试验、评价、优化等环节的落实。

(3)加强学科建设,落实核心素养。工具与材料是物化的基本条件,学校应加大通用技术实验室的投入,满足新课标对新工艺及设备的要求,同时也应加大教师实践能力的培训,为学生创造充足的实践条件。

7.1.2 基于学科特征和学生特点变革学习方式

落实"立德树人"根本任务要求,培养学生技术学科核心素养,关键在于教学实施。这就要求把握学科的本质特征和学生特点,在建构主义理论和"做中学"理论的指导下,在学习方式上强调实践学习、创造性学习、整合学习和连接学习等。

第一,学习方式要体现实践性。通用技术课程是一门立足实践、注重创新的课程。通用技术课程强调学生的设计学习和操作学习,其学习目标的实现更多地依赖于学生的实践互动,资源、设备、场地的落实则作为实践活动的保障。教师必须立足于"做中学"和"学中做"的思路来设计教学过程。

第二,学习方式要体现情境性。通用技术学习情境的设计,应立足技术实践活动,面向现实生活和真实世界,在学生的日常生活环境中发现、挖掘学习情境的资源。通用技术学习情境设计策略包括"基于问题""基于任务"和"基于项目"等。

第三,学习方式要体现综合性。打破学科疆域,将相关学科交叉融合,相互协调配合,最终形成一个多学科融合的综合知识体系,并以解决问题的形式,将其运用到与实际相关的情境中,旨在培养学生解决问题的能力、创新应用能力,促进高阶思维能力发展,这为高中生发展核心素养提供了前提与保障。这些在当今备受推崇的 STEAM 教育、创新教育等创新教育模式中都有很好的体现。

第四,学习方式要体现连接性。基于高中学生的身心特点和发展方向的多元化,采用与高校协同、普职融通、社会体验学习连接等学习方式,强化学生学习与高等教育、职业规划和现实社会的紧密联系。

培养学生的学科核心素养,不仅仅在教师教,更需要学生主动参与、自主探究。实现学习方式变革的途径首先要转变教师的观念,教师应以培养核心素养为导向,根据学生特点设计适合学生的学习形式,改变学生的学习生态,优化学习环境,这对于教师自身的教学能力和技术素质具有更高的挑战。

7.1.3 关于通用技术项目学习方式的研究

(1)基于项目学习的通用技术教学基本特征。通用技术学习与项目学习的要求有很高的相似性。基于项目学习的通用技术教学体现了以下基本特征:

第一,真实的问题情境。项目学习强调项目来自于真实的世界和真实的问题。

在通用技术的新课标里,特别强调了真实情境的创设。

第二,综合的知识应用。因为项目学习选择的是真实的问题,而真实的问题不会只局限于某一学科知识点的应用,而综合性本身就是技术的性质之一。

第三,创新的解决方案。项目学习强调结果,通过研究学习要形成对问题的解决方案或制作出产品,并且鼓励成果的多样性。通用技术学科以创新设计和物化能力为核心素养目标的重要组成部分,在设计过程中通过多种创新方法设计不同的方案,最终通过物化能力把创意变成解决问题的产品。

第四,全面的评价优化。项目学习的评价是综合的、全方位的,技术的评价也是存在于设计的全过程的,是设计者与使用者、师生与生生、过程与结果等多方面相结合的评价。

这些特性也共同指向了采用项目学习的教学模式最终的意义,就是为了让学生面临真实的问题时能够具有解决技术问题的思维及能力。

(2)通用技术课程中项目与知识通过不同角度融合。项目学习与知识融合的方式有以下两种:

第一,从问题出发。在生产生活中真实存在着很多待解决的问题,学生在发现问题、分析问题、解决问题的过程中完成相关技术、知识的学习。这类项目学习涵盖的学科知识较多,持续时间较长,适用于体验设计的方法和过程完成学习,在经历真实问题解决的过程中提高学生的工程思维及创新设计。例如《技术与设计1》中设计的一般过程,课程标准中对这部分内容的要求强调学生体验设计的全过程。学生初步了解了技术,以及什么是技术设计,此时从学生的生活出发,选择易操作的项目进行设计与制作,既满足了学生亲自设计的学习欲望,又通过解决真实问题让学生体验技术设计的全过程及其复杂性。

第二,从知识出发。基于一个知识点或一类知识,创建其在生产、生活中的应用场景,提炼出相关技术的实践项目。这类项目学习涵盖的学科知识较少,持续时间较短,适用于较为完整独立的概念知识的学习,可以加强学生对技术现象的理解并提高技术意识。例如在《技术与设计2》中,结构、流程、系统、控制这4大概念存在于技术活动的不同研究领域,但又在产品中浑然一体。如果从一个产品的设计开始进行项目学习,由于真实环境的复杂,随着设计分析的深入,学生会感觉到影响因素过于庞杂而力不从心。教师可以从产品设计中的结构设计为主要研究的出发点,在学生的生活中找到以结构的变化为突破口解决问题的设计项目,让学生在真实且限定的条件下进行项目的研究、分析和实践,并在此基础上得出结论或设计方案。通过这种方式可以加深学生对学科概念的理解,厘清学科概念后,在面对真实复杂的技术问题时,才能对问题进行合理的分析和归类。

(3)项目学习在通用技术课程中实施的基本流程。在组织实施项目活动时,可以采用三段式的方法,即项目实施流程分解为前期、中期和后期。项目前期是在教师引导下的学生学习活动。主要包括以下内容:首先是引入。激发学生的兴趣,然后使用项目时间线来说明项目计划,发现问题或引出规定的问题。其次是知识储备。把相关的知识用恰当的方式提供给学生,熟悉工具的操作等知识与技能。最后完成小组划分,进行合理的分组、分工。项目中期是在教师的组织管理下,由学生自主进行设计与制作、测试与优化的过程,主要包括:设计方案、图样表达、优化方案、物化方案。项目后期则是设计方案的展示、经验总结、互动交流、多元评价的过程。

(4)项目学习的评价。项目学习强调过程性评价与总结性评价相结合,通用技术课程标准中也提出既要评价最终作品,也要评价设计和制作过程;既要作为设计者进行评价也要从使用者的角度进行评价。具体的评价指标要以课程标准中的学业质量水平为标准,考虑核心素养的达成度,结合具体的教学目标进行制定。评价的实施应采用自评与互评,师评与生评相结合的方式进行。

7.1.4 关于通用技术整合学习方式的研究

在新型人才培养、学科知识融合、教师专业发展、适应高考变化需要的研究背景下,与传统的技术课堂教学注重技能培养相比,基于素养的通技术教学应当注重整合学习。通过技术实践参与实际问题的解决,统一并协调发展综合能力,从而实现知识、技能、态度的整合。项目学习和 STEAM 学习方式都属于整合学习方式。开展整合学习有利于真正落实学科核心素养,有利于提高学生创新精神和实践能力,为学生的全面发展、终身发展奠定基础,具有很强的现实意义。

以高中物理与通用技术课程的整合路径为例,可以借助物理课程的相关仪器和设备开展通用技术学科的教学。技术试验是技术活动中的一项重要内容,在技术发明、技术革新、技术推广等活动中,它不仅是对技术成功与否的验证,更是发现问题、探究规律、优化技术的关键。技术试验有很多种分类,方法也很多,在生活中也有着广泛的应用。利用物理实验——测绘小灯泡的伏安特性曲线的设备和仪器来测试小灯泡的耐压值,这就是通用技术中的强化试验。物理实验中,小灯泡的电压和电流不能超量程,否则容易烧毁,而这些量程是怎么来的?正是通过强化试验测试得出的。学生需要自己设计试验步骤,记录数据,亲身体会技术试验的内涵及特点,学生的收获远高于教师的讲解。同时,学生也弄懂了"科学实验"和"技术试验"的区别。当然,还有利用物理实验室里的钩码、天平托盘以及木块、木条、细绳进行材料弯曲性能试验等。

新课程给了教师很大的空间,可以自主开发校本课程,既可以是本学科内容的延伸,也可以是综合多门学科内容的课程。例如,设计制作投石机的项目,学生结合物理中的杠杆原理、能量守恒定律,借助通用技术中结构设计的知识进行投石机结构的稳定性及强度的影响因素分析,进而选择合适的材料、加工工艺制作完成投石机,并进行比赛,赛后交流制作经验和体会,在真实的制作中综合运用知识解决实际问题。再如,平抛运动演示仪的改进设计与制作。按照通用技术中设计的一般过程开展研究平抛运动演示仪的改进,从学生熟悉的、亲自做过的物理实验入手,创设了良好的技术情境。在设计的过程中,理论得以与具体设计实践相结合,既强化了知识,又解决了实际问题,同时,设计的一般过程的思想与方法也可以应用到其他设计中去。

以传统工艺与通用技术教学结合为例。通用技术新课标选修模块中有"传统工艺与实践"项目,传统工艺体现了技术与艺术的有机结合,融入了丰富的历史与文化元素,是技术实践体系的重要组成部分。传统工艺技术中蕴含着大量的技术问题和技术现象,了解和学习传统工艺技术非常有利于充分理解技术的文化内涵,不仅能帮助学生了解传统工艺的一般知识,还能通过经历传统工艺的项目制作与探究的实践体验,领略传统工艺的文化底蕴和技术特征,培育工匠精神。例如,组织学生参观博物馆和传统工艺展能最直观地让学生亲眼看到这些技术产品的制作过程、制作工具,以及技术成品。如在天津博物馆和石家大院里,展示古代的斗拱飞檐、文房用具和民俗用具等,它们造型各异、用途广泛,普遍应用于建筑装饰、生活用品和祭礼器具等领域。所以,这些产品体现了技术作品与社会、文化生活息息相关、相互影响的作用。现代媒体重现对传统技术有全面的认识,现代多媒体技术可以提供重要的平台支持,它可以重现传统工艺技术的魅力。如《中国工艺》《榫卯游戏》《大梦敦煌》等,全面记录了不同方面传统工艺技术发展的过程,及其传承与发展现状。

7.1.5 基于学生专业兴趣的连接学习模式研究

该研究基于高中生按照专业兴趣申报大学拟就读专业的高考改革背景,以及通用技术课的专业特色,探索一种有助于高中生提前了解自身专业兴趣,提升高考志愿填报满意度的连接学习模式。

(1)通用技术课的内容可以间接反映大学的专业设置。通用技术课程作为高中生在高中学习阶段了解现代技术手段的一个途径,其内容设置涵盖了大学开设的机械类、电子类、自动化类、信息类、设计类等相关专业,通过该课程的学习,高中生可以间接了解大学相关专业的学习内容和研究范围。对于高中生在校学习阶段,通用技术课提供的这种接触多领域知识、多专业技能的了解途径具有不可替代性。

(2)通用技术课的内容可以直接反映学生的专业兴趣。通用技术课程在高中生的在校学习阶段,可以让学生们接触到不同领域的技术知识,并通过相关实践教学环节锻炼并发展自己的相关专业技能,更有利于发现学生自身的专业兴趣。在不同领域的知识海洋中,学生可以根据自己参与实践教学活动的感受,认识自己的能力优势和兴趣点,并以此发展相对明确的专业发展方向以对接即将到来的大学专业选择和学习。

(3)通用技术课的内容可以作为高中与大学的连接点。通用技术课程的5大核心素养对于大学期间的学习也具有深远意义,因为这些核心素养也是大学各专业人才培养中所包含的必要内容。如果学生在高中阶段就有明确的专业兴趣,并对自身能力有较为明确的认知,可以积极提升自己的核心素养水平,为进入大学学习相关专业并顺利完成学业、走入社会提供了坚实的基础和有利的条件。

7.2 基于学科核心素养的通用技术实践学习案例的开发

根据通用技术新课标、新教材对实践教学的要求,结合天津市当前通用技术学科教学现状,对通用技术实践学习案例开发的必要性、教师需要什么样的实践学习案例、如何设计开发实践学习案例等问题进行了探索。

7.2.1 通用技术实践学习方案

通用技术实践学习案例有很多类型,研究认为,在教学实践中以下几种类型更具实用性和可推广性:设计制作、技术设计、技术体验、技术试验、技术制作,其中设计制作实践是基于综合项目的实践,往往包涵着技术设计、技术试验、技术制作等实践学习环节。

(1)案例分析结合"小实践"活动。案例分析在学生理解一般通用技术学科知识、扩展学生视野方面有着一定的优势,尤其是一些囊括多项相关知识的案例分析,有助于最大限度上节约课时,也是老师们最容易驾驭的教学方式,但是案例分析学习的弊端也非常明显。一方面通过长时间的案例分析进行教学容易使学生失去对通用技术学科的学习兴趣,另一方面,若案例更新不及时、无法做到与时俱进,也会使学生跳出预设情境,失去主动学习的动力,同时这也抛弃了通用技术课的实践特色,使学生对技术课的学习停留在理解、记忆的层面,从而不能实现对技术的认知,更别提技术素养的达成。因此可以辅以包括技术设计、技术体验、技术试验、技术制作在内的"小实践"活动,实现理论学习与技术实践在一定程度上的兼顾。

(2)设计制作"大项目"融合理论知识。教材中现有的实践环节是先结合情景案例和技术体验、技术试验等"小实践"活动进行课程理论知识学习,再根据理论知识开展综合实践学习,总体上看是"学后做"的处理方式,这在现有课时安排下,很难完成教学任务。可以通过将单元知识或者跨单元的相关知识进行整合备课,将教材综合实践任务进行二次开发或结合实际情况开发新的设计制作"大项目",该项目涵盖了完成项目包括的技术设计、技术试验、技术制作等"小实践"活动,并将学科理论知识融入项目实践,使学生在"做"中实现深度学习,开展真正的"做中学",实现项目依托的理论与实践融合的同时,可在有限的课时内完成教学任务,培育通用技术学科5大核心素养。

7.2.2 开发实践学习案例的注意事项

实践学习案例设计的核心是确定项目学习主题、确定实践学习目标、确定项目实践活动、确定项目学习评价。实践学习案例设计成败的关键是围绕核心素养目标的"做"与"学"统一、可操作性与可扩展性的统一、过程管理设计与过程评价设计的统一。

(1)与学情和课标要求相匹配的项目载体设计。

首先,设计项目要明确目标导向,进行模块、单元整合备课。实践学习案例开发表面是在设计实践学习活动,其本质是设计教学目标的达成载体和途径。设计实践学习案例,要先对教材模块和单元教学目标有宏观的认知,把关联知识进行梳理、提炼,整合出教材关联知识及核心素养目标。比如必修模块《技术与设计1》的核心目标是:以产品设计为依托,强调对技术设计过程的把握。就该模块中的"设计一般过程",虽然是围绕实际技术问题"制订设计方案"来开展,但学业考察要求重点掌握结合常见工具和材料加工工艺进行模型制作、方案构思及图样识别与绘制等方面的基本能力和基本经验,初步形成权衡决策、方案优化、技术设计、设计创新等技术思想。其考察的重点并不是"创新设计"核心素养,而是更侧重技术设计全局性、过程性筹划的"工程思维"的形成,为后面进行技术专题设计奠定技术设计全局观和思想方法基础。

其次,项目选题要实施以通用技术学科核心素养为导向,要求应该具体并具有可操作性。实践学习的关键是教学目标在实践中的落实,学生全过程参与体验。课堂教学不是兴趣小组,是面向全体的、基础性的教学,要考虑整体教学目标的达成,要确保项目实施过程中尽可能发挥学生主观能动性的同时,还要确保项目能在可控范围内得到顺利实施。

第三,项目内容要力求"做"与"学"融合一体。

实践学习的一个显著特点是"做中学",做中学是要让学生在实践中体验、感知,从而建构学科知识、思想、方法等认知,而不是单一通过先学习理论知识,再根据理论知识开展实践。教材更主要的是工具,是用教材,而不是教教材。实践学习案例设计的关键是如何将理论与实践融为一体,并通过实践学习,实现课标对该实践项目所承载的理论知识、学科核心素养要求,同时还可以有效节约课时。

(2)与实践过程管理评价配套的工程实践手册设计。通用技术实践学习的过程管理和评价是实践学习案例落地效果的关键,在实践学习案例设计过程中要统筹设计。通过设计与实践学习案例配套的工程实践手册,一方面可以有效指导和管理小组或个人实践学习,另一方面可以通过过程记录为技术实践过程评价提供依据。

综合实践项目案例过程管理工程实践手册可围绕设计的一般过程的主要环节来设置,包括发现与明确问题、制订设计方案、绘制设计图样、制作模型或原型、技术交流与评价、总结报告等几个部分。可以根据项目实践需要,在以上各环节工程记录页面里增添子环节记录页面,比如技术试验、设计方案评价表、制作成果评价表等。

7.2.3 基于先进教育理念的实践教学案例开发

通过横向对比与分析"STEAM 教育理念""项目教学法"和"高中通用技术课程"教学这 3 个概念及其内涵,不难发现,它们之间可以说相似度极高。它们都强调以实践为主线、强调受教育者的体验和参与、都是由信息采集加工到方案确定到制作实施评价,最终实现某一目标的完全过程,都具有高度的综合性和跨学科、跨专业特色。可以说它们就像是孪生兄弟,具有天然的契合度和默契。因此,基于STEAM 教育理念采用"项目教学法"来进行通用技术课的课堂教学是非常合理也是必然的选择。

2017 年是我国高中教育发展极其重要的一年。天津市 2017 年入学新生的高考模式发生巨大的改变。与之对应的,教育部发布了针对高中段课程的 2017 版课程标准。本次课程改革主要是在制订高中学业质量标准、高等学校招生考试的改革深化和促进、提炼学科核心素养等方面取得了巨大进展。无论是宏观的核心素养中的认知能力、合作能力、创新能力、论证能力以及思考问题尊重事实、证据、有个人主张的品格,还是通用技术课程学科核心素养中技术意识、工程思维、创新设计、物化能力甚至初步的图样表达能力都在"STEAM 教育理念"和"项目教学法"中有明显的体现。

第一,项目设计思路要清晰,使用范围必须明确。

在确定项目之前,首先要明确该项目在教学过程中的作用,并不是所有项目都能实现统一的目的、占用统一的课时安排。根据项目本身的特点和作用以及占用课时长短大体上可以将其分为练习型项目、实例型项目和系统型项目 3 大类。

(1)练习型项目指的是学生学习相对独立的某一种技术知识原理、工艺细节设计的实践项目,能够在 1~2 课时内完成。它的主要目的是让学生掌握特定的知识和技能、工艺的操作方法,为进行大型项目教学提供必要的知识和技能的储备。

(2)实例型项目指的是需占用数课时完成,成果形式具有一定功能演示的综合设计项目，需要学生掌握并综合运用某一类技术知识原理和工艺细节来解决问题。

（3）系统型项目指的是用数十课时或更长时间完成，解决现实生活中的问题，或者按照命题要求做出一个符合功能要求的样机或者成品的项目。它需要学生具有比较全面的综合能力，最能体现课程核心素养的达成度。

第二，项目难易程度要根据学生的能力层次决定，尽量辐射全体学生。

项目实施的最理想状态是所有学生都能顺利完成项目，并在主动参与中获得良好体验。但是在项目的实际操作中，往往项目难易程度是有很大区别的，因此，针对不同的项目教师应设计阶段性目标。还可以根据项目难易程度与学生的能力层次进行比对，建议通过小组形式完成项目，每个学生在小组内可以根据能力层次承担不同的设计任务，共同配合完成整个项目。

第三，项目评价要兼顾过程考核与结果评定，重在学生核心素养的达成度。

教学中要始终牢记以培养学生学科核心素养为最终目标。在实践之余要给学生一些思考的时间和空间，适时提出一些有技术内涵的问题，引导学生进行不断思考。由于实验条件简陋、操作能力不足和存在合理误差等原因，有的学生设计的方法没有得到理论所推论出的实验结果，甚至有学生不能完成项目或者项目结果达不到预期时，教师仍要积极鼓励并给予认可。

在学生遇到挫折时，教师应及时告诉学生，这就是科学探索过程中极其正常的现象，要多去学习、观察和思考，采用更精巧的设计，尽量减小客观因素的影响，以期获得理想的效果。

课题组将开发系列实践项目，作为通用技术课程的实践备选案例。

7.3 创客理念在通用技术学科教学的应用研究

通用技术新课标倡导全体学生通过实践和亲自体验，强调学生"做中学"和"学中做"相结合，注重在"做中学"的过程中培养学生的创造力。创客教育的核心是创新、实践和分享，高中阶段的通用技术课程目标是提高学生的技术素养和创造力，与创客的理念不谋而合。通用技术学科利用项目式学习方式实施课程时，存在教学周期较长、项目实施难度大等问题。为此，提出基于通用技术学科核心素养和创客理念，把项目设计成微项目和创客项目，在以通用技术学科核心素养为导向的同时,也能培养学生的系统思维、知识迁移和应用能力。

7.3.1 大项目与微项目比较

学生系统地应用技术与设计的知识完整一项完整的设计与制作过程称之为大项目教学,大项目活动开展有助于学生对技术知识的理解,提升学生的操作技能,课程展开过程穿插大项目是当今技术教学的常态。但是,教师对项目的选择与学校现有的教学条件有关,同时也会与教师的技术偏好和技术特长有关,此外,学生的能力水平和项目活动要求也会有一些差距,在这种情况下,就会使教学中所选择的大项目实践活动的教学效果大打折扣,甚至直接影响学生主动参与学习技术课程的学习兴趣。

(1)通过对比研究大项目与微项目实践活动,发现无论项目大小都蕴含着完整的设计过程,但大项目经历的时间长、微项目经历的时间短,为保证学生参与活动的积极性和通用技术课程实践教学效果,微项目活动可以使学生在1~2课时内实现短期教学目标。

(2)微项目实践活动同样也是一个完整的设计过程,但学生的知识储备并不充分,制订完整的设计方案有一定的困难。虽然在具体知识点的学习中具有针对性强的优势,但不能以点代面,只重局部忽视整体,强调某一知识或技能的掌握,而无法系统地解决面临的问题。学生的技术学习需要实践活动的训练,但在没有整体设计过程指引下的实践具有一定的盲目性。为了解决此问题特意将《技术与设计1》的教学安排进行了一些调整。课程的展开在完成第一章教学之后,先概括讲授后面的其他几章,让学生对设计工作有初步概念并了解设计流程,然后再按设计流程对教学内容进行细致学习,将教材作为活动过程的指导纲要,用微项目活动将各个知识点进行强化。

(3)大项目活动展开安排在《技术与设计2》的教学中更为合适,因为在《技术与设计1》中已经将设计的原则、设计的过程、构思的方法、设计的表达、模型的制作等一系列问题进行了展开,学生在从事设计中所需要的基础性认知已经具备,完整的设计过程需要将待解决的问题按照一定的流程逐步实现,最终形成完整的方案。充分利用微项目灵活的特点,营造学生学习和思考技术活动的环境,引导学生对设计过程的全面掌握,通过微项目和大项目的顺序衔接,使学生可以渐次达到养成课程核心素养的教学目标。

7.3.2 创客理念下的项目式学习策略

教学变革应促进"以教师为主导,以学生为主体"的面向问题的探究式、合作式的学习。就是在创客理念的背景下,将微课程和创客项目结合起来,更好地实现知识的建构,培养学生的多元能力与通用技术学科核心素养。微课程和创客项目都要立足于通用技术课标,围绕学科核心素养的培养,以真实生活为情境,并基于现实问题提出项目任务。具体来说,在平时常态课中以微课程教学完成知识体系,一节一完成,提高学生效能感。在期末让小组成员通过自己的生活经历完成规定的创客项目作品,在这一过程中也会充分体现通用技术学科的 5 大核心素养分别是技术意识、工程思维、图样表达、创新设计以及物化能力。

创客项目与前述大项目的区别是:大项目是由教师抛出问题,而创客项目是由学生自己发现生活中的问题;大项目的作品是在教师给定的主题内对事物进行设计;创客项目的作品是学生根据自己发现的问题形成的创意设计。此外,创客项目还具有融合性、开放性的特点。融合性体现为学生将依据本小组的项目,把通用技术课程中学到的知识综合起来,还可依托其他学科(如信息技术、物理、数学、美术等)中学到的知识、方法和技能。开放性体现为学生自己发现问题,自己确定设计项目,自行准备项目所需材料,并借助实验室、机房等共享环境,结合课内和课外的时间,与小组成员共同完成项目。

7.3.3 项目实施的方法

项目实施大体可以分为 3 个阶段,一是准备阶段:学习创意知识,组建学习共同体。教师在学期开始,引导学生学习基本的创意知识,赏析创意作品,对技术创新和创客理念形成基本的认知。二是微课程阶段:搭建学习构架,建构技术知识。在微课程阶段要完成教材基本理论知识的学习,并为创客项目的开展做好能力和思维方面的准备。三是创客项目阶段:要求学生自主完成知识迁移应用,培养系统思维。在第三阶段,学生自己基于发现生活中的现实问题,确定设计项目,利用共享资源和课内外的时间, 通过小组合作进行创新设计。具体实施可遵循以下流程:基于生活观察,发现、明确问题;组织头脑风暴,提出可行性方案;利用共享资源,进行设计实践;展示设计成果,进行多元评价。该阶段在微课程阶段的基础上,更侧重于培养工程思维和创新设计能力,最终目标是知识的迁移应用,并形成系统思维。

项目组编写出具有可操作性的微项目设计案例、创客案例、教学设计流程及课题报告模板。

7.4 基于学科核心素养探索教师专业发展路径研究

本研究是以天津市河北区通用技术教师为样本，根据教师专业发展的不同阶段及各自需求，设置不同主题、不同形式的研培内容，满足需求、引领需求、创造需求。通过"广泛调研-聚焦问题-普职对比-融通定位-研发实践"的过程，逐步探索出具有技术特色融通教研新路径，探索提升通用技术教师专业素养的新路径。

7.4.1 立足主题式共研，推进分层研培，满足个性需求

第一，全员研修解决共性问题，以问题为导向，梳理聚焦课堂教学、校本研修、教学规范等重点问题，服务、发现、诊断制约通用技术学科教师专业化发展的因素，开展"全员督查—定点回查—专题指导—专业引领"等不同方式和内容的教学研究活动。面向全体教师做形式多样的主题式研培，突出专业引领，强化有效教研，提升全员教师教学能力。

第二，注重通用技术教师专业发展的不同阶段及需求，设置不同层级的研培内容，聚焦项目，解决关键问题，助力个体发展。

7.4.2 具有技术特色的"普职融通"教研模式，在理念与行为之间搭建桥梁

(1)借助区域内优质技术教育资源，构建"普职融通"教研模式，以"融德于品、融爱于才、融道于心、融术于行"为理念，思考如何通过构建新型区域教研文化，以提升通用技术教师的专业技能为融合点，选取教师们最棘手、最关注、最亟待解决的内容作为主要研培项目，推进"普职融通"教研模式的常态实施、深度融合。

第一，交汇普通高中通用技术学科和职业教育的相似内容和共性问题。中职学校很多专业课程与普通高中通用技术学科、技术试验内容甚至 STEAM 课程有着很高的相似度，通过区级教研员牵头交汇二者的相似内容和共性问题，激发二者融通的工作灵感。

第二，聚焦技术学科特征、发挥教师各自技术特长，精心打造独具个性的普职

融通研培内容。由区教研员牵头骨干教师团队着手开发建设促进普、职技术学科教师专业能力共同提升的"融通教研"研培课程。通用技术教师通过研培课程提升操作技能水平,教师有了较强的技能运用意识和实践能力,逐渐学会并掌握技能生活化的方法,才能不断将专业技能知识内化,进而与现实生活中的事物建立起一定的联系,形成专业自觉性。

(2)通过"广泛调研–聚焦问题–普职对比–融通定位–研发实践"的过程,逐步探索出具有技术特色融通教研新路径。

第一,以提升普、职教师的专业技能为融合点,选取教师们最棘手、最关注、最亟待解决的内容作为主要研培项目,开发"普职融通研培课程"。

第二,以普、职技术学科特征为融合点,倡导核心素养引领下的整合学习,践行"技术创新案例的开发与实践研究"。

第三,以普、职骨干教师技术特长为融合点,借助普、职教师技术特长展演,发挥骨干教师辐射作用,开发"技术项目实践教学"(图 1–1–1)。

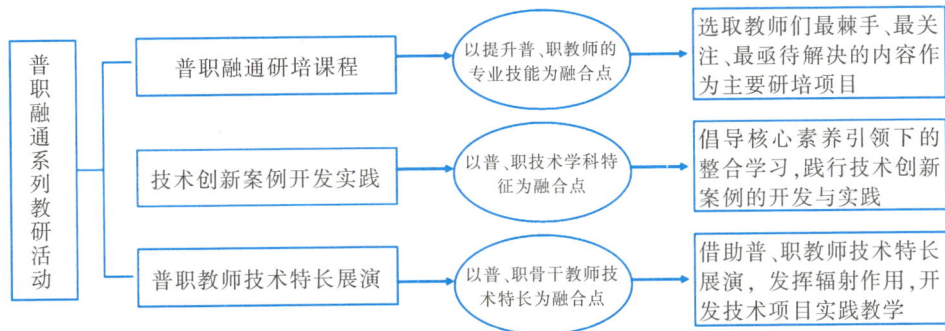

图 1–1–1
"普职融通系列教研活动"实践路径

"普职融通"教研模式突破了仅仅针对或区域或学区片或学校等单层次问题研究的简单模式,而是站在整体的视角,从理念入手,融通问题、融通策略、融通方法、融通资源,使教师专业素养发展获得了长远、全面、系统的强有力支持。

(3)以通用技术学科核心素养为载体,以提高课堂教学质量为核心,构建"研训联动体"。联动体是以教研员为引领、学科骨干教师为辐射、青年教师为主体的研训联动团队。整合全区通用技术教师资源,打破学校间壁垒,将学科骨干教师与入职3年内的青年教师结为师徒,使青年教师在群体学习中,在学科骨干教师的帮扶下不断提升专业素养;骨干教师在带教的实践中发挥辐射作用,不断实现自我超越;教研员在引领教师专业发展中探索"研训一体"的新路径。三者职责分工、目的任务各有不同,形成了面—线—点三层联动学习生态系统,使具有不同智慧水平、知识结构、思维方式、认知风格的成员在一起形成互补,既有同质间的交汇融合、又有异质间的错落参差,这样使学习主体之间保持多元联动而和谐的关系,从而有力带动全区通用技术教师专业水平的阶梯式发展。

8 研究效果

8.1 转变教师的教育观念,促进教师专业发展

这里的教育观念包含了教师对于学生的看法、对教学行为的看法、对师生关系的看法、对学习方式的看法等。要改变学生的学习方式,教师首先就要转变自身的教育观念。首先,要想让学生主动参与学习,教师就要把学生看作是具有主动发展意愿的生命个体,而不是单纯接受知识的容器。其次,要想让学生探究学习,教师就要在教学中给学生留下探索的时间和空间,为学生创设运用知识的情境。教学行为的改变是教师转变学生学习方式的重要一步。第三,要想让学生深度学习,教师就要将学生看成是平等的生命个体,放下所谓的"知识权威",与学生一起共同研究探讨,完成学习任务,在平等的师生关系中完成评价反馈。教师应为培养学生的责任担当和实践创新等方面的素养提供融洽和谐的氛围。第四,要想让学生改变学习的方式,教师就要变教案为学案,变教学目标为学习目标,将教育教学的任务从完成知识传输转变为学生的能力提高和素养发展。

8.2 改善学生的学习生态,提升学科核心素养

我们有时会发现,不是教师不愿意让学生自主学习,积极探究,而是学生在长期学习中已经养成了等着教师安排、布置的习惯。在这样的情况下,教师更应该通

过改变学生的观念,教给学生自主学习的方式,引导学生合理规划学习时间,选择适当的学习策略,掌握一定的学习方法等。改善学生的学习生态,不是一味的创新,给学生许多未曾听过的新概念、新名称,而是要运用多样、主动的学习方式,在不放弃现有优秀学习方式的基础上,高效整合学习方式,找到更适合本班学生实际情况的学习方法。另外,教师要完善评价体系,让学生的学习方式得到充分肯定和发展。例如,教师要不断完善小组合作评价、活动学习评价,以综合评定的方式考察学生的核心素养。只有从整体改善学生的学习生态,学生的学习方式才能得到根本改变,才能进一步落实核心素养。

8.3 优化外部的学习环境

学生学习方式的变革落实到学校就是学校文化的变革。教师要从根本上改变学生的学习方式,还需要优化外部的学习环境,重建学校的文化。概括起来,适合学生学习的学校文化应该具备3个特点:一是开放性。以开放的姿态包容新的思想和文化,积极吸收先进思想的精髓,让学生在不同文化思潮中拓宽视野。同时,学校还要以宽容的态度对待教师的改革和创新,将其视作学生发展的重要组成部分,鼓励教师和学生尝试新的教育教学方法和学习方法。二是合作性。要让学生合作学习,教师也要打破"单兵作战"的工作状态,互相学习,共同攻坚克难。学校之间也同样如此。校际的合作交流也是学校学习环境的重要组成,学校间的互通有无也给学生学习方式变革树立了榜样。三是学习性。学校文化中乐于学习、善于学习的部分将是激励学生不断探索的动力。建立学习型文化也是学校将全员学习和终身学习理念贯穿始终的典型。学习型校园文化意味着不断学习和不断改进,让学生在这样的氛围中不断尝试和运用新的学习方式。

9 研究展望

在新一轮基础教育课程改革中,学生的学习方式变革是改革的核心,是教师改变教学方式、评价方式的重要依据,也是改革最大的难点、热点之一。学习方式的转变意味着个人与世界关系的转变,意味着存在方式的转变。它是一个系统工程,本次研究侧重用对核心素养理念下的学习方式的认识及初步教学实践,需要进一步的研究,同时对学习评价方面涉及较少,后期会进行相应的研究。

参考文献

[1]中华人民共和国教育部.普通高中通用技术课程标准(2017 年版)[S].北京:人民教育出版社,2018.

[2]顾建军,吴铁军.普通高中通用技术课程标准(2017 年版)解读[M].北京:高等教育出版社,2018.

[3]刘岩.基于高中生心理认知特点的地理概念教学研究[J].北京教育学院学报(自然科学版),2013,8(02):53-56.

[4]陈敬.促进核心素养的学习方式变革[J].四川教育,2019(20):11-12+15.

[5]王杨.基于核心素养的数学学习方式变革[J].智库时代,2019(29):270.

[6]卢桂湟.基于学科核心素养的通用技术项目教学实践研究——以射球装置设计制作项目为例[J].中学教学参考,2019(30):58-59.

[7]张良,杨艳辉.核心素养的发展需要怎样的学习方式——迈克尔·富兰的深度学习理论与启示[J].比较教育研究,2019,41(10):29-36.

[8]马丽娟.高中通用技术课的项目式教学实践探索——以"多功能置物架设计与制作"为例[J].中小学数字化教学.2019-(04):41-43.

[9]唐国利.高中通用技术课堂中项目教学法的运用[J].课程教育研究.2020(19):225.

[10]刘建国.通用技术课教学"实践课时"教学方式探析[J].长春师范学院学报(自然科学版),2009,28(10):101-103.

[11]周琼.通用技术实践教学技能考试的策略研究[J].新教育.2020(17):12-14.

[12]邱瑞丰.以核心素养为目标的通用技术项目教学实践探析[J].教育界(基础教育).2019(06):68-69.

高中通用技术课程学习方式的调查研究

天津市静海区独流中学　陈晨

摘　要：通用技术是高中新课程中的一个亮点，通用技术课程标准也阐述了本课程在学生学习方式方面的理念："丰富学生的学习过程，倡导学习方式的多样化。学生的技术学习过程应是主动建构知识、不断拓展能力的过程，也是富有生机、充满探究、生动活泼的活动过程。"在对学习方式进行变革之前，要了解目前学生在通用技术课程中的学习状态、方法及效果，在此基础上进行了本次调查。

关键词：高中通用技术课程；学习方式；核心素养

1 设计及过程

本次调查以网络问卷星的方式进行，调查对象面向天津市各区已经开始学习通用技术的学生进行，未学习通用技术课程的学生不在本次调查范围内，共回收982份有效问卷。问卷的内容主要从学生的基本信息、前概念、实践学习情况以及学习效果4个方面进行设计，共10个题目。

2 数据及分析

2.1 基本情况

调查学生的基本情况可以了解被调查者的客观差异,为有针对性地进行数据分析奠定基础,因此设计了学生的性别和所在地区两个问题,意在分析性别不同和地区硬件环境对通用技术学习情况的影响(图 1-2-1)。

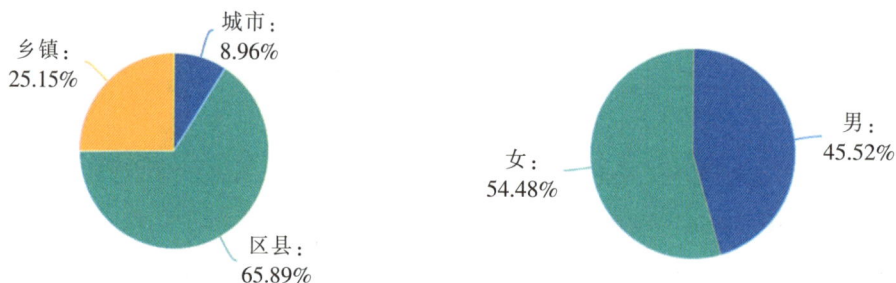

图 1-2-1 被调查学生的所在区域和性别情况

本次收集的数据主要来自区县,区县和乡镇学生占总数的 91.04%。在被调查的学生中,男女生的比例相对平均,男生 45.52%,女生 54.48%,女生人数略高于男生。

2.2 学习基础

在通用技术教学中,学生的技术素养参差不齐,明确他们对技术知识的了解程度,以及了解途径,有利于分析学生技术素养的基础对学习方式及效果的影响。

此部分设计了 1 道多选题,选项涵盖了学生可能参与的活动及学习的课程。调查结果如图 1-2-2 所示:

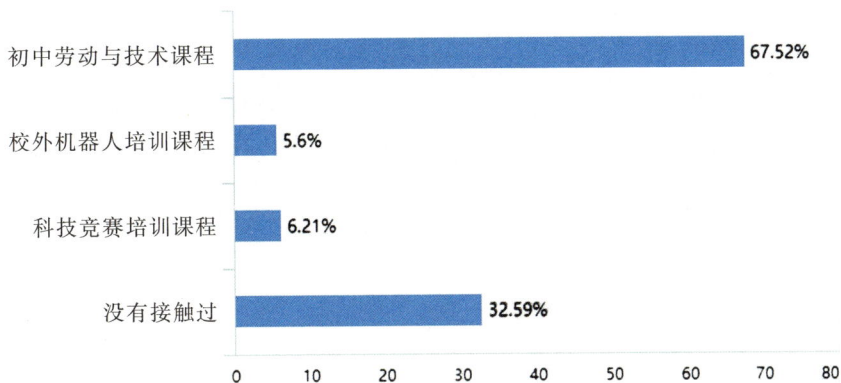

图 1-2-2　被调查学生参与课内外相关课程情况

在被调查的学生中,有 32.59% 的学生没有接触过相关知识,在其余有基础的学生中,学习过初中劳动与技术课程的占 67.52%,随着校外培训机构市场的扩大及类型的丰富,有 6.5% 的学生参与过校外培训课程。有 6.21% 的学生参加过科技竞赛的培训。从数据看出:在劳动教育的积极推动下,多数初中学校、教师在积极开展劳动技术课程教学;但是仍有部分学校没有把劳动教育纳入日常教学。通过图 1-2-3 可以看出, 城市与区县的学生技术知识的背景及来源比预计的差异要小,但也受到被调查者中城市学生占比过低的影响。

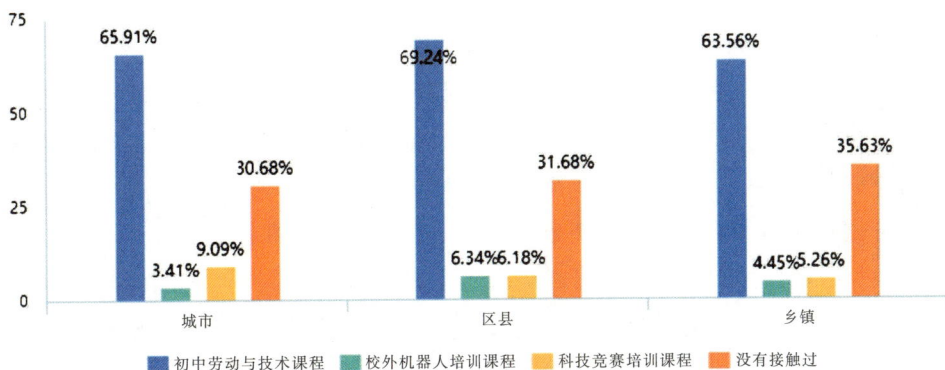

图 1-2-3　被调查学生参与校内外课程情况与地域的关系

2.3 实践学习

在课堂实践学习情况方面,问卷从学生的兴趣点、制作项目的选择、设计制作经历的环节以及最后对作品的实用性的预期 4 个方面进行了调查。

(1)针对学生最喜欢的课堂活动设计了 1 道排序题,意在了解学生喜欢哪一类型的教学活动。统计结果如图 1-2-4 所示:

图 1-2-4 学生对不同课堂活动的喜爱程度

排序题的选项平均综合得分是由问卷星系统根据所有填写者对选项的排序情况自动计算得出的,它反映了选项的综合排名情况,得分越高表示综合排序越靠前。计算方法为:选项平均综合得分=(∑ 频数×权值)/本题填写人次。权值由选项被排列的位置决定。例如有 3 个选项参与排序,那排在第一个位置的权值为 3,第二个位置权值为 2,第三个位置权值为 1。例如一个题目共被填写 12 次,选项 A 被选中并排在第一位置 2 次,第二位置 4 次,第三位置 6 次,那选项 A 的平均综合得分=(2×3+4×2+6×1)/12=1.67 分。

数据显示依据学生的兴趣程度从高到低依次为:设计制作、技术体验、案例分析、技术探究,在其他项目中,个别学生提交了如写作业等一些与课堂活动无关的信息在此不参与分析。学生对案例分析的兴趣远低于设计制作技术与技术体验,通用技术是一门基于实践的课程,只通过案例说明知识明显已经不能激发学生的兴趣,也不能满足学生对技术学习的需求。对于技术探究出现兴趣较低的原因有可能是学生对技术探究本身不了解,也说明该活动类型在课堂中出现频率低。

(2)关于设计制作项目的类型和时长的调查,意在了解学生对项目涵盖知识的体量以及持续的时间的喜好。问卷设计了1道单选题,结果如图1-2-5所示:

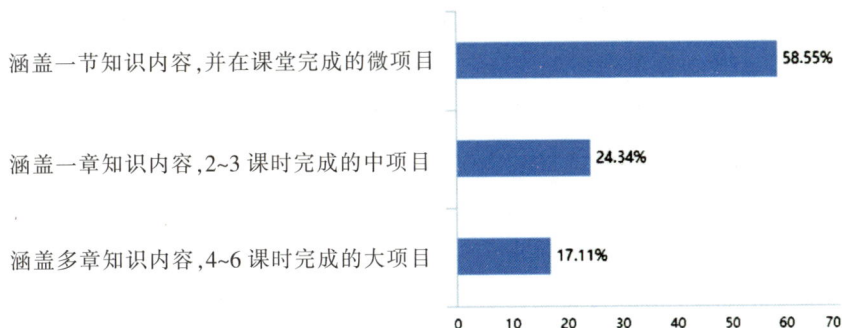

图 1-2-5　设计制作项目的类型和时长的调查结果

被调查学生愿意参与的项目中,涵盖1节知识内容,并在课堂完成的微项目占58.55%,涵盖1章知识内容,2~3节课完成的中项目占24.34%,需多章知识内容的大项目占17.11%。从数据来看, 学生们喜欢在每节课中都有动手实践的机会,而且每节课都希望看到自己作品的微小项目,感受成功的喜悦,也凸显了学生是在技术体验的初期,急于看到成果的心情。这种心态也说明学生对实践项目学习的经历较为新鲜,如果学生经常进行项目制作,根据高中生的年龄特征,会更愿意参与有挑战性的、更有研究深度更完整的项目活动。

(3)完整的设计过程一般要经历一系列的实践活动环节,如:构图、绘图、制作、试验、优化、评价等。这些实践过程承载着培养不同的核心素养的功能,但实际的学生实践过程中往往会忽略其中的一些环节。针对此问题设计了1道多选题,目的在于了解目前学生在实践过程中各环节的参与情况。统计结果如图1-2-6所示:

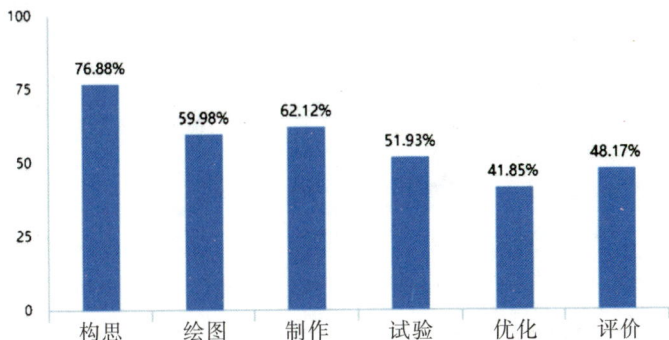

图 1-2-6　学生在实践过程中各环节的参与情况

数据显示,选项中给出的 6 个环节的参与情况如下,有 76.88% 的学生参与了构思环节, 有 62.12% 的学生参与了制作环节,59.98% 的学生经历了绘图,51.93% 的学生经历了试验,48.17% 的学生经历了评价,41.85% 的学生经历了优化。构思与制作是学生参与度最高的设计活动, 绘图从知识角度对学生来说是很熟悉的,也是学业水平测试中必须掌握的内容,但在实践过程中却有所忽略。一方面说明学生用标准的技术语言表达自己的设计受绘画基础的制约,有一定的难度;另一方面也说明在学生的技术意识中没有把图样表达作为制作模型原型的必要前提。根据构思–绘图–制作–试验–优化–评价的设计过程, 学生经历前期 3 个环节较多,后面 3 个环节更容易被忽略。这种情况可能和实施实践活动的课时紧张有一定的关系,对试验、优化和评价环节的实施的弱化,也从一定程度上说明了对这 3 个环节重要程度的认识不够,以及对其承载的核心素养的忽视。

(4)在实践学习中,由于材料等客观因素的限制,学生制作的项目很多都不能制作出原型,不能在真实的场景中使用。而在项目学习中特别强调了基于真实问题的研究,成果能够解决实际问题。项目学习之所以能够激发学生学习的主动性,原因之一就是来自于解决真实问题的成就感。因此,问卷设计了以滑动条的形式,表达对自己制作的成品能解决生活中问题的愿望的程度, 区间设置为不希望为 0,十分希望为 10。数据结果显示平均值为:7.07。说明半数以上的学生在意自己的成品能否有实际的用途。详细情况如图 1–2–7 所示:

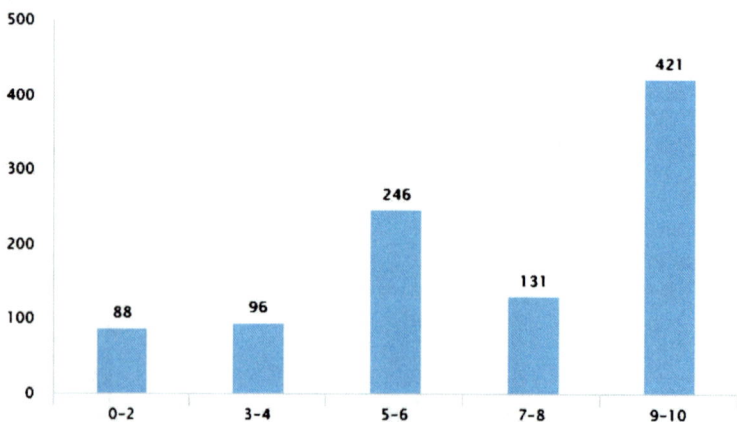

图 1–2–7　学生对制作的成品能解决生活中问题的愿望的程度

在被调查的学生中,选择 9~10 之间的有 421 人,占所总人数的 42.87%,明显高于其他的数值区间。选择 7~8 的学生有 131 人,选择 5~6 的有 246 人,仅有少部分学生不关注作品的实用度。

2.4 学习效果

关于学习效果,问卷从工具设备的使用、知识能力的获得、核心素养的提升 3 个方面对学生进行了调查。

(1)实践是通用技术学科最重要的特色,学会常用加工工具和新设备的使用是物化能力达成的必要条件。为了解学生对工具及设备的使用情况,问卷设计了 1 道多选题,意在了解目前对课标中要求的各种工具及设备在学生中的普及程度(应该加 1 题:学生希望学习哪些工具,对未来教学开展有参考意义)。统计的结果如图 1-2-8 所示:

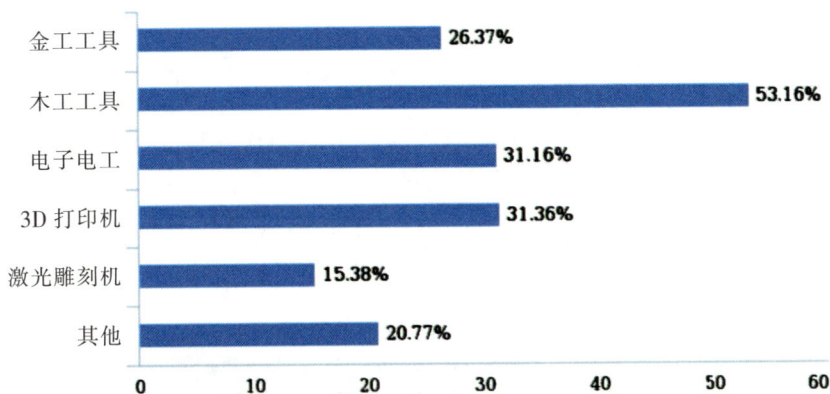

图 1-2-8 学生对工具及设备的使用情况

在学生学习使用的工具和设备中,木工工具的使用率为 53.16%,其次是 3D 打印和电子电工,各为 31.36% 和 31.16%,金工工具使用率为 26.37%。根据数据分析,传统的木工工具学生的使用率是最高的,其原因为工具对使用环境要求不高,使用简单容易习得,基本满足学生的设计要求;使用率最低的是激光雕刻机仅有 15.38%;3D 打印和电工电子基本持平,其他部分是学生主观填写,基本全部是无,说明有 20% 的被测学生没有使用过任何工具和设备。学生对工具和设备的使用一方面基于教师开展实践活动时提供了哪些工具，另一方面也基于学校的硬件环境。通过和学生所在地区的交叉分析，如图1-2-9所示：

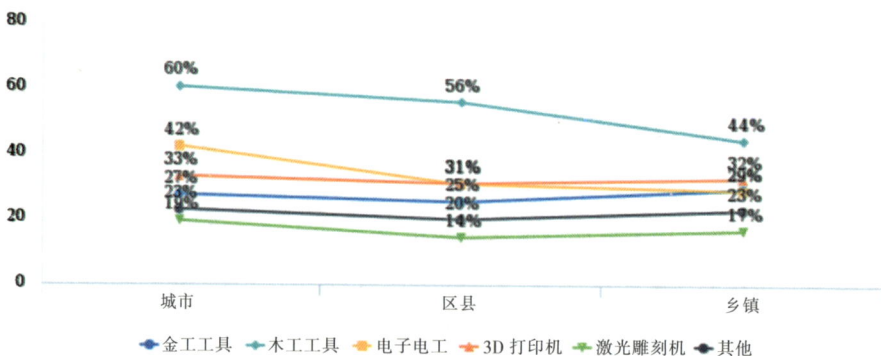

图 1-2-9　学生对工具及设备的使用情况与地区的关系

城市地区的学校在所有工具的使用率上都高于区县和乡镇，但没有显示出过大的差异，一方面高中的现代化达标中要求学校必须有通用技术实验室，也配备了相关的工具，另一方面此数据在收集的广度上有所欠缺。就静海区的高中校实验室的使用，以及3D打印和激光雕刻等新设备的普及情况，远大于此数据呈现的差异。

(2)学生在通用技术课上的收获主要从学生不同的学习体验入手，根据对获得知识与能力的不同程度进行排序，统计结果如图1-2-10所示：

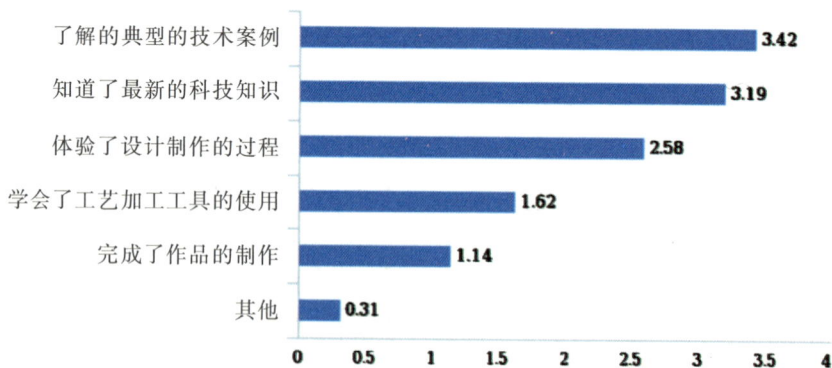

图 1-2-10　不同的学习体验，学生获得知识能力的程度的调查结果

根据数据显示,学生认为在通用技术课上的收获程度依次为了解典型的技术案例、知道了最新的科技知识、体验了设计制作的过程、学会了工艺加工工具的使用、完成了作品的制作。其他中有 10 条记录,内容均与课堂学习无关。说明有在被调查者中 1% 的学生在通用技术课上一无所获。

(3)通用技术课程的最终目标是落实学生的学科核心素养,最后一题要求学生针对核心素养的 5 个方面的部分水平要求进行自评,至少选择一项,根据达成的程度进行排序,统计结果如图 1-2-11 所示:

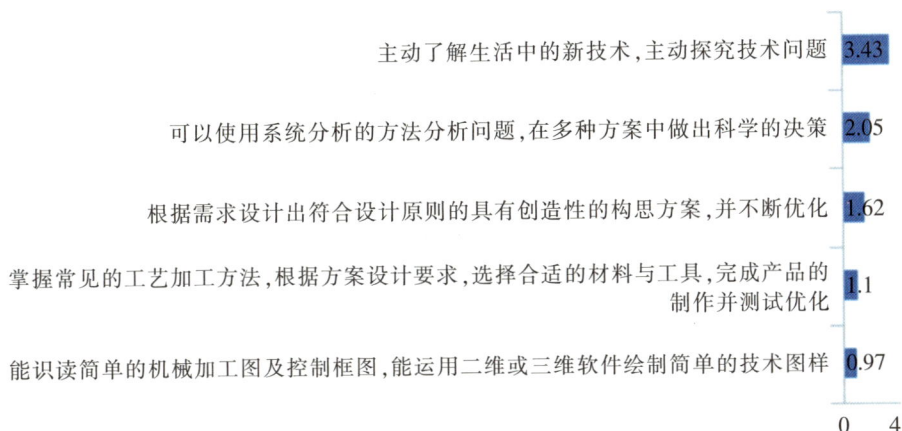

主动了解生活中的新技术,主动探究技术问题 3.43

可以使用系统分析的方法分析问题,在多种方案中做出科学的决策 2.05

根据需求设计出符合设计原则的具有创造性的构思方案,并不断优化 1.62

掌握常见的工艺加工方法,根据方案设计要求,选择合适的材料与工具,完成产品的制作并测试优化 1.1

能识读简单的机械加工图及控制框图,能运用二维或三维软件绘制简单的技术图样 0.97

0   4

图 1-2-11   学生针对核心素养的五个方面的部分水平要求自评结果

通过排序可以看出,学生认为通过通用技术课的学习,得到提升的程度从高到低依次为:技术意识(主动了解生活中的新技术,主动探究技术问题)、工程思维(可以使用系统分析的方法分析问题,在多种方案中做出科学的决策)、创新设计(根据需求设计出符合设计原则的具有创造性的构思方案,并不断优化)、物化能力(掌握常见的工艺加工方法,根据方案设计要求,选择合适的材料与工具,完成产品的制作并测试优化)、图样表达(能识读简单的机械加工图及控制框图,能运用二维或三维软件绘制简单的技术图样)。

3 结论及建议

3.1 关注全体学生，实施分层教学

目前学生的技术学习基础呈现差异。同样一个实践活动，会出现部分学生认为太过"小儿科"失去兴趣，而另一部分学生会因为零基础无从下手。面对不同水平的学生，教师在进行实践教学时应因材施教，关注学生不同程度的提升。这里所说的分层教学不是把学生分成不同部分，而是充分利用好有技术基础的学生，发挥其优势作为学习资源，这样不仅可以保留这些学生学习的积极性，并且可以形成同伴学习的氛围。例如，在进行以设计方案为主的小组学习时，可以把这样的学生分散安排在不同小组内，在组内发挥他们的优势带动其他学生。而在专项的操作实践活动中，可以把他们分在一组，提高制作的标准或者布置难度较高的任务。通过不同形式的分层，让全体学生都能学有所获。

3.2 变革学习方式，丰富实践教学

通过调查结果不难看出，学生已经不满足于分析案例和停留在纸上的设计，对通用技术课程的学习方式已经产生新的需求。学生更愿意参与设计制作、技术体验等参与度高的课堂活动，虽然目前学生还更青睐时间短、内容简单的微项目，但大多数学生已经在关注作品的实用性，解决真实问题、能制作出原型的项目更能激发学生的兴趣。

教师在通用技术的教学中应加强实践教学的应用。丰富实践教学的形式和内容，选择适合贴近学生生活的真实技术问题进行探究，并形成有使用价值的成果。注重技术设计全过程的实施，加强技术试验、评价、优化等环节的落实。

3.3 加强学科建设，落实核心素养

技术意识、工程思维、创新设计、图样表达、物化能力这5大核心素养在一个完整的设计过程中始于意识，终于物化，而在培养的过程中往往是从物化的基础上逐步渗透形成的。工具与材料是物化的基本条件，学校应加大通用技术实验室

的投入,满足新课标对新工艺及设备的要求,同时也应加大教师实践能力的培训,为学生创造充足的实践条件。作为通用技术教师,应在充分理解核心素养的基础上,积极改变原有的教学模式,用核心素养引领实践教学。学生的自我评价中对技术图样识读及表达的能力评价最低,而在以往的教学中,教师通常把三视图作为重点教学,这种对比形成了鲜明的反差。这说明强化知识与提升素养之间还有一定的差距,知识是固定的而应用的情境是变化的,在教学研究中要注重知识情境的创设,强调知识之间的联系。

随着校内劳动课程的不断丰富、技术创新在社会中影响力的不断提升,家庭和校外教育也更加注重孩子动手能力的培养,今后教师面对的学生所具备的技术素养会逐步提升,作为教师应不断地更新教育理念,挖掘与时俱进的技术教育资源,运用多样化的教学方式,促进学生核心素养的形成。

高中通用技术课程教学方式的调查研究

天津市静海区独流中学　　陈晨

摘　要:新课程改革的重点之一就是促进学生学习方式的变革。学习方式的改变要以教学方式的变革为前提。从2005年天津市开设通用技术课程至今,通用技术教师队伍基本已经趋于稳定,多数教师已经形成了自己的教学风格和常用的教学方式。为了了解目前通用技术教学方式的现状,设计了调查问卷,在数据分析的基础上,发现问题并提出建议。

关键词:高中通用技术课程;教学方式;核心素养

新课程改革的重点之一就是促进学生学习方式的变革。新课程学习方式的变革,是针对传统教学中"过于强调接受学习"的倾向,为改变学生"被动、机械"的学习方式提出的,其中倡导的学生学习方式有自主学习、探究学习和合作学习等方式。通用技术是高中新课程中的一个亮点,通用技术课程标准也阐述了本课程在学生学习方式方面的理念:"丰富学生的学习过程,倡导学习方式的多样化。学生的技术学习过程应是主动建构知识、不断拓展能力的过程,也是富有生机、充满探究、生动活泼的活动过程。"

学习方式的改变要以教学方式的变革为前提。通用技术本身就是一门立足实践、注重创新的课程,倡导在"做中学、学中做"的教学理念。从2005年天津市开设通用技术课程至今,通用技术教师队伍基本已经趋于稳定,多数教师已经形成了自己的教学风格和常用的教学方式。为了了解目前通用技术教学方式的现状，设计了调查问卷，在数据分析的基础上，发现问题并提出建议，便于今后有针对性的组织教师的教研活动。

1 设计及过程

本次调查以网络问卷星的方式进行，调查对象面向天津市各区通用技术教师，前置条件是确定已经开设通用技术课程的学校，且有专兼职教师任教。未开设通用技术课程的学校不在本次调查范围内。共回收 166 份有效问卷。问卷的内容主要从学校的教学条件、教师个人背景、课程教学情况、教师教学效果、学生学情反馈 5 个方面进行设计，共 16 道题目。

2 数据及分析

2.1 学校的教学条件

此部分包含 3 道题，分别是学校属地、教学场地和硬件条件的调查。根据数据显示目前天津市教师在地理分布上城市占 48.19%、县区 17.47%、乡镇 32.53%、村落 1.81%。市通用技术教师近一半集中在城市，说明参与调查的学校中城市的学校比较重视学科专业教师的配置(图 1-3-1)。

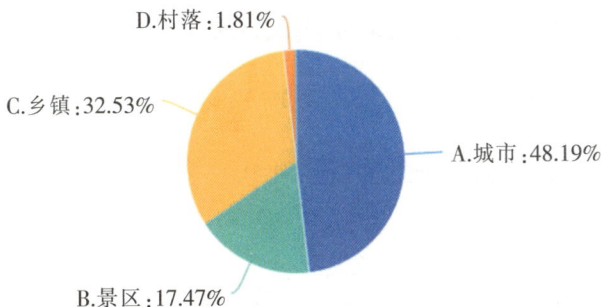

图 1-3-1 学校属地的分布

教学活动的场所,选择在普通教室的占 48.8%,在技术实践室的占 15.06%,在普通教室和技术实践室的占 34.34%,其他的占 1.81%,其中以劳动基地为主。高中校在经过现代化达标后基本都具备了通用技术专业教室,但在调查结果中显示,通用技术教室的利用率并不是很高。原因可能有设备不全或陈旧不能满足现在课堂教学实践项目的需要,其次就是实验室教师配备不足(图 1-3-2)。

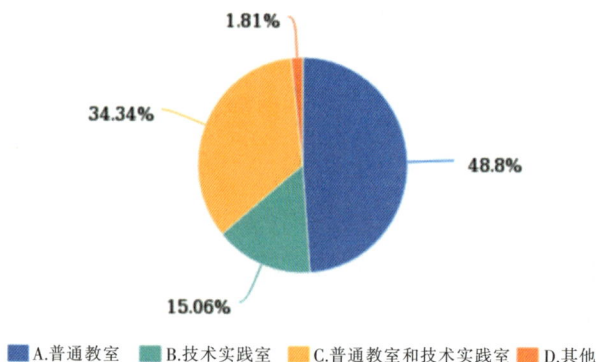

图 1-3-2　教学场地的使用情况

目前通用技术教室配备的设备中最多的是机械加工类,63.86%的学校拥有相关工具,其次是电子电工,有 48.8%的学校配备了电子电工方面的工具设备,而新教材中要求的新技术、新工艺相关的 3D 打印机和激光雕刻机目前学校的配备情况还比较少,在调查教师的所在学校中分别有 37.95%和 25.3%的配备率(图 1-3-3)。

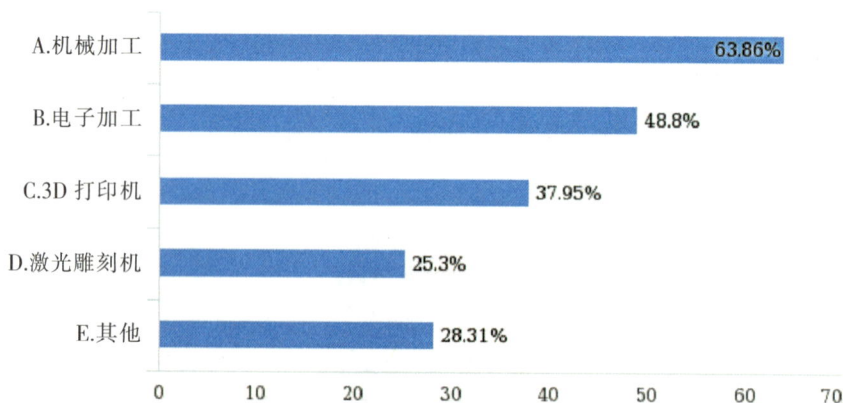

图 1-3-3　通用技术教室器材配备情况

2.2 教师个人背景

此部分包括对教师的学科背景、从教背景、从教年限的调查。目的是调查通用技术教师的专业基础。关于通用技术教师的专业背景比较分散，其中排名前三的专业类型为：数理类最多，占 31.93%，其次是信息类，占 18.67%，第三是机械类，占 10.24%。任课背景的调查中显示，目前一直担任通用技术学科的教师占 21.69%，物理学科教师转到通用技术学科的教师占比和前者相同，说明通用技术教师队伍中，有相当大一部分的物理学科背景的教师。我们可以充分发挥物理教师的学科特点，在通用技术学科中发挥其特长，为实践案例研究开拓新的思路(图 1-3-4)。

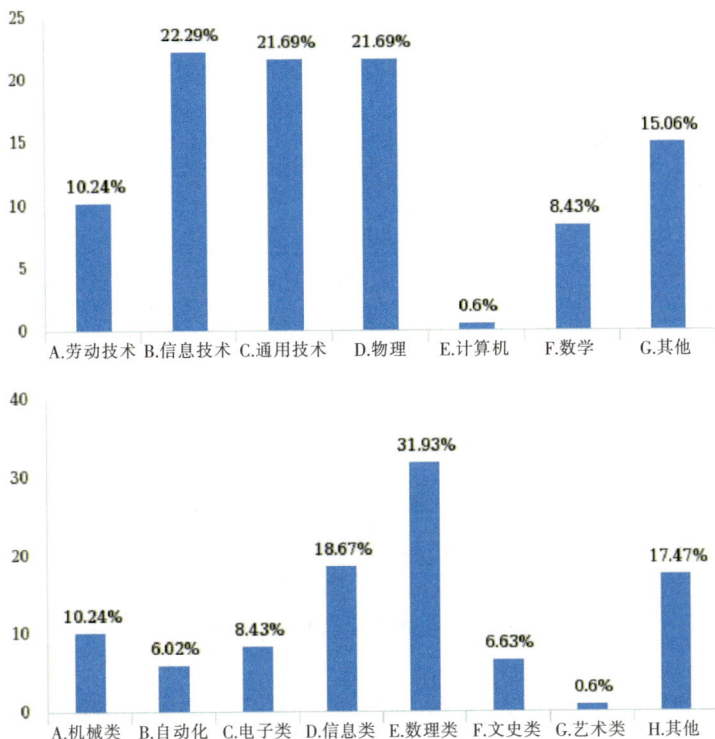

图 1-3-4 通用技术教师学科背景及专业背景情况

在被调查的教师中，48.8% 有 10 年以上的任教经验，其次是 6~10 年任教经验的占 23.49%，任教 1~2 年和 3~5 年的教师均占 13.86%。教师队伍已经趋于稳定(图 1-3-5)。

A.1~2 年:13.86%

B.3~5 年:13.86%

D.10 年以上:48.8%

C.6~10 年:23.49%

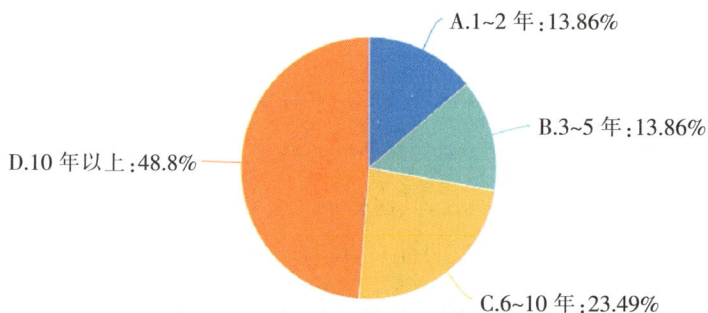

图 1-3-5　通用技术教师任教年限

2.3　课程开设情况

开课年级:参与调查的教师所在学校开设课程的年级比较集中,96.39%都在高二年级开设,25.3%高一年级也开设,个别学校1.81%在高三年级开设通用技术(图1-3-6)。

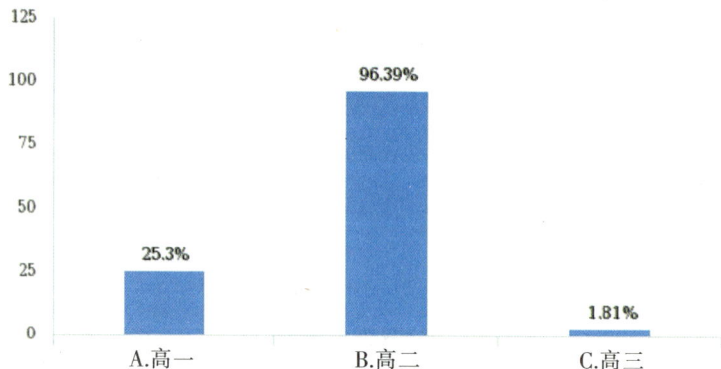

图 1-3-6　通用技术课程开设年级调查

开课频次:课程的编排方式以每周1次每次1节为主,占60.24%,有18.07%实现两节课连排。课程的编排方式也对教学方式的选择产生影响(图1-3-7)。

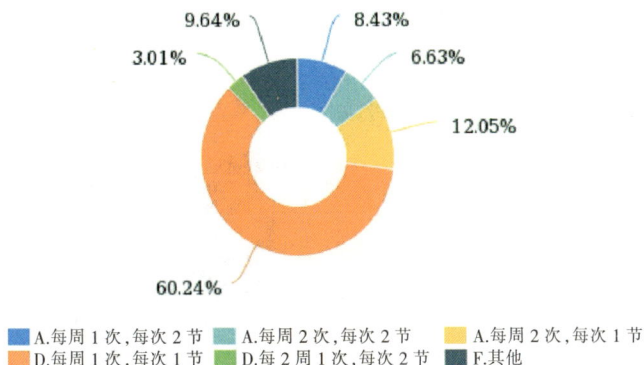

图 1-3-7　通用技术课程开课频次调查

教材版本：学校开设必修模块的情况以高二开设两册必修的方式最多占68.07%，高一开设必修 1、高二开设必修 2 的方式占 22.29%（图 1-3-8）。

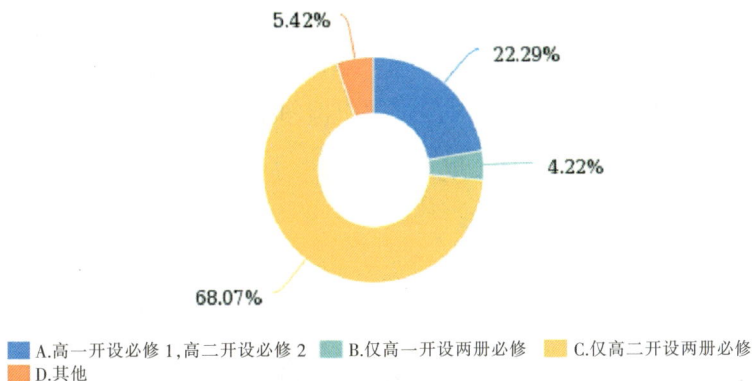

图 1-3-8　通用技术课程必修课程开设方式调查

以上题目的数据显示，目前大部分学校都在高二年级开设通用技术课程，并且在高二年级完成两册必修的内容，这说明还存在课时被挤占的现象。这样的课程开设对于我们的学科发展是不利的，基本没有时间再进行选择性必修以及选修课程了。

2.4　教师教学效果

在对教师使用过教学模式的调查结果中，有 51.2% 的教师选择理实一体化教学,36.75%的教师选择理论教学,仅有8.43%的教师选择实践教学。说明教师没有把实践变成专业技能的训练(图1-3-9)。

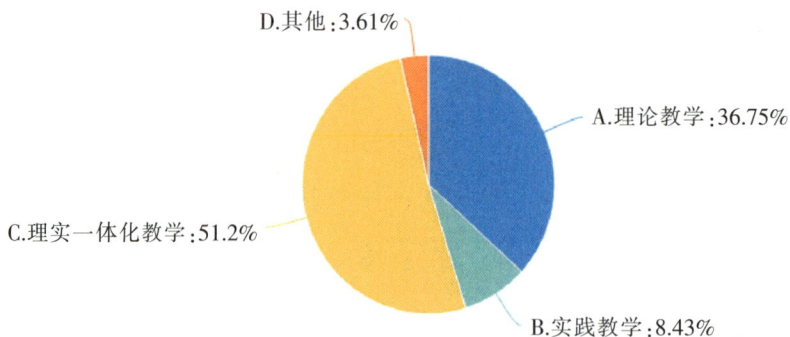

图1-3-9 通用技术教师使用教学模式情况

D.其他:3.61%

A.理论教学:36.75%

C.理实一体化教学:51.2%

B.实践教学:8.43%

教师在教学过程中使用的教学方法:有83.35%的教师选择了案例教学,可见这还是目前教师选择最多的教学方式,其次是设计与制作技术试验和技术探究活动,依次占比58.43%、50%、44.58%。关于项目学习有30%,而大家对项目学习实施的困难源自于不同的方面,没有形成集中的问题,说明目前教师对项目学习的认识还不够全面,困难较多(图1-3-10)。

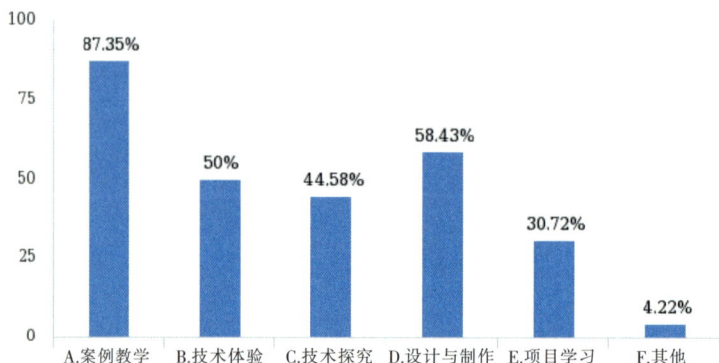

图1-3-10 教师在教学过程中教学方式的选择情况

其中问题最多的是过程的管理,说明目前教师对项目式学习的整体开展方式模糊不清,无从下手,其次是项目的选择困难较大,既要符合课程标准的要求,又要与教材知识相融合,还要切进学生的生活且容易操作,项目越大涵盖的内容越多越增加了选题的难度。实施的时间则受到开课程度的影响(图1-3-11)。

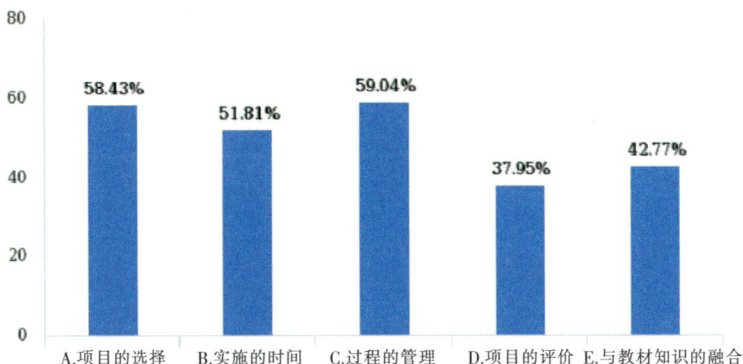

图1-3-11 教师认为实施项目学习的困难的调查

教师目前教学对核心素养达成的自评：根据结果可以看出教师认为达成度最高的是技术意识，最低的是物化能力。通过交叉分析得出：教师认为通过案例教学可以达成技术意识，而比较难达成物化能力。教师认可实践是达成物化能力的重要途径。而目前学校硬件投入不足的条件下，这也是不能达成物化能力的主要困难。导致教师在设计过程中最多关注和实施的是构思，最少关注的是评价(图1-3-12)。

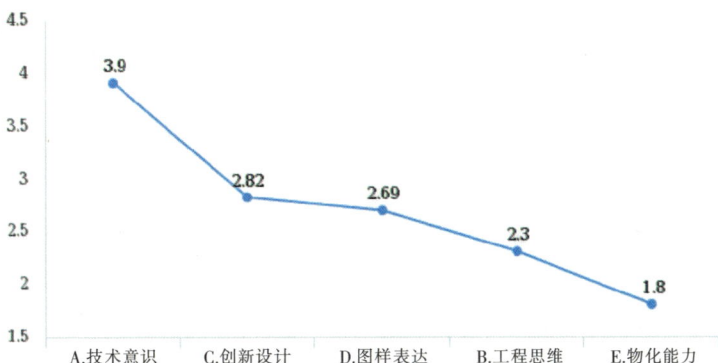

图1-3-12 教师目前教学对核心素养达成的自评

2.5 学生学情反馈

大多数课堂上学生的状态是有的感兴趣，有的不感兴趣，这种情况占

58.43%,有 24.1% 的老师认为学生感兴趣并且主动参与,有 13.25% 的感兴趣但不主动参与,仅有 4.22% 都不感兴趣只是被动听课。通过数据可以看出学生对通用技术的兴趣程度很高,只是参与程度不够(图 1-3-13)。

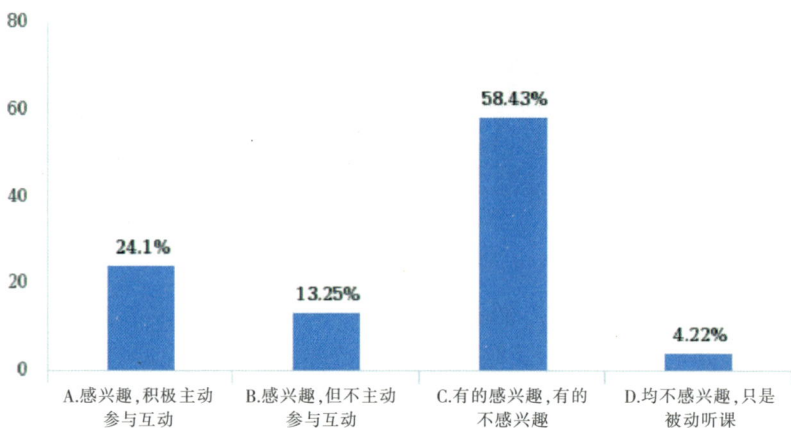

图 1-3-13　学生对通用技术课程的兴趣及参与程度

目前通用技术教师认为制约教学的最大原因是教学条件不足,其次是授课时间的安排,而参考案例的匮乏、授课过程的管理、教材知识的融通对教师们来说也有相当一部分的影响,授课的评价标准是选择是排名最低的一项,可能的原因是通用技术教师在学校内没有明确的评价制度,学业水平考试对于授课的形式影响不大,所以关注授课评价标准的教师也相对较少(图 1-3-14)。

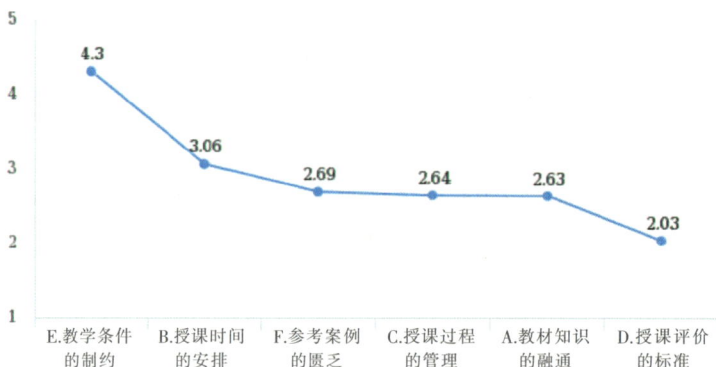

图 1-3-14　通用技术教师认为制约教学的原因排序

3 结论及建议

3.1 技术教学环境对教师选择实践教学的程度起到积极的促进作用

根据调查问卷中相关项的交叉分析，如图 1-3-15 所示，在普通教室内选择理论教学占到了 58.02%，在技术教室授课则选择理实一体化和实践教学的人数明显增多。

图 1-3-15 教学模式与教学环境的关系

从图 1-3-16 还可以看出，学生在技术教室上课感兴趣并积极参与的占 56%，明显高于其他教学环境。

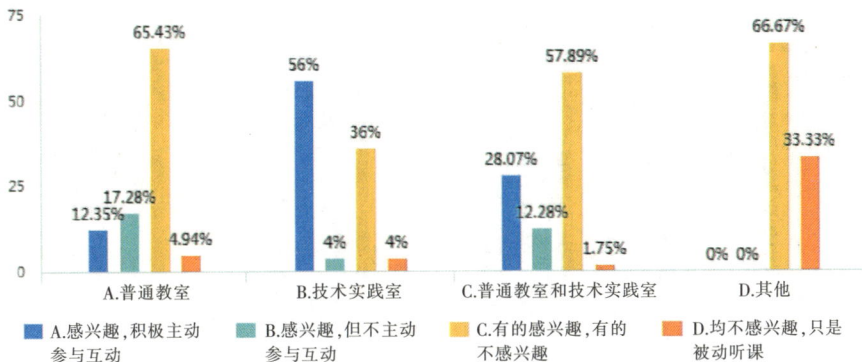

图 1-3-16 教学环境和学生学习状态的关系

技术教室中有实践的氛围,促使学生产生亲近技术的愿望,也给教师提供了实践教学的空间。建议逐步完善通用技术教室的建设,包括硬件设备和教师的配备,提高专业教室的利用率,可以对改变教师现有的教学模式起到积极的推动作用。

3.2 教师随着对课程的深入理解,逐步增加选择实践教学的模式

根据调查的数据结果显示,入职1~2年的教师有65.22%选择了理论教学,随着任教年限的增加,逐步增加了理实一体化和实践教学的比重。

虽然目前多数教师选择案例教学作为主要的教学方法,但是随着担任通用技术教师年限的增加,使用率在逐步建少,建议加强新任教师的培训、加深其对学科的理解(图1-3-17,1-3-18)。

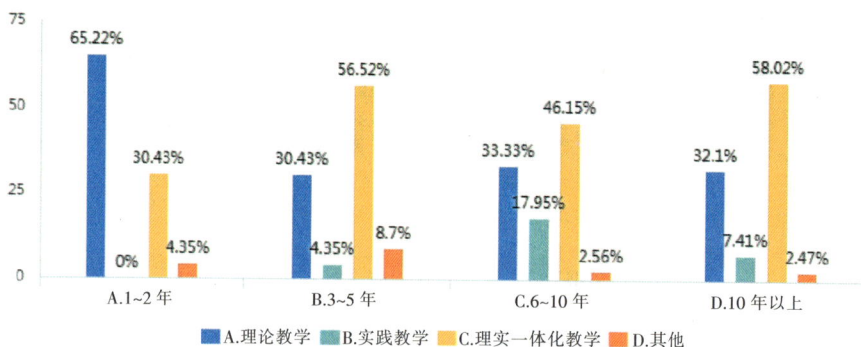

图1-3-17 选择教学模式和教师任职年限的交叉分析

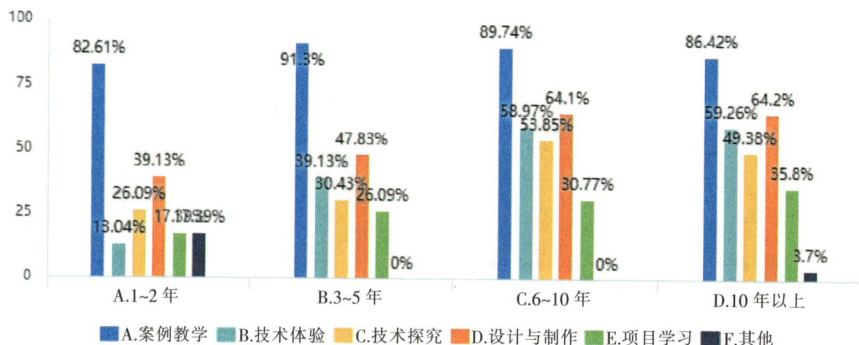

图1-3-18 教学方式的使用和教师任职年限的交叉分析

3.3　合理的课程安排有利于增强学生的兴趣和参与度

课程安排对学生的学习兴趣有很大的影响(图 1-3-19)。

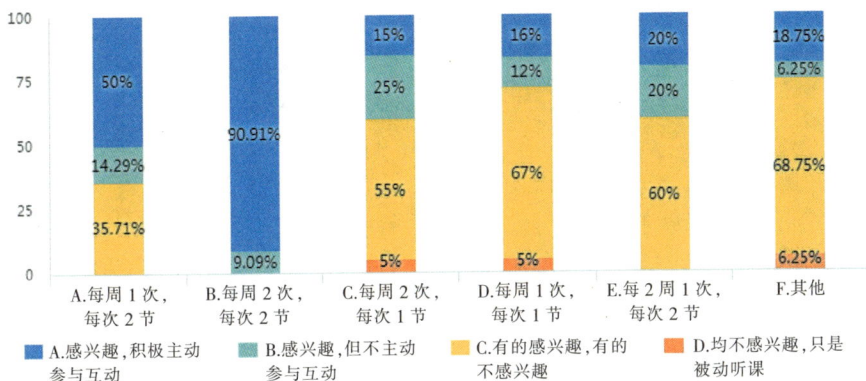

图 1-3-19　学生学习状态与课程安排的关系

调查中每周 1 次每次 2 节和每周 2 次每次 2 节的两节课连排的方式中,学生感兴趣并积极参与的分别达到了 50% 和 90%,明显高与其他编排方式。其次,每 2 周一次每次 2 节,学生感兴趣并积极、主动参与占 20%,可以看出课程的连续性影响了学生的兴趣,而两节课连排极大地增加了学生的学习兴趣、尤其是参与程度,也为学生进行连续的实践操作提供了必要的条件。

3.4　通用技术教师应加强对教学方式与核心素养关系的理解

在调查中发现,教师普遍认为通过现有的教学模式和方法对核心素养达成度最高的是技术意识,而最低的是物化能力。技术意识在普通高中通用技术课程中的要求包括:通过自我成长经历回顾或案例分析,了解技术在保护人、解放人、发展人中的独特作用,形成对人工世界和人技关系的基本观念;通过技术实践、参观调查等方式感悟技术与社会、技术与自然、技术与文化的关系,理解技术与人类文明的有机联系,养成技术的敏感性,形成对技术文化的理解与适应;关心技术的最新发展,能以民主的方式参与有关技术决策讨论和以积极的心态参与技术活动;通过模拟仿真和角色扮演,理解技术专利的特性及申请过程,尊重他人的技术研究成果,以规范、负责和更具道德的方式使用技术。技术意识包含范围广,内容丰富且过程复杂,并且技术意识渗透在技术活动的全过程,仅通过案例教学很难真正实现技术意识的提升。教师应进一步深入理解通用技术5大核心素养,加强对教学方式与核心素养关系的认识,通过教学方式的改变引导学生改变学习方式,探寻落实核心素养的有效途径。

基于学科核心素养的通用技术教学策略研究

天津市南开中学　魏长童

摘　要: 国家以"培养全面发展的人"为核心,重视学生核心素养的培养。课堂教学中,围绕学生的兴趣、能力和认知水平来创设教学情境,通过精选精讲案例将学生带入情境,课堂教学精彩丰富且贴近学生,让学生自己思考设计、动手完善、形成思路。基于通用技术学科核心素养,并充分考虑学生特点开展的互动活动围绕学生来展开,合理选取和创设有特点的情境,进一步拓展学生的技术视野,让学生形成自己的设计思路,促进学生全面而富有个性的发展,呵护学生进行技术探究、技术实践和大胆假设的创新意识,培养学生的创新潜质和实践能力。

关键词: 通用技术;核心素养;教学策略

　　我国大力推进新一轮的高考课程改革,此次课程改革以"培养全面发展的人"为核心,在高中通用技术学科教学中,越来越重视对于学生的技术意识、工程思维、创新设计、图样表达以及物化能力的培养。通用技术课程应围绕如何创设适合的教学情境,来培养和提升学生的技术核心素养。

　　通用技术学科的核心素养主要体现在技术意识、工程思维、创新设计、图样表达以及物化能力等5个方面。同时,完整的道德人格、积极的情感态度、有效的沟通能力也是技术核心素养对于一个人的具体体现。技术核心素养不仅包括利用技术操作或制作技术产品、操作技术设备、使用技术工具的能力,更应该体现在一个人的技术意识和创新潜质的养成,让技术核心素养成为一个人的人生思考问题、处理问题的思维方式和处理方式。

基于核心素养的导向,通用技术课程的教学,应从"工艺技艺导向"逐渐转向为"核心素养导向"。技术核心素养应由学生在成长和学习经历中不断积累经验、探求真知、积淀解决问题的方式方法而逐渐形成下来,培养学生通过对真实世界的主动观察和实践探究,通过适当的、合理的方式方法,找到分析和解决问题的途径。

1 以技术核心素养为导向,深刻变革当前课堂教与学的模式

核心素养是学生在学习过程中逐渐形成的适应个人终身发展和社会发展需要的关键能力和必备品格。学生技术核心的培养,不仅仅在教,更应体现在学生的主动参与、自主探究和创新实践意识的培养。因此,通用技术的课堂教学也应从以教师为主体的教学模式,转向以学生为主体、教师为引导,以案例式话题为切入点的互动课堂教学方式。

技术课程的教学,学生的学习内容不应成为过后就忘的"一过式"学习备考过程,而更应该强调学生的主动观察能力、接受理解能力、自主探究能力和技术思维意识。这种教学模式的改变,避免了学生的课堂学习枯燥乏味,学生对于课程本身的兴趣不高、参与度低等问题。新模式下教师在教学准备中更加尊重学生,以学生为中心,根据学生的实际认知水平和行为特点来设计整体教学过程,重视教与学中的互动和学生主动发问、主动探究的思维过程和知识能力积淀过程。教师通过丰富的课前准备,用适当的方式进行教学案例的引入,教学过程中培养学生以自己的视角、自己的思维方式来发现问题、阐述和分析案例,并通过动手实践探究、互动交流、展示评价反馈等多种课堂形式,展开围绕教学案例的知识问题互动,教师引导解答的热烈讨论,课堂气氛活跃,学生参与程度高,从而更好地培养学生的核心素养,达成课堂教学目标。

例如,在苏教版《技术与设计2》的第一单元第2节"稳固结构的探析"中,教材中的知识点如果通过单纯的课堂讲授方式,学生不容易记忆理解,也无法达到核心素养为导向的培养目的。通过利用教学案例改进和构造新的教学场景,在课堂教学中引入了"从三角支撑到多角支撑对于稳定性影响的探究"以及"各种材料的变化对于结构稳定性的影响"等案例,引导学生自主思考和实际动手去改变"影响结构稳定性"的各项因素,学生通过课堂设计的各种互动环节进行反复的知识点引入和反馈,教师充分把控课堂进度和学生的接受情况,让学生熟悉并理解"影响结构稳定性和结构强度"的因素这一课堂教学主题,学生自己通过构造和改进这些因素来实现对于结构稳定性的控制和提升,这样的课程更好地完成了教学目标,培养学生核心素养的各项方面更好地贯穿到课程之中,教学效果显著提升。这样的课程,有的学生在毕业后还念念不忘。

这种以培养核心素养为导向,教师根据学生特点,设计适合学生的教学案例和展现形式,学生主动参与和思考,教师引导辅助的课堂教学方式新模式的变革,可以更好地以核心素养为导向,有效提升通用技术课程的教学效果。但是,这种课堂教学的新模式对于教师来说,对于自身的教学能力和技术素质具有更高的挑战,教师应从以下几个方面进行应对和提升。

首先,教师要深刻理解通用技术核心素养的内涵,通过在课前研究和准备大量丰富适合教学的案例知识,提升教师自身的知识储备,结合当前学生的特点和认知水平,来创设适合学生兴趣特点,又便于引入和展开的案例话题来创设课堂情境。

其次,教师必须从教材的传统框架中提升出来,单纯按照教材中设定的教学知识点顺利和教学案例在课堂中逐一教学展开的教学模式被彻底打破。新模式的通用技术课堂教学,学生成为课堂的主体和中心,学生的能力水平、兴趣方向、思考问题的角度成为教师备课过程中必须重要考虑的方面,教师如何引导学生正确、完整地理解和掌握教学知识点,培养学生的通用技术核心素养,成为课堂教学效果和教学目标能否更好达成的关键。

最后,教师应设计良好的课堂教学互动场景和互动方式,课堂的教学时间有限,如何在有限的时间内完成以学生为主体的互动教学过程,有效地控制和引导课堂话题走向,更好地完成课堂教学内和教学目标,是新模式的课堂教学能否成功有效开展的关键因素。

2 以教材中的案例为基础,创设情境精讲活用,启发学生创新潜质和思维意识

苏教版《技术与设计1》与《技术与设计2》作为通用技术课程的两本必修教材,教材中每一章节都包含了"案例分析""马上行动""思考""小试验""阅读""链接"等实践操作型、知识拓展型的教材内容,内容丰富具体,便于教与学的过程中对于技术概念、知识点的理解和掌握。

教师在备课过程中,以技术核心素养为导向,应充分考虑所教学生的实际能力和认知水平,有效地组织和构思所要使用的教学案例,精心编排,注意教学案例的展开角度,通过精讲活用教材上的案例来创设适合学生课堂学习的情境。根据教学课程的时间安排,有必要对教材中的案例进行筛选整理,同时针对教材中的案例进行横向及纵向的知识扩展和补充,使教材案例更加生动自然,便于设计与学生的互动场景,提高学生的兴趣和主动参与程度,从而使课堂的教与学互动交流更加流畅,互动的案例话题内容更加贴近学习目标和技术核心素养的培养目的,有力促进每一节课的课堂教学效果总体提升。

例如:《技术与设计1》第八章第1节"产品说明书及其编写"中,针对"说明书的表述与写作方式"的教学内容,教材中列举了"卡式炉""退烧药""微波炉""保果灵农药"等案例进行分析。在教学过程中,教师不必以单纯的案例描述来平均用力进行顺序讲解,而应根据学生情况,突出重点,深度挖掘这些案例对于教材知识点的辅助说明作用,通过创设情境让学生主动修正说明书,展开围绕这些案例的互动和讨论,由学生发现问题并提出多种改进方式,教师顺应学生的话题,引导学生关注在说明书之中是必须出现、经常出现以及哪些不应出现的内容,哪些结构样式在说明书中常见,该怎样精炼说明书的语言以准确传达技术产品信息等内容进行展开。教材中的知识点在这样的讨论和学生主动的发问思考中贯穿课堂教学,更好地培养了学生的通用技术核心素养。这样课堂情境和互动方式的创设,学生的兴趣点和思路被彻底打开,以学生为主体、教师为引导的课堂模式让学生得到了充分的情感表达,课堂教学目标在以通用技术核心素养为导向的课堂教学模式的实践中达到了更好的教学效果。

3 以生活中的案例为提升,精选、细挖、贴近兴趣,营造良好的课堂学习氛围

通用技术苏教版教材中,设计了很多教学案例,在教材的编写中尽力体现了教学案例的通识性,内容丰富具体,容易理解,在不同地域、不同成长环境的学生认知水平下都能很好地进行学习和理解,案例适合更广泛的学生认知水平。

教材落实到每一所学校、每一个班级的实际课堂教学中,教师应根据所教学生的特点进行有效的扩充和编排。教师在教学中应"备课标、备教材、备学生",通过自己的努力把教材读厚,即增加对于学生实际情况所调整的教学内容,以教材为基础,更好地完成教学大纲、教材知识体系的教学任务,把每一节课都为学生通用技术核心素养的培养形成积淀。

所以,每一次备课过程中,根据所教学生的行为特点和知识水平,教师应以技术核心素养为导向,主动调整和优化课堂中所要使用的教学案例,及时更新和改进教学案例的应用方式和侧重角度,精选细挖典型案例,充实课堂的教学和互动交流,让学生获得更大的收获,促进课堂的教与学达到更高的水平。

教师创设教学情境,在案例的精选细挖过程中,应基于教材体系而不拘泥于教材内容来组织课堂案例教学,教学案例的选择与使用的目的是为了达到更好的教学效果,更好地培养学生的通用技术核心素养。因此,所选用的案例应具有技术时效性、通识性,让学生喜闻乐见,同时注意教学语言的应用,把技术案例与学生兴趣紧密联系。

(1)教学中由教师主动扩展的教学案例,应紧贴学生的生活实际和认知水平,首先应顺应学生的兴趣,同时注意选取不同领域、不同技术方向的教学案例,避免单纯的案例引入造成课堂教学效果降低。在同一知识点的教学案例选择对比上,应注意技术的时效性,选择同一技术领域中最新的成果案例,替换以前的案例,以提升教学效果。

(2)教学案例的选择应具体、精炼,选取的案例应能突出教学内容,体现教学目标的精华。在教学中通过教师有效的讲解引导,避免将案例话题无限扩大或偏离角度,学生紧紧围绕问题的核心角度展开互动讨论和动手实践,从而保证了教

学效率和学习效果顺利达成。

(3)根据教材中章节知识体系的结构设置,也可以有效地将一个完整案例贯穿在多个章节、知识点的教学中。每次案例引入是针对不同的角度展开,有助于节约案例陈述铺垫的课堂时间,使课堂节奏更加紧凑,学生思维连贯具体,形成更好的核心素养培养目的。

例如:在讲解苏教版教材《技术与设计1》的第3章第1节"设计的一般过程"时,教材中以"便携式板凳"的设计案例来展开课程。根据南开中学的学生认知水平和能力特点,教师在教学中对教材案例进行拓展和提升。在教学中,基于教材的各项知识点和教学重难点,教学设计中尝试将"便携式板凳"的设计改为设计手机的方式来进行教学实践。教师在教学过程中,将"设计的一般过程"贯穿到整堂课之中,同时又融入了人机关系、如何正确处理人机关系等知识点让学生深化设计。

在多次的教学实践中,这种根据学生特点和兴趣领域而进行的教学案例的尝试和改变,可以有效提升课堂教学效果,教学内容更贴近学生兴趣,同时又完整地将教学内容和学习目标贯穿课堂之中。通过教学实践发现,大部分的学生都能当堂形成完整的设计思路,理解并掌握"设计的一般过程"各项知识点,基本完成设计作品,课后再稍加修改完善,能独立形成设计作品,最后以作业的形式提交。通过这样的教学案例选取和应用,每一名学生都通过自己的学习和思考来创新出一个自己设计的手机方案,学生有成就感。同时课程的教学内容"设计的一般过程"很好地体现在课堂互动过程和学生的设计作品当中,取得了良好的教学效果。很多学生直到毕业,还保留着这节课的作业作为纪念。

例如:学生在学习《技术与设计2》的第二单元第2节"流程的设计"中,教材中设计以"小铁锤的加工流程"为案例展开流程设计的教学。根据学生的知识能力特点和兴趣导向,将本节课的教学案例调整为设计到火车站买票进站的流程。在教学中发现,虽然教师在设计之前进行火车站买票安检流程的讲解描述,但是由于有的学生没有实际经历过这样的过程,在教学中存在着案例铺垫的时间过长,学生对构建的场景不熟悉等情况,教学案例选择的不完美。经过思考和改进,分析的学生行为特点,在之后的教学中又将案例再次调整为学生乘坐地铁买票安检进站的过程。这个调整,使得教学案例更加贴近学生的真实生活,学生都有亲身体会。学生结合自己的亲身感受,进行乘坐地铁流程的设计,然后通过自己发现的问题进行改进和优化,很好地完成了教学内容,达到了教学目的。每一名学生的流程设计思路都不一样,教师不去追求标准答案,充分发挥学生的想象能力和创造能力,更好地培养学生的核心素养,达到更好的教学效果。

通用技术的教学,学生成为课堂的主体,教师围绕学生的兴趣和认知水平准备和创设教学情境,通过精选和精讲案例使课堂教学更加精彩、内容丰富,让学生在课堂上"手和脑"都动起来,自己思考、自己设计、自己动手、自己完善,形成自己发现、解决问题的思路,教师进行有效的引导和辅助,培养学生的核心素养。

这种基于通用技术学科核心素养的情境教学模式,充分将学生作为课堂的主体,考虑学生的认知水平、能力特点、兴趣习惯,选取的案例和开展的互动围绕学生来展开,案例选取丰富有特点,进一步拓展学生的技术视野,让学生形成自己的设计思路和设计作品,促进学生全面而富有个性的发展,呵护学生进行技术探究、技术实践和大胆假设的创新意识,培养学生的创新潜质和实践能力,为学生迎接未来的实践与挑战,实现终身发展打下坚实的基础。

以学科核心素养为引领变革通用技术学习方式

天津市第二新华中学　高旭

摘　要:本研究以国家对人才培养的要求以及以往学习方式存在的问题为背景进行研究,分析了国内外研究现状,在相关理论指导下,结合通用技术学科核心素养以及通用技术认知方式,得出学科核心素养教学视角下通用技术学习方式的共同特征,并给出学科核心素养下通用技术学习方式的实现路径。

关键词:学科核心素养;变革;学习方式

1 研究背景

1.1 国家对人才培养的要求

随着信息化、全球化时代的到来,人们更需要具有面向未来工作与生活需求的素养。2014 年 3 月,《教育部关于全面深化课程改革 落实立德树人根本任务的意见》指出:明确学生应具备的适应终身发展和社会发展需要的必备品格和关键能力,突出强调个人修养、社会关爱、家国情怀,更加注重自主发展、合作参与、创新实践。教育培养的是适应未来发展需要、有创新精神和实践能力的新一代公民。核心素养的提出，不仅在一定意义上关注了学生的学习能力和核心素养的形成，同时也改变了学生的学习方式，当然,通用技术的学习方式也要进行变革。

1.2　以往学习方式存在的问题

经过十几年的教学实践,通用技术教师在深入理解课标的基础上,形成了很多教学方法,如案例教学、技术体验、技术探究等,但仍然存在知识本位、以接受知识为主的问题。老师教什么,学生就学什么,学生的学习更多的是知识的继承和掌握。从强调"双基"到三维目标,再到核心素养的提出,都昭示着学生内在发展的重要性。要把以知识为本转化为以"核心素养为本",以学生为主体,在优化教学方式的基础上,更要思考学生学习方式的转变路径,切实让学生的核心素养真正落到实处。

2　国内外研究现状

2.1　国外研究现状

选择何种学习方式发展核心素养是一个世界性的教育难题。2013年,全世界知名的课程与教学改革的权威学者迈克尔·富兰(Michael Fullan)联合国际教育集团以及科技公司启动的"为了深度学习的新教育学"(New Pedagogies for Deep Learning)研究项目,旨在基于深度学习促进核心素养的发展,系统建构、实践探索了指向核心素养发展的深度学习理论。他的研究成果不仅直接影响了加拿大安大略省的基础教育变革,甚至对整个加拿大以及全世界都产生了重要影响,对我国探索指向核心素养发展的学习方式具有较强的借鉴价值。

2.2　国内研究现状

本文以中国知网(CNKI)数据库为数据来源,通过检索"核心素养""学习方式"关键词,共得到2 478篇相关文献,涉及不同学段、不同学科基于核心素养的教学研究,可见大家对核心素养的关注度。其中,易晓敏在2019年第2期《教育与装备研究》期刊上发表《基于核心素养培养的通用技术项目教学实践探索》,为更有效达成课程目标,探索以核心素养的培养为导向,以项目为载体,以学生为中心的基于核心素养培养的通用技术项目实践模式。归纳如何设计、组织基于核心素养培养的通用技术项目教学、并结合案例分析具体实施步骤,讨论该项目实践模式的应用效果。检索"通用技术核心素养""学习方式"关键词,共得到6篇相关文献,都是硕士研究生学位论文,其中2篇提到了项目教学。检索"高中通用技术项目学习"关键词,共得到15篇相关文献,2018年以后发表的有8篇。鉴于上述研究,笔者发现目前研究以学科核心素养为引领变革通用技术学习方式的很少,但在语文、数学、英语、地理、生物、化学等学科的相关研究,如王杨在《智库时代》期刊发表的《基于核心素养的数学学习方式的变革》等,对于本研究将具有一定的借鉴意义。

3 理论基础

3.1 建构主义学习理论

建构主义认为,知识不是通过教师传授得到的,而是学习者在一定的情境,即社会文化背景下,借助他人,包括教师和学习伙伴的帮助,即通过人际间的协作活动,利用必要的学习资料,通过意义建构的方式而获得的。建构主义学习理论认为"情境""协作""会话""意义建构"是学习环境中的4大要素或4大属性。

建构主义学习理论对以学科核心素养为引领变革通用技术学习方式的指导作用体现在:以学科核心素养为引领,变革通用技术学习方式要联系学生的兴趣和经验,注重创设合理的情境,引导学生主动参与,注重学生的小组合作,给学生充分交流、讨论的过程,注重过程性评价对学生学习的促进作用。

3.2 "做中学"思想

美国著名教育家、哲学家杜威提出经验性学习理论,主张以经验的生长和改造作为教育的基础,包括"教育即生活""学校即社会""教育即生长""教育即经验改造"等,提出了"做中学"的思想。他主张让学生从经验中学习,通过解决问题来学习。学习者首先面临某种实际的疑难情境,他们通过反省性思维来分析、思考问题,提出可能的解决方案,运用理智对各种假设进行推敲,用行动进行实际检验。

杜威"做中学"的思想对以学科核心素养为引领变革通用技术学习方式的指导作用体现在:帮助学生从书本的学习走向生活的学习,立足于学生的直接经验和亲身经历,既会动脑又会动手,学生在"做"中来学习相关的技术思想和理念,在亲自动手、亲身实践的过程中理解技术的方法。

4 学科核心素养下的通用技术学习方式

4.1 通用技术学科核心素养

通用技术学科核心素养是在深入挖掘技术教育价值的基础上,从文化修养、社会参与和自主发展 3 个方面展开建构。技术意识体现了技术的社会性,是技术学习方向感、价值感的集中体现,包含了技术的亲近情感、理性态度、社会责任、伦理精神;工程思维和创新设计是学生可持续发展的重要基础,更多地反映了学生思维发展、问题解决、创新能力等方面的自主发展;图样表达和物化能力则是实现技术的形态转换、技术操作、加工创造的必要条件和基本过程。总体来说,通用技术课程是要培养有理念、能动手、会设计、善创造的未来公民。

4.2 通用技术认知方式

在通用技术学习过程中会运用到抽象思维、形象思维、动作思维、创造性思维等。比如在方案构思时会运用创造性思维;在绘制技术图样时运用抽象思维;在利用工具和设备加工产品时,必须时刻注视着工具、设备、工件等物体,进行锯割、钻孔等动作,运用了形象思维和动作思维。技术的思维方式和研究方法是通用技术独特的认知方式。

4.3 学科核心素养下通用技术学习方式的共同特征

核心素养的特点决定教师应该积极引领学生转变学习方式,使学生的技术学习过程成为主动建构知识、不断拓展能力、发展核心素养的过程。素养导向的通用技术学科强调实践学习、整合学习、连接学习等学习方式。这些学习方式可能有不同的操作程序、不同的注意事项等,但他们具有共同的特征如下。

4.3.1 实践性

通用技术课程是一门立足实践、注重创新的课程。他强调学生的设计学习和操作学习,其学习目标的实现更多地依赖于学生的实践活动,资源、设备、场地的落实则作为实践活动的保障。教师必须立足于"做中学"和"学中做"的思路来设计。

案例说明:设计的一般过程是通用技术教学中非常重要的内容,有的老师因为没有场地和设备,而采用播放微课的形式,学生借助几分钟的视频观看、了解设计的一般过程,而有的老师精心设计技术项目,进行几课时的实践制作,两种方式相比较,学生的技术感受、动手实践能力等水平的提升差异明显。

4.3.2 情境性

通用技术学习情境的设计,应立足技术实践活动,面向现实生活和真实世界,在学生的日常生活环境中发现、挖掘学习情境资源。通用技术学习情境设计策略包括"基于问题""基于任务""基于项目"等。

案例说明:学生课间打球,容易忘记时间而造成迟到,引导学生思考设计哪些产品可以解决这个问题,学生会提到设计钟表、安装定时器等方案,甚至会受到游戏厅中投篮装置的启发,到达设定时间球筐偏转等。学生的创新思维被打开,产生了很多创新设计。还可以进一步拓展学生的校园生活,发现问题,解决问题。可以进行校园石英钟表的设计,读书角、餐厅、教室等区域的造型要求、放置方式是不同的,学生会结合具体的情境去进行设计。这是单一主题的设计,也可以更加开放,设计解决不同问题的不同产品。

4.3.3 综合性

打破学科疆域,将相关学科交叉融合,相互协调配合,最终形成一个多学科融合的完整知识体系,并以解决问题的形式,将其运用到与实际相关的情境中,旨在培养学生解决问题能力、创新应用能力,促进高阶思维能力发展,这为高中生发展核心素养提供了前提与保障。这些在比较流行的 STEAM 教育、创新教育等有着很好的体现。

案例说明: 学生在小学时就知道钟表指针示数间的夹角是 30°,但是在绘制钟表时存在随意性进而产生科学性错误,异形钟表的指针示数不知如何绘制,分析原因是学生只知道数学结论而并没有把数学作为工具来解决实际的问题。这只是个简单的小问题,复杂问题需要的学科知识会更多。

4.3.4 连接性

基于高中学生的身心特点和发展的多元取向,采用与高校协同、普职融通、社会体验学习等连接学习方式,强化学生学习与高等教育、职业世界和现实社会的紧密联系。

案例说明: 可以在开发技术项目时涉猎大学专业课程,比如为贯穿《技术与设计2》4个单元内容开发的步行机械小人校本课程。步行机械小人是一个电子控制系统, 在了解电子元器件特性的基础上进行电路焊接后再通过调试才能实现控制。这些内容是通用技术选修内容,帮助在这方面有意愿和特长的学生和大学专业课相连接。还可以和大学联系,带领学生深入到大学的实验室,帮助学生了解大学专业课程的核心内容,为未来的职业选择做好准备。

5 学科核心素养下的通用技术学习方式的实现路径

5.1 转变自身观念

5.1.1 转变教师的观念

教师不再是教学的权威,而是学生学习活动的组织者和引导者,学生是学习的主体。为此,通用技术教师可以做好如下工作:

第一，精心创设教学情境，把学生引入具体的任务或问题中，为学生自主学习的展开做好铺垫。

第二，开发实践项目，引导学生动手制作，在"做中学"和"学中做"，借助实践活动深度理解和掌握技术的思想与内涵。在项目进行中，给学生一定的时间和空间，允许学生按照自己的进度展开学习。

第三，认真准备学案，确定合理的学习目标。真正做到以学生为主体，变教案为学案，变教学目标为学习目标，制定的基点都是在充分了解学生认知规律的基础上，因此，一定要体现学习活动的分层，使每个学生都能在自己原有的水平上有所提升，提倡个性化学案。

第四，转变评价方式。改变过去单一的纸笔测试，注重过程性评价，天津市通用技术学业水平考试实践考查就是一个很好的导向，让学生经历一个完整的技术设计过程，采用过程性评价和终结性评价相结合的方式，教师对实践过程和最终作品进行评价，关注学生在整个实践过程中技术素养的提升。同时运用自我评价、小组合作评价等方式。

5.1.2 转变学生观念

学生在长期学习中已经养成了等着教师安排布置的习惯。在这样的情况下，更应该改变学生的观念，教给学生自主学习的方式，引导学生合理规划学习时间，选择适当的学习策略，掌握一定的学习方法等。

5.1.3 转变家长和社会的观念

学习方式的转变是一个系统工程，不是某一科老师或某一所学校就能完成的，需要全社会的共同努力，也不是一蹴而就的，长期养成的习惯必须要循序渐进，长期坚持才能得到改善。因此，需要家长和全社会达成共识，共同参与。

5.2 优化学习环境

5.2.1 建立通用技术专用教室

学科核心素养下通用技术学习方式转变的实现需要借助一定的学习环境。学生的技术探究与制作等活动都需要一定的场所以及相应的工具、设备及材料，因此，通用技术专用教室必不可少。技术探究实践室、技术体验实践室、技术制作实践室、技术交流实践室等专用教室应该有不同的设计,满足学生进行相应活动所需的软、硬件条件。

5.2.2 布置作品展示墙或作品展台

学生制作的作品或制作感受是学生创作智慧的结晶,把它们张贴在展示墙上或放在展台上,是对学生学习成果的肯定,也是同学之间相互交流的平台。通过这种文化的浸润,让学生更加热爱技术,进而创造、改善生活。

在新一轮基础教育课程改革中,学生的学习方式变革是改革的核心,是教师改变教学方式、评价方式的重要依据,也是改革最大的难点、热点之一。学习方式的转变意味着个人与世界关系的转变,意味着存在方式的转变。它是一个系统工程,需要大家的共同努力。为了提高学生的核心素养,愿与广大同仁携手前行!

参考文献

[1]刘岩.基于高中生心理认知特点的地理概念教学研究[J].北京教育学院学报(自然科学版),2013,8(02):53-56.

[2]陈敬.促进核心素养的学习方式变革[J].四川教育,2019(20):11-12+15.

[3]王杨.基于核心素养的数学学习方式变革[J].智库时代,2019(29):270+272.

[4]卢桂湟.基于学科核心素养的通用技术项目教学实践研究——以射球装置设计制作项目为例[J].中学教学参考,2019(30):58-59.

[5]张良,杨艳辉.核心素养的发展需要怎样的学习方式——迈克尔·富兰的深度学习理论与启示[J].比较教育研究,2019,41(10):29-36.

通用技术实践教学系统性的问题研究

天津市第一中学　张君

摘　要： 文章针对通用技术学科实践教学的整体设计，分析了直接使用现有教材开展实践活动存在的问题。基于实践能力的基本构成要素和学科核心素养，结合一线教师多年开发实践项目的经验积累，提炼出"练习·作业·项目"阶梯状三层实践教学模式，给出了较系统的通用技术课程校本实践活动的框架。通过实施，取得了良好的效果。

关键词： 通用技术实践教学；学科核心素养；实践能力；三层实践教学模式

2016 年，教育部启动了普通高中各学科课程标准的修订工作，"核心素养"成为各门学科课程设计的灵魂性概念，如何理解学科核心素养的内涵、特征，构建具有本学科特征的核心素养体系，成为深入推进课程改革的重要议题。

中共中央办公厅、国务院办公厅印发的《关于深化教育体制机制改革的意见》指出，要注重培养支撑终身发展、适应时代要求的关键能力（认知能力、合作能力、创新能力、职业能力）。在学生发展 6 大核心素养当中，"实践创新"成为不可或缺的重要组成部分。在我国中小学生中，技术素养的短板正在被发现，通用技术教师应该义不容辞担起提高学生技术素养的重任。

通用技术教育是素质教育的基本组成部分,是学生通用技术素养形成的重要途径,对落实"立德树人"根本任务、实施国家创新驱动发展战略、弘扬中华优秀传统文化和提高全民技术素养都具有重要作用。

高中通用技术课程,以提高学生的学科核心素养(技术意识、工程思维、创新设计、图样表达、物化能力)为主旨,以设计学习、操作学习为主要特征,是一门立足实践、注重创造、体现科技与人文相统一的课程。独有的课程性质决定了实践活动在通用技术教学中的地位和作用。技术不是讲出来的,让学生参与、经历技术设计过程,是提高通用技术素养的必由之路。

1 问题的提出

如何实践?直接使用现有教材中的活动案例进行实践教学是否可行?

以苏教版教材《技术与设计》(天津市市内六区使用)为例,通过筛选教材中提示的实践活动,并与学科核心素养对照。笔者发现,直接使用现有教材进行实践教学存在3个主要问题。

第一,活动提出多,指导少。从教材内容上看,引导学生思考、讨论、分析的案例占据绝大部分。虽然也提出了很多实践活动的题目,但对活动的具体指导内容较少。

第二,活动碎片化,缺少主线。教材中的实践活动形式多样,内容落实上涵盖了5大学科核心素养。但活动多针对技术设计过程中的某一阶段或某一问题,而技术设计主题不同,不利于学生对技术设计的完整性认识,也不利于教师的整体把握,耗材、工具的准备更是零散。

第三,完整的"设计"活动需要多课时和良好的硬件水平。最能体现核心素养落实的"设计"活动需要大量课时,每个"设计"一般需要5课时以上才能完成。而实践所需的场地、设备、耗材等硬件水平和完善的课堂管理、安全保障等措施对学校和教师都提出了较高要求。

2 关于"实践"的理论思考

实践教学的目的是培养学生的实践能力。在哲学层面,狭义的实践能力一般是指改造自然、改造社会的能力,如实验能力、管理能力、操作能力等。在心理学研究中,对于实践能力的研究主要集中于实践智力,美国心理学家斯腾伯格认为:实践智力是一种将理论转化为实践,将抽象思想转化为实际成果的能力。我国学者刘磊、傅维利在对个体实践能力研究后,将其定义为:保证个体顺利运用已有知识、技能去解决实际问题所必须具备的那些生理和心理特征,并提出实践能力含有 4 个基本构成要素:实践动机、一般实践能力、专项实践能力和情境实践能力。比如,对于为邻居刘大妈修理电灯这一任务。帮助有困难的人是实践者的内在动机;具有基本攀登能力和交流本领等是一般实践能力;会使用电笔则是专项实践能力;而决定是单独修理还是请人协助,以及具体实施则属于情境实践能力。通过通用技术课程的实践教学,能够使学生在专项实践能力和情境实践能力上得到显著提升,并促进一般实践能力的发展。

3 "练习·作业·项目"三层实践教学模式

受实践能力构成要素的启发,参考 2017 年市级培训中海南省教育研究培训院段青老师提出的技术实践活动设计的 3 个层次,笔者总结并提炼出"练习·作业·项目"阶梯状三层实践教学模式,如图 1-6-1 所示。

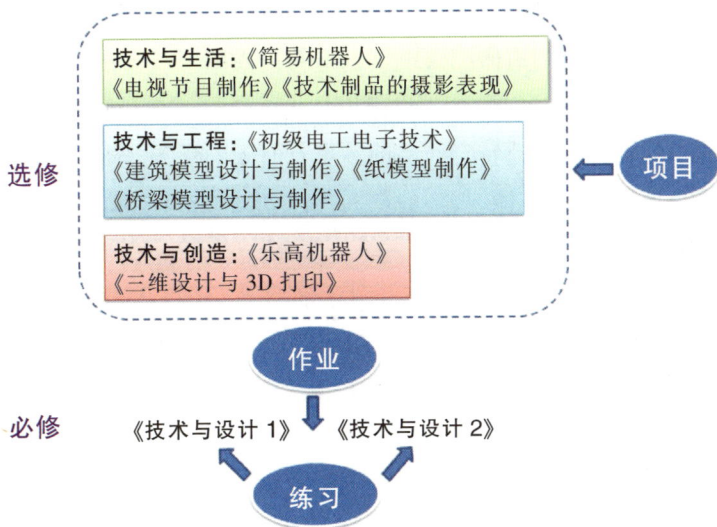

图 1-6-1 "练习·作业·项目"三层实践教学模式

第一层,练习。依据课程内容,在两个必修模块设计像纸桥、手工配钥匙这样的"练习"。课堂完成作品或操作,课堂试验、课堂评价一般占用 1 课时。这种实践活动的特征是:教师给出任务要求,学生在较短时间内完成技术某方面理论的体验和感悟,适用于专题类的探索。比如:"纸桥"针对结构的稳定性、强度与技术试验;通过"手工配钥匙"带领学生体验金属加工工艺。实践动机是学生从事实践活动的原动力。学生能够从这样的"练习"中,体会到设计的乐趣、制作的艰辛、创造的成就。保护学生参与实践的兴趣,让学生从一个成功实践走向另一个成功实践,更容易培育他们不断实践和探索的欲望。

第二层,作业。以创新为宗旨,在第一个必修模块结尾布置自选类设计作业。"作业"的目的是让学生体验相对完整的设计过程。教师通过设置情境,引导学生发现与明确问题、制订设计方案、制作模型或原型、优化方案、使用和评价等。"作业"范畴均具有一定的实用功能,比如灯具、便携式小凳、厕所标志……由学生利用课余时间完成。要真刀真枪地做出一个可以使用的作品,学生必须拿起必要的工具,尝试并逐步习得相应的技能。通过"作业",向学生普及日常生活所必需的专项技能,专项实践能力和情境实践能力有所提升。以"作业"的形式完成实践教学,虽然节省了课堂时间,但是也存在弊端。"作业"基本都是学生在家里完成的,缺少教师对其能力形成过程中的关注与指导,学生的体验与感悟不充分,有时由于他们自身的技术知识和能力有限而影响了创造力的发挥。

第三层,项目。这里的"项目"是以通用技术学科的概念和原理为中心,借助真实世界中的多种资源来创造特定产品的一项有时限的任务。学生在"项目"进行的过程中完成知识的获得,技能、技巧的掌握,直至形成个人技术思维和符合时代需要的团队合作习惯。

在必修模块基本技术理论、思想和方法的基础上,若干选修模块为基于项目的教学提供了土壤。学生可以根据自己的兴趣进行深层次的技术学习。

以"建筑模型设计与制作"课程为例。学生接到的"项目"就是:以"理想的家园"为主题设计并制作一个建筑模型。遵循"建构主义学习理论",在教师的引导下,学生从专业图纸中提取所需信息,简化为模型图纸。通过实践操作,掌握了材料的特性、工具的运用,经历了简单的项目规划、实施、平衡与决策、团队合作等。让自己孕育的技术果实成熟和为大家所称赞,成为他们克服困难的持续动力。有的学生在课程结束时表示,对建筑理论及模型的制作很感兴趣,打算将来上大学时报考这类专业。"项目"以学生的潜质和职业兴趣为出发点,有的放矢地增强其与职业相关的专项实践能力因素,必然会为学生日后在各自的岗位上表现出高水平的实践能力打下坚实的基础。

三层实践教学与侧重提升实践能力构成要素的关系如表1-6-1所示。

表1-6-1　三层实践教学与侧重提升实践能力构成要素的关系

层次	实践动机	专项实践能力因素	情境实践能力因素
练习	★	★	
作业	★★	★	★
项目	★★	★★	★★

4 实施效果

通过"练习·作业·项目"的递进过程,在实践教学中,学生的实践能力逐步提升。学生参与实践活动的时间占通用技术总课时的 56% 以上。由单纯的动机,到技能的逐步形成,再到情境问题的解决,最后能在生活中解决实际问题。由简单的学,到真正的用。

三层实践教学在学校的具体实施过程(以时间为序)与学科核心素养的对应关系如表 1-6-2 所示。

表 1-6-2　"通用技术"校本实践活动与学科核心素养的关系

层次	实践活动		学科核心素养				
			技术意识	工程思维	创新设计	图样表达	物化能力
练习	技术与设计1	试验:纸张结构造型与强度的关系			●		
		试验:灯具作品的技术试验与评价	●		●		●
		设计:便携式小凳的方案设计与评价		●	●	●	
		技能、操作:绘制三视图(手工) 3课时	●			●	
		技能、操作:手工配钥匙(传统工艺)	●				●
		技能、操作:3D打印(现代工艺)	●		●		●
作业	创新设计作业:便携式小凳、灯具、光盘制品、小型纸板建筑、厕所标志(任选一种)		●		●	●	●
练习	技术与设计2	试验:纸桥的稳定性与强度试验		●			●
		探究:直升机模型组装流程(套件)		●			●
		设计:设计并制作个性手机支架 3课时	●	●	●	●	●
		探究:从自行车模型认识系统(套件)		●	●		
		设计:设计并制作风扇模型(套件)	●	●	●	●	●
项目	简易机器人:循迹小车、扫地机器人等		●	●	●	●	●
	电视节目制作:"一中一周闻"等						
	技术制品的摄影表现:手机摄影的方法与实践、美食摄影等						
	初级电工电子技术:LED节能灯、电子时钟、家庭照明电路的设计与实施等						
	建筑模型设计与制作:理想的家园、变形魔方、微动模型等						

续表

层次	实践活动	学科核心素养				
		技术意识	工程思维	创新设计	图样表达	物化能力
项目	纸模型制作：航空航天、武器、建筑等					
	桥梁模型设计与制作："海河上的桥梁"等					
	乐高机器人：WER 工程挑战赛等	●	●	●	●	●
	三维设计与 3D 打印：钟表、校园微缩景观书签等					

通过以实践为特征、系统、有效的通用技术教学实施，学生普遍敢于、乐于面对生活中的技术问题了，从教室中技术产品的维护、简单的修理，到生活中技术设计问题的关注和参与。有些学生创造、发明的成果还获得了实用新型专利。某些"项目"的实施，与学生的社团活动或竞赛相关，社团与竞赛便为他们提供了展示的舞台与竞技的平台。而从综合素质评价的角度，丰富的实践活动无疑将成为学生高中阶段的重要经历。

5 结语

核心素养的落实，不仅仅是对教学内容的选择和变更，更是以学习方式和教学模式的变革为保障。通过以实践为特征的教学模式，切实提高学生的技术素养（包括技术知识结构、技巧技能、探究精神、想象力、创造力等，核心是分析问题和解决问题的能力），还需要我们不断地探索和完善。2019 年，我即将迎来通用技术学科的新教材，教材从内容到形式将发生重大变化。未来，通用技术的实践教学将继续走向成熟，会不断涌现具有时代特征的经典活动案例，会出现符合学校特色、服务于整体课程建设而又充满个性的学科课程体系。作为教师，我们思考、沉淀、创造，我们将继续享受教育改革带来的机遇与挑战。

参考文献

[1]中华人发共和国教育部.普通高中通用技术课程标准(2017年版)[S].北京:人民教育出版社,2018.

[2]斯腾伯格.成功智力[M].吴国宏,等,译.上海:华东师范大学出版社,1999.

[3]刘磊,傅维利.实践能力:含义、结构及培养对策[J].教育科学,2005(02):1-5.

基于深度学习的通用技术学科实践教学

天津市第四十五中学　　王学化

摘　要：通用技术"新课标"和"新教材"进一步强化了"实践性"这一特性，"做中学"的实践学习应该是通用技术学科最核心的教学方式。"活动与体验"是深度学习的核心特征，基于深度学习设计、开发通用技术实践学习项目，开展实践教学有助于培育通用技术学科核心素养。

关键词：通用技术；深度学习；实践教学

深度学习是指在教师的指导下，学生围绕具有挑战性的学习主题，通过积极地探究实践，深刻掌握学科核心知识，并运用该知识解决实际问题。在此过程中，学生不仅形成了学科思维模式，还养成了合作精神、创新意识、公民素养、实践能力和责任担当意识及能力。深度学习是实现学生发展核心素养的重要途径。

"活动与体验"是深度学习的核心特征，学生作为学习的主体，要在"活动"中主动参与、体验感受、建构认知，在"迁移与应用"中将知识和技能转化为解决实际问题的综合实践能力。这样的深度学习才能实现有意义的学习，才能培育核心素养，才能实现自我发展。

《普通高中通用技术课程标准(2017 年版)》指出，通用技术课程以提高学生的学科核心素养(技术意识、创新设计、图样表达、工程思维、物化能力)为主旨，以设计学习、操作学习为主要特征，是一门立足实践，注重创造、体现科技与人文相统一的课程。

通用技术学科教学，不是知识的机械学习、技能训练掌握，而是要创设与学生生活环境、知识背景相关的、有社会现实意义的任务情境，让每个学习者以亲手操作、亲历情境、亲身体验为基础，通过全程主动参与观察、调查、思考、设计、制作、试验、交流、反思等过程的深度学习，进而获得情感态度、价值观以及核心素养的发展。

深度学习倡导单元学习，是围绕特定主题，把相关知识作为一个整体进行学习。基于深度学习的通用技术学科教学，可以根据课标和教材的要求，采用基于真实问题情境"大项目"主题研究来开展，激发学生深度参与项目研究，探索学科知识、思想方法，促进学生学科核心素养发展。

1 确定项目学习主题

项目学习主题的确定要根据课程标准、教材内容、学生实际情况和学生核心素养发展来综合分析、全局考虑。之所以要进行实践学习"大项目"选题设计，是因为教材中有很多关联知识从整体上去认知要比割裂开点对点学习效果会更好。

根据 2017 版"新课标"编写的苏教版普通高中通用技术必修课程《技术与设计 1》《技术与设计 2》贯彻"大过程""大概念""大综合"的编写理念。《技术与设计 1》中，在学习了技术的基本性质和设计基础知识后，以台灯的设计与制作为"大项目"，让学生经历基本的技术设计全过程。《技术与设计 2》在模块基础知识学习后设计了综合实践任务，结构与设计：站立式办公桌的设计与制作；流程与设计：创意笔筒的设计与制作；系统与设计：校园雨水收集和利用系统的设计与制作；控制与设计：家庭雨水收集自动控制装置的设计与制作。教材编写上还嵌入了技术体验、技术试验、技术制作等实践学习内容。

教材编写是先结合情景案例和技术体验、技术试验等"小实践"活动进行课程理论知识学习，再根据理论知识开展综合实践学习，总体上看是"学后做"的处理方式，这在现有课时安排下，很难完成教学任务，更谈不上深度学习。可以将教材综合实践任务进行二次开发或结合实际情况开发新的设计制作"大项目"，该项目涵盖了完成项目任务包括的技术设计、技术试验、技术制作等"小实践"活动,并将学科理论知识融入项目实践,开展真正的"做中学",实现项目依托的理论与实践融合的同时,可在有限的课内实现深度学习。

从《技术与设计1》教材编写角度,技术设计过程、工艺及其方案实现、技术交流与评价三个单元内容结构是一个整体,不能机械割裂来看,教学实践中要把工艺及其方法和技术交流与评价融入技术设计过程,要通过相对简单的实践项目,体现设计分析、方案构思、方案表达及制作呈现、方案优化等技术设计全过程要点能力和思想方法。

在该部分教学中,笔者采用了基于学生生活实际的"班级图书角书架设计制作""木质插接阅读支架的设计""教师办公桌面木质储物架设计"等项目实践学习方案,学生在问题解决中亲历技术设计制作全过程,完成对知识的学习和理解,同时培育通用技术学科核心素养。

笔者在《技术与设计2》模块教学实践中,以"智能家居系统设计制作"大项目主题,统领房屋模型设计制作的"结构与设计"单元教学、智能家居系统设计制作的"系统与设计"单元教学、智能家居中的控制现象和控制原理的"控制与设计"单元教学、智能家居系统设计流程的"流程与设计"单元教学。在项目主题实践学习过程中,迁移应用《技术与设计1》中所掌握的技术设计知识和项目实践学习能力,在解决智能家居系统设计实际问题的过程中,发展学生学科核心素养,培育学生协作学习、交流表达、迁移应用等能力素养。

2 确定项目单元学习目标

要围绕项目主题,依据课标要求,结合教材模块和单元教学内容,立足核心素养发展,明确学生在项目研究中应该达到的知识技能、思想方法、核心素养目标。确定项目单元学习目标必须进行模块、单元整合备课。

比如必修模块《技术与设计1》的核心目标是:以产品设计为依托,强调对技术设计过程的把握。就该模块中的"设计一般过程",虽然是围绕实际技术问题"制订设计方案"来开展,但学业考察要求重点掌握结合常见工具和材料加工工艺进行模型制作、方案构思及图样识别与绘制等方面的基本能力和基本经验,初步形成权衡决策、方案优化、技术设计、设计创新等技术思想。其考察的重点并不是"创新设计"核心素养,而是更侧重技术设计全局性、过程性筹划的"工程思维"的形成,为后面进行技术专题设计奠定技术设计全局观和思想方法基础。

3 确定项目学习活动

　　项目学习活动设计是实现深度学习目标的保障。项目实践深度学习的一个显著特点是"做中学","做"中"学"什么?是要让学生在实践中体验、感知,从而建构学科知识、思想、方法等认知,而不是通过先学习理论知识,再根据理论知识开展实践。教材更主要的是工具,是用教材,而不是教教材。实践学习活动设计的关键是如何将理论与实践融为一体,并通过实践学习,实现课标对该实践项目所承载的理论知识、学科核心素养的要求,同时还可以有效节约课时。

　　项目实践学习的关键是教学目标在实践中的落实,学生的全过程参与体验,所设计实践学习活动要求不宜过于开放、追求高大上。在很多实践项目方案要求中会看到"材料不限""工具不限"等,这会带来一个问题:设计的物化过程如何把握?我们设计的实践活动是为了达成教学目标服务的,虽然要考虑学生的创新设计核心素养培育,但是技术设计不等于创新设计,不能停留在创意层面。如果学生放飞自我,也设计出了很好的方案,但是现有条件不能实现方案的制作,就不能完成技术试验和方案的优化。

　　教学活动要考虑整体教学目标的达成。设计本身就是要考虑设计要求,在一定条件下进行方案的设计,可以有效保障方案的物化实施,从而实现全过程实践体验,不仅不会影响同学们创造性思维的发挥,还有有助于避免眼高手低的现象,让学生认识到技术设计的复杂性、实践性、全局性等特点。

4 确定项目学习评价

通用技术项目实践学习的过程管理和评价是实践学习案例落地效果的关键，在实践学习案例设计过程中要统筹设计。通过设计与实践学习案例配套的工程实践手册一方面可以有效指导和管理小组或个人实践学习，另一方面可以通过过程记录为技术实践过程评价提供依据。

综合实践项目案例过程管理工程实践手册可围绕设计的一般过程的主要环节来设计，包括发现与明确问题、制订设计方案、绘制设计图样、制作模型或原型、技术交流与评价、总结报告等几个部分。可以根据项目实践需要，在以上各环节工程记录页面里增添子环节记录页面，比如技术试验、设计方案评价表、制作成果评价表等。

每个环节工程笔记记录内容包括：时间及人员等基本信息、环节任务提示、课标及学科知识目标、个人观点及成果、小组成员观点及成果、总结评价等内容，其中评价分为自评和体会、教师围绕核心素养目标评价。

学生在进行项目实践学习过程中要及时记录工程实践笔记，在完成项目后，要回顾个人工程笔记并写出总结报告，进而找出自己在实践学习过程中的成功之处和不足之处。

通用技术"新课标"和"新教材"进一步强化了学科实践教学方向，项目实践学习可以实现通用技术学科深度学习，有效培养通用技术学科 5 大核心素养。在开展通用技术学科教学中，可以从深度学习特点出发，结合深度学习 4 个环节做好项目单元设计，选择有利于培育学科核心素养的项目情境，制订深度学习目标、学习活动，做好项目实践教学过程管理，进行项目研究过程和结果评价，促进学生学科核心素养发展。

参考文献

[1]刘月霞,郭华.深度学习:走向核心素养[M].北京:教育科学出版社,2018.

[2]顾建军,吴铁军.普通高中通用技术课程标准(2017年版)解读[M].北京:高等教育出版社.2019.

[3]马丽娟.高中通用技术课的项目式教学实践探索——以"多功能转我架设计与制作"为例[J].中小学数字化教学,2019(04):41-43.

[4]刘建国.通用技术课教学"实践课时"教学方式探析[J].长春师范学院学报(自然科学版).2009,28(10):101-103.

[5]周琼.通用技术实践教学技能考试的策略研究[J].新教育,2020(17):12-14.

基于通用技术实践教学的劳动能力培养

天津市第四十五中学　王学化

摘　要:高中阶段劳动教育形式有生活劳动、生产劳动、职业体验、校内外公益活动、课程学习等方式。高中通用技术是一门立足实践、注重创造、体现综合的新兴课程。本文结合高中通用技术学科实践教学,从必修课实践教学培养基础劳动素养、选择性必修课开展 STEAM 创新教学培育创新劳动素养、融合技术职业体验的拓展课程培育职业劳动素养 3 个方面探索高中生劳动能力,尤其是新时代人才所需的创造性劳动能力培养。

关键词:高中劳动教育;劳动能力;通用技术;实践教学

《关于全面加强新时代大中小学劳动教育的意见》指出,根据教育目标,针对不同的学段、类型学生特点,以日常生活劳动、生产劳动和服务性劳动为主要内容开展劳动教育。这是新时代关于劳动教育的最新思想,也是进一步开展劳动教育的行动指南。

劳动教育是创造生活的幸福教育,劳动教育是职业教育的基础教育,劳动教育是创新型国家建设的奠基教育。《普通高中课程方案(2017 年版 2020 年修订)》中将劳动教育列为"必修课程"。普通高中阶段的劳动教育要通过生活劳动、校内外公益活动等强化学生劳动自立意识、责任担当意识,还要结合课程学习、生产劳动、职业体验等形式培养学生的劳动技能素养以及吃苦耐劳、精益求精的品质,增强生涯规划的意识和能力。劳动教育涉及家庭、学校、社会的方方面面。笔者结合学校"幸福教育"办学特色,围绕普通高中通用技术课程的实施和拓展,重点探索新时代技术劳动能力的培养。

实践课程是落实劳动教育的重要途径。普通高中通用技术课程与九年义务教育的劳动与技术教育课程相衔接,以提高学生的技术学科核心素养为主旨,以设计学习、操作学习为主要特征,是一门立足实践、注重创造,体现综合、科学与人文相统一的课程。通用技术课程的实施,有助于培养学生通过技术劳动独立自主解决生活实际问题、创造幸福生活的意识,还可以通过技术实践培育学生具备新时代人才所应具备的技术素养、劳动素养,为其未来职业发展奠基,"以劳增智""以劳创新",为党和国家培养具备一定创新实践能力的、德智体美劳全面发展的新时代人才。

1 通用技术必修课:开展实践教学,培育基础技术劳动素养

劳动就是实践。对普通高中通用技术《技术与设计1》《技术与设计2》两本必修教材可以围绕生活实际问题进行二次开发,设计一系列技术分析、技术设计、技术试验、技术实践项目。通过开展项目实践教学,培养同学们通用技术学科技术意识、工程思维、创新设计、图样表达、物化能力5大学科核心素养的同时,培养学生独立自主运用所学知识解决生活实际问题的劳动态度、劳动精神、劳动技能等劳动素养。

1.1 实践项目的开发和实施要考虑以下问题

(1)项目课题要贴近学生的生活实际,符合学生的能力水平,以便调动学生的参与积极性。

(2)项目准备要充分,为项目实践做好全方位的准备,确保安全、有效的开展。

(3)老师要在项目实施过程中做好组织、引导、指导、评价等工作,尤其是要关注安全问题。

1.2 项目开发应用案例

(1)《技术与设计1》设计分析中"台灯"设计分析案例开发为"木制可调节台灯"设计制作实践案例。

应用章节：设计分析、方案构思、图样表达、加工工艺、模型制作。

活动目的：亲历木质结构台灯设计制作的全过程，培养工程思维、创新设计、图样表达、物化能力等通用技术学科核心素养；培养常用材料、工具和电学相关知识应用的技能，强化安全意识。

活动材料：灯泡、灯口、电线、插座开关一体线、薄木板、厚木板、木条、螺丝、螺母、元宝螺母、白乳胶等。

活动工具：手工锯、手工钻、螺丝刀、激光切割机。

实施过程：设计分析、方案设计、模型制作、检验测试、激光加工拓展。

项目反思：高中的学生虽然在物理课程中已经学习了很多电学方面的知识，但是对简单的台灯电路连接还是存在一定的困难，说明同学们在知识的实践应用中还存在着很大的问题，这种与生活实际问题息息相关的劳动技能培养非常必要。

手工具、手工钻等常用工具虽然在使用中存在一定的安全风险，但是通过使用规范的指导和过程监管，同学们可以做到安全、规范的使用，应在做好安全规范教育的前提下，大胆让同学们应用工具开展实践，这样才能更好地培养学生的劳动实践能力，不能因为担心安全问题而不敢让学生使用工具，工具的安全、规范使用意识和能力也是劳动素养的重要组成部分。

通过激光切割应用拓展，结合企业生产中数字化设计和加工设备应用，对开阔学生视野、了解相关现代加工业人才所要具备的能力要求。

(2)《技术与设计1》设计的一般过程中"板凳"设计分析案例开发为"木制插接读书支架"设计制作实践案例。

应用章节：设计分析、方案构思、图样表达、加工工艺、模型制作。

活动目的：亲历设计的一般过程，培养通用技术学科核心素养；培养常用材料、工具应用的技能，强化安全意识，关注运用技术知识解决生活实际问题。

活动材料：木塑板。

活动工具：手工曲线锯、木工锉、激光切割机。

实施过程：设计分析、方案设计、模型制作、检验测试、激光加工拓展。

项目反思："支架"部分之间插接的开孔对学生来说有一定的难度,在项目模型制作前,通过制作"木板开槽、开孔工艺"微课,为同学们详细讲解手工曲线锯的使用技巧,效果非常好。

材料之所以选择木塑板,是因为在项目实施过程中,学生对木板的加工存在一定的锯割技术难度,需要一定量的技能训练才能锯割工整。但是在课堂上没有过多的时间进行单一劳动技能练习,对于学生而言,亲历项目完整制作的过程和工具安全、规范使用等正确劳动习惯的培养更为重要。因此,笔者选择木塑板有着较好的强度的同时,还易于锯割,对于学生可以降低劳动加工难度。

(3)《技术与设计2》结构与设计中有"魁北克大桥的坍塌""桥面的受力"等桥梁案例。在结构的设计教学中,以"天津的桥"为案例背景,开展桥梁支撑结构、桁架架构、斜拉索结构项目设计和制作。

应用章节：结构与设计。

活动目的：亲历桥梁结构模型的设计和制作,探究稳固结构的影响因素,理解结构设计应考虑的因素,培育学生通用技术学科核心素养;培养常用材料、工具应用的技能,强化关注生活实际技术问题的意识、安全意识,初步接触计算机辅助设计。

活动材料：绘图纸、桐木条、201胶水、砂纸、细棉线绳。

活动工具：绘图纸、直尺、剪刀或壁纸刀、电子秤、桥梁承重测试设备(电子或机械)、安装"桥梁计划"软件的电脑。

实施过程：设计分析、方案设计、制作模型、检验测试、应用拓展。

项目反思：桥梁结构的设计是高校和中学常见技术实践项目,笔者在项目设计中突出桥梁结构设计的科学严谨性,尤其是技术试验环节的客观准确性,突出工程思维,培养科学、严谨的劳动价值观;采用计算机辅助设计和虚拟测试与手工材料模型设计制作及测试相结合,提升学生多样的技术实践能力的同时,培养学生积极应用数字技术提升效率和质量的意识和开展创造性劳动素养。

笔者在必修模块还开发了"水管件台灯"设计实践、计算机组装实践、自动控制水塔实践、楼道热水自自动控制实践、学校附近的中山门地铁站交通设计实践、教室综合储物架设计实践、多功能电脑显示器支架设计实践、教室图书角展架设计实践等项目开展实践教学,在教学中培养通用技术学科核实素养的同时,很好地提升了同学们的劳动技术和运用技术分析和解决生活实际问题的意识和劳动能力。部分实践项还实际应用到生活中,实现学生的劳动成果转化,比如:很多班级将设计的教室综合储物架制作成原型,投入班级使用,天津市第四十五中学教室统一制作安装的具有学校设计元素的图书角书架,就源自于学生在通用技术课程实践教学项目——教室图书角展架设计实践项目。学生设计实践项目成果在实际场景中的应用,既反映出学生项目实践学习过程中技术素养的提升,也反映出学校对学生进行创造性的学习、劳动成果的肯定。

2 通用技术选择性必修课:开展 STEAM 创新教学,培育创新劳动素养

实践是创造的基础。《普通高中课程方案(2017 年版 2020 年修订)》中将劳动教育列为"必修课程",课程内容与通用技术的选择性必修内容以及校本课程内容统筹。

普通高中通用技术选择性必修课程"技术与创造"系列内容包括:模块 9 创造力开发与技术发明、模块 10 产品三维设计与制造、模块 11 科技人文综合创新专题。这 3 个模块的核心是围绕生活实际问题,融合科学、技术、工程、艺术、数学、社会等多学科知识。可借助新技术手段,设计开发创新型技术实践项目,培育学生的工程思维、创新设计、物化实践等学科素养和创新劳动素养,从而符合时代发展的特点对人才的需求。

2.1 通用技术学科特色课程基地(创客中心)开展科技创新教育

由于天津市第四十五中学的课时安排局限,目前依托学校创客中心设立的通用技术学科特色课程基地,通过校本课程和社团活动时间开设与通用技术必修课程相衔接,与选择性必修课程相对应的 STEAM 创客编程课,融合科学、技术等多学科知识开展创造性劳动——科技创新实践教育。

学校根据创新型人才培养和建设通用技术学科特色课程基地的需要,在创客

中心原有的机器人、无人机等项目的基础上,配备了适合同学们开展科技创新设计实践的 Arduino 物联网、人工智能+物联网、激光切割机、3D 打印机等工具和材料,很好地支撑了科技创新实践项目的实施。

近年来,坚持运用通用技术必修课程所学习的"技术与设计"知识和技术素养、实践能力,运用学科特色课程基地所配备的数字化工具和智能设备,开展了大量的科技创新项目设计,并产生了一系列优秀的设计项目,比如:智能校园停车场项目、智慧教室项目、雨水收集智能校园绿化项目、智能安全防撞柱项目、智能宠物生命保障箱项目、智能共享药箱项目等。这些项目都源自学生对生活实际问题的观察,比如智能安全防撞柱项目源自同学看到校门口的防撞柱意外撞到了老师的车辆,从而产生了设计智能安全防撞柱项目,解决校园安全防撞柱既能够有效阻止"危险"车辆冲撞校园,又能有效避免意外情况的发生。其中智能宠物生命保障箱、智能共享药箱等项目成果还获得了天津市科技创新大赛一等奖,所培养的学生在代表天津市参加全国创客、创新类大赛中获得一等奖和二等奖,尤其在现场设计、现场制作、现场答辩这类对学生的创新实践能力和综合素养要求都非常高的竞赛中表现优异。

2.2　课外科技创新实践拓展

目前,天津市第四十五中学通用技术学科特色课程基地开设的创客编程课程已经成为该校学生最为欢迎的校本课程和社团活动内容,课堂上的实践探索已经远远不能满足同学们学习的需要。为了更好地培养同学们的创新实践能力,教师还努力将创新实践延伸到课堂外。

(1)鼓励学生通过生活观察、社会调查"发现问题",汇集更多的创意"点子",尤其是将学生学校技术劳动能力培养与家庭、社会劳动相结合,促进学生通过所学知识和技能去解决生活实际问题,在生活中进行技术实践劳动。

(2)利用假期开设创客夏令营、创客冬令营,满足学生们更深层次的学习需求,同学们将更多的创意,通过自己的双手"智造""编程"现实。

(3)组织学生前往高校参加大学生科技节、观摩大学生科技竞赛等,面向高校"先修",使同学们更加了解高校以及社会人才需求方向。

(4)假期与学校周边社区合作,组织同学们在社区向社区中小学生进行科普展示和宣传推广,服务社会。

开展丰富的课外科技创新实践拓展,提升同学们的综合技术素养、劳动素养,树立科学严谨、精益求精的工匠精神,面向真实世界、面向真实问题,加深了同学们对社会生活的认知,明确通过创造性劳动去"创造"幸福生活,将个人发展融入社会发展潮流。

3 通用技术课程拓展:融合技术职业体验,培育职业劳动素养

劳动教育是职业教育的基础。实施劳动教育有利于培养学生的劳动观点、劳动技能和劳动习惯,为普通教育和职业教育打下基础。面对即将到来的人工智能时代,劳动者职业选择与职能定位,也是劳动教育要实现的重要内容。

3.1 在课程实践教学中融合拓展渗透未来职业发展方向引导,增强同学们的职业目标感

随着我国智能制造、高端制造产业的发展,尤其是人工智能时代的到来,对社会职业及劳动技能带来前所未有的改变,面向未来社会的人才储备是我们国家持续发展,最终实现中华民族伟大复兴的关键。

3.2 结合高新技术产业研学增强同学们的职业体验

在组织同学们开展面向高校的科技创新"先修"基础上,还组织同学们前往天津市科大讯飞、空客A380等高新技术产业单位开展职业体验研学,增强学生对社会高新技术职业的认知,明确未来职业发展方向。

天津市第四十五中学参加科技创新校本课程和创客编程社团实践活动的同学对个人未来发展方向均非常明确,对其高考志愿填报和高校专业发展带来了实质性的帮助,比如学习无人机创客的同学毕业后选择"飞行器制造"专业、学习创客编程的同学选择"智能制造""大数据""人工智能""机器人"等专业,这也为我们开展持续性的探索实践提供了强有力的信心支撑。

4 未来探索和要解决的问题

笔者在通用技术课程中落实劳动教育的探索中有了一定的实践,但是还存在着很多未来需要进一步探究的问题。

问题一:探索完善并形成与初中劳动技术课程相衔接,融合高中通用技术必修课程、选择性必修课程、校本选修课程的高中劳动教育课程体系,并与科技创新教育活动(STEAM 教育、创客教育)、社会技术实践有机结合,开发体系更加完备的技术实践项目。

问题二:在通过校本课程、社团活动开展劳动教育课程的基础上,探索形成高一开设通用技术必修课程、高二开设通用技术选择性必修课程(高中劳动课程)相衔接,实现高中劳动教育课程的提升。

问题三:结合综合素质评价系统探索高中劳动教育的综合评价体系。

苏霍姆林斯基说,"一个人的和谐全面发展、富有教养、精神丰富、道德纯洁——所有这一切,只有当他不仅在智育、德育、美育和体育素养上,而且在劳动素养、劳动创造素养上达到较高阶段时才能做到。"劳动教育具有无可替代的独特教育价值。中国教育学会中小学劳动技术教育专业委员会理事长徐长发指出:"提高学生创造性劳动能力,更具有鲜明的时代特征,是新时代劳动教育的重点、难点、创新点和增长点。"在高中这个学生面向未来职业发展奠基的关键阶段,要继续探索结合通用技术必修课程、选修课程落实劳动教育,培养新时代人才所必备的劳动能力,面向未来培养德智体美劳全面发展的爱劳动、能劳动、擅创造的社会主义事业接班人。

参考文献

[1]中共中央国务院印发《关于全面加强新时代大中小学劳动教育的意见》[EB/OL].(2020–03–20)[2020–04–20]. http://www.gov.cn/zhengce/2020–03/26/content_5495977.htm.

[2]中华人民共和国教育部.普通高中课程方案(2017 年版 2020 年修订)[M].北京:人民教育出版社,2020.

[3]徐长发.新时代劳动教育再发展的逻辑[J].教育研究,2018,39(11):12-17.

[4]檀传宝.劳动教育的概念理解——如何认识劳动教育概念的基本内涵与基本特征[J].中国教育学刊,2019(02):82-84.

[5]陈欢庆.普通高中通用劳技教育与创造能力培养的实践研究[J].教学仪器与实验,2013,29(09):53-57.

善挖掘　重体验　做示范

——通用技术课程育人的思考与实践

天津市第八十中学　艾丽丽

摘　要: 人才培养质量是教育的生命。我们要把立德树人作为教育的根本任务,培养德智体美全面发展的合格的社会主义建设者和接班人。学校教育最重要的阵地是课堂,如何在课堂教学中立德树人,是每一门课程都必须承担的责任。笔者就通用技术教学中从技术的角度向学生渗透德育教育,立德树人,谈谈自己的思考与实践。

关键词: 通用技术课程;育人;思考;实践

　　人才培养质量是教育的生命。全面提升教育质量,就要坚持以推进素质教育为主题,把人的全面发展作为衡量学校办学水平的主要标准,把适应社会需要作为衡量人才培养质量的核心指标,增强学生的社会责任感、创新精神、实践能力。

　　现代社会认为"科学的人才观":德才兼备为合格品;有德无才为半成品;德才皆无为报废品;有德无才为危险品。因此,教师要把立德树人作为教育的根本任务,培养德智体美全面发展的合格的社会主义建设者和接班人。学校教育最重要的阵地是课堂,如何在课堂教学中立德树人,是每一门课程都必须承担的责任。下面就通用技术教学中从技术的角度向学生渗透德育教育,立德树人,谈谈自己的思考与实践。

1 挖掘德育元素,潜移默化中进行德育渗透

通用技术教学中进行德育渗透,贵在潜移默化的过程中进行情感熏陶,这就要求教师善于发现和挖掘德育因素,选择一些比较有代表性的案例,适时把握契机,巧妙运用教学艺术,不着痕迹地对学生进行思想教育,做到"润物细无声"。

例如:在给学生讲"为什么要上通用技术课"时,通过我国这个曾经的"天朝上国"为什么会逐步沦为帝国主义列强殖民地等案例的分析、讨论、思考,从学生的发言中可以感到学生对于技术发展对国家强盛和民族振兴的重要性有了更深的认识,不少学生表达了强烈的忧患意识,并表示愿意在技术强国的梦想中去实现自己人生的价值。

例如,在"技术的两面性"一节,笔者选择了"互联网、克隆技术、核技术"等一些生动、现实的案例,让学生针对这些技术从正反两方面进行讨论和辩论。讲到互联网的时候,同学们讲了诸如上网查资料、实时通讯聊天、电子传输等正面作用,也有同学讲到了诸如陌生网友聊天上当受骗、青少年沉迷于网络而荒废学业、虚度年华,网络病毒日益猖狂肆虐等副面作用。同学们深刻体会到任何事物客观上都具有两面性,技术也不例外。它既可以给人带来福音,也可能给人带来危害。我们必须理性地看待技术,正确、合理地使用技术,坚持"以人为本"的技术观,树立正确的道德观念和社会责任感。

再比如,专利性是技术的性质之一,是通用技术课程的教学内容。通过这部分教学,要让学生树立牢固的专利意识。尽管《专利法》在我国已经实施了很多年并多次进行过修订,但是许多国民的专利法律意识仍较薄弱,猖獗的盗版行为和薄弱的专利意识,不仅让专利所有者蒙受了一定的经济损失,更是让专利授权在中国内地市场的发展受到了阻碍。教学中通过组织开展"专利教育进课堂""专利知识图片展""模拟法庭(专利)"等多种活动,让孩子们接触到更多的专利知识,使学生创新能力和专利意识显著提高。

2 注重学生体验,实践操作中进行德育渗透

通用技术是一门强调"学中做,做中学",操作性和实践性较强的课程,需要学生动手操作的内容有很多,有一些内容更是一个人无法独立完成的。良好的交流与合作能力对学生今后的发展有着重要的作用, 这是培养学生综合能力的关键。在教学此类内容时,笔者在课堂教学的过程中或者课后的作业布置时都要求学生自由组合成兴趣小组共同完成。学生分组讨论并提出自己的观点,按小组动手操作。大家相互学习、取长补短,共同进步。有效地提高了学生的集体协作能力、人际关系的处理能力,而且还能培养他们的团队精神。不仅圆满地完成了小组任务,而且体验了团结协作带来的快乐。

通用技术学科的实践性决定了在教学中教师可以"寓意于做,做中受育"。以"创意台灯"设计制作为例,学生先要以小组为单位收集分析信息、构思设计方案,并制作模型或原型。他们要进行测量、画线、裁剪;要进行正确的锯割、锉削、整形,完成台灯的造型设计。更要熟悉并熟练进行电路的连接、元器件的组装等。在动手实践的过程中,学生将以往学过的知识应用于实践,解决遇到的实际问题,将自己头脑中的奇思妙想"物化"成实实在在的作品,"创新能力"和"物化能力"都将得到极大的提升。同时在学生学习、实践的过程中,给他们介绍一些如爱迪生、包起帆等中外发明家的事迹等,介绍我国的一些高新技术产业,会给学生以巨大的鼓舞。使学生感到课堂学习与航天飞机、高架桥、地铁、汽车产业、计算机产业等息息相关,激发学生强烈的动手和创造欲望。因此,通用技术教学中的情感目标得到落实,德育功能得到充分发挥。同时针对实践操作中学生平常不太注意,容易忽视的安全意识进行德育渗透,教给学生一些安全自救的方法,如:防火、防电、紧急事故处理等,增强学生的安全防范意识和自我防护能力。

在培养学生实践和动手能力的同时,大量渗透环保意识和创新意识的培养教育。如"设计的一般过程"学生制作作品的时候,让学生尽量收集一些废弃的材料制作模型,开动脑筋,变废为宝。在"设计的一般原则"教学中,提议尽量减少一次性筷子、纸杯等不环保材料的使用,减少环境污染。

鼓励学生大胆创新,积极参与各类科技竞赛活动。高一全体同学的《环保购物从我做起》实施方案在天津市第十届"壳牌美境行动"中获三等奖。《节水马桶》设计在天津市创新小发明大赛中获奖并申请了专利。实践证明,新颖、有趣、富有吸引力的内容与活动形式可以激发学生的学习兴趣,培养他们的创造性思维,使个性得以和谐的发展。让学生自己动脑设计,动手制作,使学生的兴趣和特长得到充分施展,促使学生将创造性思维转化为创造性成果。通过成立科技活动小组,引导学生查阅资料,组织讨论和优化设计等,使学生的科技文化素养得到了很好的提升,参与探究的气氛更浓,增强了学生的动手能力,培养了学生的创造力和团队合作精神。潜移默化中,随手关灯、关水龙头、爱护一草一木、垃圾分类、绿色出行……这些节能环保的小举动已经成为学生们自觉的行动。揭开设计的神秘面纱后,同学们敢于思考、开拓创新的意识被充分调动了起来。

3 教师示范引领,师生互动中进行德育渗透

课堂教学是充满生命活力的,它是一个师生相互作用的动态过程。"身教重于言传",喊破嗓子,不如做出样子。教师的思想感情、处事哲理、人生观点、道德境界、品德修养甚至言谈举止、音容笑貌都会给学生留下深刻的印象,对学生有着熏陶诱导和潜移默化的影响。好比春风吹绿江南,酥雨滋润花蕾,其效果比起死板的说教不知好上多少倍。"经师易得,人师难求"。一个优秀的老师,应该是"经师"和"人师"的和谐统一,既要精于"授业""解惑",更要以"传道"为责任和使命。好老师心中要有国家和民族,更应明确意识到肩负的国家使命和社会责任。

课堂不仅是学习知识的殿堂,更是情感的交流、社会交际能力的培养,是师生共同创造精神生活的场所。要注重在课堂上抓思想教育。要充分发掘教材中和课堂教学过程中的德育因素、德育实例,点亮德育目标。好的教育机会在课堂中是时常出现的,教师要善于捕捉并适时引导。例如在讲授"技术试验及其方法"一课时,通过选择简单技术试验,充分组织学生做好试验规划,鼓励加强组内合作等手段,以技术试验报告的撰写为载体,组织学生更多的、更深层次的交流和思考,引导学生体验到技术试验对于技术设计活动的重要性。教学中以学生为主体,让学生去

说、去想、去做，充分体现以学生为本、教师为辅的新课程理念。

　　教学过程中笔者注重抓住现场德育亮点，在两个时间段将学生间交流与合作的好的案例以照片的形式展现给学生，创造性地利用先进手段为教学服务。适时对同学在技术试验中的合作交流的好的做法进行鼓励，在合作交流的过程中，学生的旧问题得到解决，新的问题讨论充分，各层次学生在原来基础上均得到了不同的发展。在学会知识的同时也学会思考，学会合作与交流。这样的学习过程符合学生的发展需要，适合于学生的学习能力，更进一步激发了学生参与技术活动的热情。

　　教学中笔者始终坚持不断学习，加强自身修养，以良好的师德形象为学生树立一个表率。严谨治学，严格要求学生，尊重、信任、关心学生，以自己的人格魅力为学生良好思想道德的形成贡献一份力量。既当"经师"又当"人师"，笔者将在这条教育之路上继续砥砺前行，期待"咫尺明朝，桃李惊四方"。

　　总之，在通用技术教学中进行德育渗透是一项长期的、循序渐进的工作。通用技术教师必须努力钻研业务，整合教育资源，挖掘德育元素，突出课程特点，注重学生体验，示范引领，达到"春风化雨，润物无声"的效果。

第二篇

学科多元融合教学的研究

基于项目学习落实通用技术核心素养的研究

天津市静海区独流中学　陈晨

摘　要：通用技术的核心素养如何落实到教学实践中，并得到有效的成果是备受关注的重点话题，也是亟待解决的问题。项目学习方式与通用技术学科有着相似的基本特征，因此，通过本课题的研究，梳理了开发项目教学的途径，呈现了项目学习在通用技术中的实施流程，探索了项目学习的评价方式，并提出了进一步研究的方向。

关键词：通用技术；核心素养；项目学习

1 课题的提出

新课程标准提倡项目学习的方式，《普通高中通用技术课程标准（2017年版）》中明确提出，应从学科特征和高中学生的特点出发，以学科核心素养为引领，进行学习方式的变革。可从技术学科的综合性特征出发，采用主题学习、项目学习等方式。核心素养如何落实到课程标准中，如何落实到教学实践中，落实到学科教学中，是特别受关注的重点话题，也是亟待解决的问题。落实核心素养，不能单靠某一学科,也不能只靠班主任或某一个老师,而是要实实在在地落实到学生的日常教育中,落实到各个学科教学中。本课题正是以落实核心素养为出发点,探索项目教学在通用技术课程中的应用。

通用技术作为技术的通识性课程,其知识体系体现了基础性和通用性。在调查中发现,目前,通用技术教师队伍中一直担任通用技术学科教师的只占21%,在讲授的时候如深入讲解受限于专业的技术知识,如停留在书本表面,又过于浅显。教师在教学过程中使用的教学方法有83.35%的教师选择了案例教学,可见这还是目前教师选择最多的教学方式,传统的案例教学已经明显显示出无法提升学生的学习兴趣,造成学生在课堂上参与度不高,合作与讨论都流于表面。学生的技术知识基础背景参差不齐,原本对技术感兴趣的学生感到营养不足,而没有兴趣的学生更是嚼之乏味。显然,只采用原有的讲授式的教学方式很难满足对核心素养培养的要求。

基于在通用技术教学中发现的问题和项目学习的特点,拟定了基于项目学习落实通用技术核心素养的研究。

2 理论依据

项目教学模式是多种教学模式的综合。一是苏联教学论专家马赫穆托夫提出的问题教学模式,是指在教师帮助下学生提出需要设计的问题,学生独立分析问题,设计方案,进行试验,从而解决问题。二是斯金纳提出的程序教学模式,其理论基础是行为主义心理学,就是将设计过程分成一个个连续的小步子,按照设计的一般过程组织学生实践活动。三是一种以学生为中心,组织学生在活动中学习的教学模式。四是以行为技能训练为主的示范模仿性学习的教学模式。五是学生在异质小组中互助合作,达成共同的学习目标,并以小组的总体成绩为奖励依据的合作教学模式等。

3 研究的目的和意义

本研究将项目式学习应用于通用技术教学,以改善学生的学习方式,改进通用技术课堂教学方式,从而提高教与学的有效性,帮助学生达成学科核心素养。

3.1 改进通用技术教师的教学方式,提高教学效率

通过合适的项目的实践研究,提高教师对项目学习的开发和实践管理能力。

3.2 丰富学生的学习方式,激发学生的学习兴趣

在项目学习中通过真实的问题情境,提高学生参与度、学习态度积极,学生对自己的学习更有责任感。

3.3 探寻落实学科核心素养的路径

培养学生的高阶思维能力,项目学习为学生提供了提高高阶思维能力的机会,如问题解决、做出决策等也都可以促进从技术意识到物化能力的培养。

通过实施项目学习可以加强学生合作能力的培养,许多项目学习都要求学生以小组形式合作学习,合作可以让以往对学习感到困难的学生参与进来,他们得到了更广泛的学习机会。还有,提高学生自主学习能力,项目活动让学生在复杂任务中学习,这样可以帮助学生提高组织性、学会自己管理时间和自主学习的技能。

4 研究的主要内容

课题主要围绕下面 3 个方面进行研究。

(1)基于项目学习对通用技术教学进行理论分析,阐述基于项目学习的通用技术教学及基本特征。

(2)分析项目学习在通用技术教学中的适用性,梳理适用于"项目学习"的教学内容。

(3)结合学科特点展开实践研究,探究基于项目学习的通用技术教学流程并进行教学实践,通过具体案例对教学内容、教学目标的制定、教学的实施过程等内容进行分析,提出有效开展项目学习的教学建议。

5 课题研究的方法

5.1 文献研究法

通过在中国知网上对学术文献总库、科技学术文献总库、人文与社科学术文献总库进行文献检索,查找大量的相关的期刊论文、硕博士论文,学习已有的研究成果,了解最新研究成果,奠定本课题研究的理论基础,在思考、评价、综合之后,提高理论水平,了解和掌握基于项目的学习的研究现状和发展趋势,为下一步课题的研究打好基础。

5.2 调查访谈法

通过对静海区高中学生的问卷调查、访谈,了解学生各阶段的情况,为课题研究提供依据。

5.3 行动研究法

本课题是属于应用研究的范畴,除了理论研究、分析论证之外,还进行了实践研究,如项目教学在通用技术课程中如何设计、实施、管理、评价等,在实践中验证假设,最后总结提炼结论。随机选取高二年级不同班级作实验班和对照班,在实验班用基于项目的教学模式,而在对照班用传统的教学模式,比较两者的差异。

5.4 经验总结法

通过案例的教学实践应用研究,能更深入、具体地对项目教学进行分析,总结项目学习模式应用于通用技术课堂教学对学生核心素养的提升所发挥的作用。

6 课题研究的步骤

6.1 准备阶段

通过教研活动确定了课题研究的具体内容后,进行关于项目学习资料的收集工作,组织课题组的全体人员进行培训和学习。课题组负责人撰写课题申请表并完成申报工作。在得到审批后,课题组成员召开了研讨会,制订课题的研究方案。

6.2 实施阶段

按照课题实施方案全面开展研究工作。

(1)结合理论学习,基于项目学习的通用技术教学理论进行探析。

(2)开展关于通用技术教学方式与学习方式的调查。

(3)进行项目学习对通用技术教学的适用性分析。

(4)通用技术核心素养在项目学习中达成的评价策略研究。

(5)针对前期的实践研究过程,结合前期的对策研究方案,邀请专家进行指导,不断完善本课题的研究方案,并搜集典型教学案例和学生学习案例。

(6)定期组织和开展课题的总结汇报工作,通过交流完善研究过程,不断反思,提升研究的层次和水平。

(7)认真收集本课题研究的过程性资料,通过有效的分析数据,及时发现问题,改进研究策略,总结阶段性研究成果。组织教师撰写研究论文、教学设计案例、研究随笔,完成课题研究手册等。

6.3 结题阶段

(1)收集、整理、汇编课题资料,整理课题研究手册。

(2)完成课题研究总报告,召开课题报告总结会。

(3)接受上级课题主管部门的评估鉴定。

7 课题研究的初步结论与成果

7.1 基于项目学习的通用技术教学基本特征

基于项目的学习(Project Based Learning,简称 PBL)的教学模式在我国,不同的学者对它的译法不同,例如有"项目学习""项目教学""基于项目的教学""方案教学""基于项目的学习"等。总结各种关于项目学习概念的描述,项目学习的过程是在以学生为中心,以课程标准为核心的项目学习中,学生从真实世界中的基本问题出发,激发学生学习课程问题的需要,围绕复杂的、来自真实情境的主题,在精心设计任务、活动的基础上,以小组方式进行较长时期的开放性探究,制作作品并展示给他人,达到知识建构与自身能力的提升,促进他们终身学习技能和素质的发展。

通用技术与项目学习的要求有很高的相似性。基于项目学习的通用技术教学体现了以下基本特征。

(1)真实的问题情境。项目学习强调项目来自于真实的世界真实的问题。在通用技术的新课标里特别强调了真实情境的创设。

(2)综合的知识应用。因为项目学习选择的是真实的问题,而真实的问题不会只局限于某一个知识点的应用,而综合性本身就是技术的性质。

(3)创新的解决方案。项目学习强调结果,通过研究学习要形成对问题的解决方案或制作出产品,并且鼓励成果的多样性。通用技术学科以创新设计和物化能力为核心素养目标,在设计过程中,通过多种创新方法设计不同的方案,最终通过物化把创意变成产品。

(4)全面的评价优化。项目学习的评价是综合的、全方位,技术的评价也是存在于设计的全过程的,是设计者与使用者、师生与生生、过程与产品多方面相结合的评价。

这些特性也共同指向了我们采用项目学习的教学模式最终的意义,就是为了让学生面临真实的问题时能够具有解决技术问题的思维及能力。

7.2 通用技术课程中项目与知识通过不同角度融合

项目学习与知识融合的方式有以下两种：

(1)从问题出发。在生产、生活中真实存在并待解决的问题,在发现、分析、解决的过程中完成相关技术知识的学习。这类项目学习涵盖的学科知识较多,持续时间较长,适用于体验设计过程及方法的学习,在经历真实的问题解决的过程中提高学生的工程思维及创新设计。例如《技术与设计1》中设计的一般过程,课程标准中对这部分内容的要求强调学生体验设计的全过程。学生初步了解了技术以及什么是技术设计,此时从学生的生活出发,选择易操作的项目进行设计与制作,既满足了学生亲自设计的学习欲望,又通过真实的问题的解决让学生体验技术设计的全过程及其复杂性。在《口罩收纳盒的设计与制作》的项目学习实践中,学习活动与知识对应关系如图2-1-1所示。

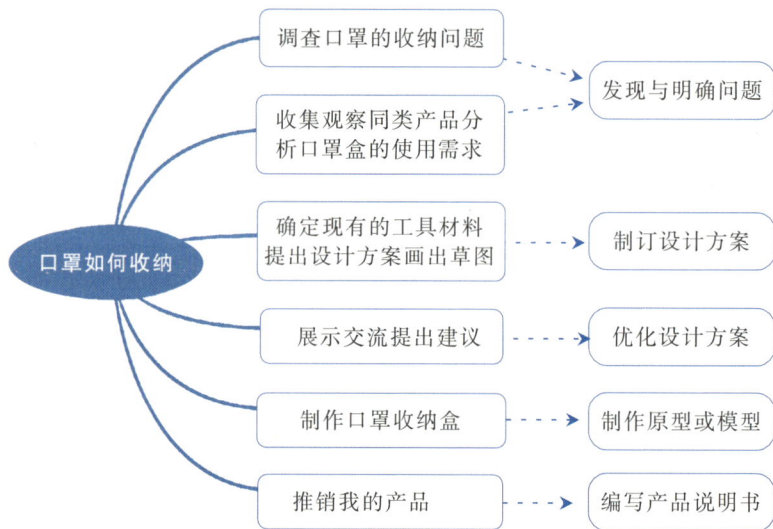

图2-1-1 《口罩收纳盒的设计与制作》学习活动与知识对应关系

(2)从知识出发。基于一个知识点或一类知识,寻找其在生活生产中的应用场景,提炼出相关技术的实践项目。这类项目学习涵盖的学科知识较少,持续时间较短,适用于较为完整独立的概念知识的学习,可以加强学生对技术现象的理解提高技术意识。例如在《技术与设计2》中结构、流程、系统、控制这4大概念存在于技术活动的不同研究领域,但又在产品中浑然一体。如果从一个产品的设计开始进行项目学习,由于真实环境的复杂,随着设计分析的深入,学生会感觉到影响因素过于庞杂而力不从心。我们可以产品中结构的设计为主要研究的出发点,在学生的生活中找到以结构的变化为突出的设计项目,让学生在真实且限定的条件下进行项目的研究分析和实践,并在此基础上得出结论或设计方案。通过这种方式可以加深学生对学科概念的理解,厘清学科概念后,在面对真实复杂的技术问题时,才能对问题进行合理的分析和归类。

在《分类垃圾桶改造的结构设计》项目的学习实践中,学习活动与知识对应关系如图 2-1-2 所示:

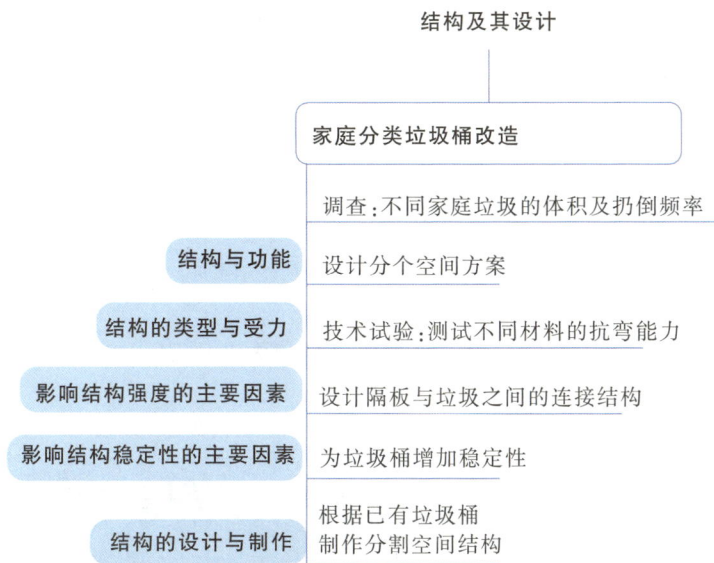

图 2-1-2 《分类垃圾桶改造的结构设计》学习活动与知识对应关系

7.3 项目学习在通用技术课程中实施的基本流程

在组织实施项目活动时,可以采用三段式的方法,即项目前期、项目中期、项目后期。在通用技术学科的项目学习中,项目前期是在教师引导下的学生学习活动。主要包括以下内容:首先是引入。激发学生的兴趣,然后使用项目时间线来说明项目计划,发现问题或引出规定的问题。其次是知识储备。把相关的知识用恰当的方式提供给学生,熟悉工具的操作等知识与技能。最后完成小组划分,进行合理的分组、分工。项目中期是在教师的组织管理下,学生进行设计与制作、测试与优化的过程,主要包括:设计方案、图样表达、优化方案、物化方案。项目后期则是展示、总结、交流、评价的过程。如图2-1-3所示:

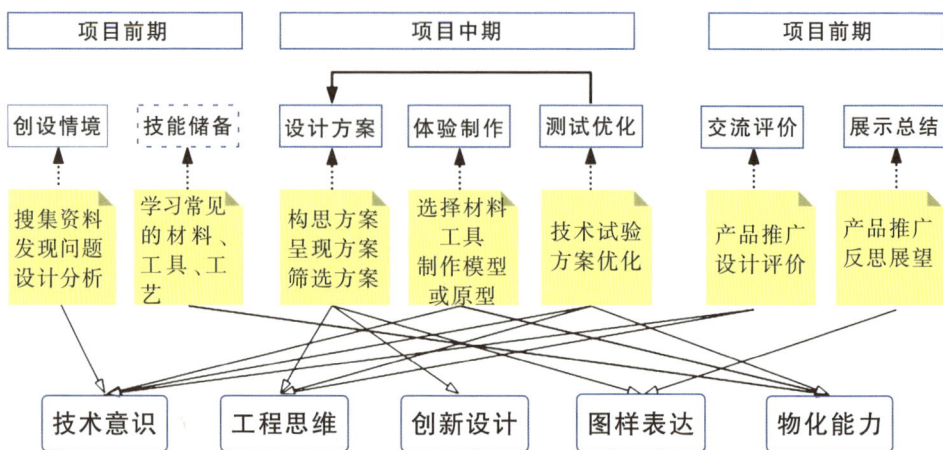

图 2-1-3　项目学习实施的基本程序

以《口罩收纳盒的设计与制作》项目实施计划为例,如表2-1-1所示:

表 2-1-1　《口罩收纳盒的设计与制作》项目实施计划表

阶段	课时	学时	教师活动	学生活动	资源与工具	素养目标
项目前期			布置搜集资料的任务——搜集市面上口罩收纳的方式,根据学生的可调查范围进行分组	组内分工,对线上线下商场、用户的实地考察、询问及访谈	调查问卷、网络资源	技术意识
			总结基本结构类型,及不同产品的优缺点并引导学生发现问题	展示搜集资料的成果,分析并发现问题	多媒体	技术意识

阶段	课时	学时	教师活动	学生活动	资源与工具	素养目标
项目中期			创设情境、组织活动、个别指导。引导学生进行设计分析	初步形成设计方案	多媒体	创新设计工程思维
			引导学生分析设计需求及考虑的因素	确定设计对象，画出设计草图	多媒体、计算机	图样表达
			组织学生分组进行制作	制作与优化	硬纸板、布、剪刀、壁纸刀等材料工具	工程思维、物化能力
项目后期			组织学生进行展示、评价、总结	以答辩的形式展示品进行自评与互评	多媒体、评价量表	技术意识、图样表达

7.4　项目学习的评价

项目学习强调过程性评价与终结性评价相结合,通用技术课程标准中也提出既要评价最终作品,也要评价设计和制作过程;既要作为设计者进行评价也要从使用者的角度进行评价。具体的评价指标要以课程标准中的学业质量水平为标准,参考核心素养,结合具体的教学目标进行制定。评价的实施应采用自评与互评,师评与生评相结合的方式进行。通过项目学习手册对学生的过程进行记录,并作为可视化、可量化的评价依据。最终作品利用网络进行投票,作为互评分数。这样既实现评价的公平性,又激发了学习的兴趣。以《口罩收纳盒的设计与制作》为例,评价量表设计如表 2-1-2:

表 2-1-2 《口罩收纳盒的设计与制作》评价表

过程记录单填写说明					核心素养参考	评价标准说明	得分情况
综合表现评价	全勤情况				工作态度及团队合作能力等综合素质	全勤给2分,缺勤一次扣一分	
	小组合作组内贡献					分为1分、2分、3分3个等级,依据组内分工完成情况,由组内学生自行组织评分	
	发现与明确问题	收集信息	信息内容简述			创新设计(明确问题)	水平1:简单记录收集到的信息(0分) 水平2:收集到有效信息记录来源并分析(1分)	
完成作品的过程性评价	制定设计方案	前期方案	方案1(草图)	优点	缺点	创新设计、工程思维(比较权衡)	水平1:有2个前期方案,方案与老师提供的样例有很大雷同(1分) 水平2:有2个自己独立构思的方案,且优缺点分析全面、合理(2分)	
			方案2(草图)	优点	缺点			
		绘制草图说明最终设计方案				创新设计、工程思维	水平1:通过图和文字能够表达出符合设计主题的简单的方案,但方案借鉴、模仿其他产品或老师提供的案例(1分) 水平2:通过图和文字能够清晰表达出构思方案,方案能够很好地实现所需功能,并且,考虑周全(2分)	
		绘制作品构件的下料图				图样表达	请参考以下评分点: a.下料图展开符合几何原理(1分) b.尺规作图且尺寸标注规范(1分)	

过程记录单填写说明				核心素养参考	评价标准说明	得分情况
制作模型原型	规划材料选择			物化能力、工程思维	水平1：所需材料规划不是特别准确，在制作过程中，材料剩余较多。能依据材料选择适合的工具(1分) 水平2：能够较准确的规划出所需材料，制作过程中浪费较少。能依据材料选择适合的工具，并正确使用(2分)	
	使用工具			图样表达	水平1：有记录的痕迹，字迹不清晰，表达不明确(1分) 水平2：能够采用规范的框图形式(2分)	
优化化设计方案	测试	测试方案	测试目的： 测试手段：	创新设计、物化能力	水平1：有测试环节，测试目的明确，但测试手段选取欠佳，测试结果没有发现有价值的问题(1分) 水平2：测试目的明确，测试手段选取恰当合理，能够发现问题，但没有找到合适的方案解决问题，作品停留在有问题的阶段(2分) 水平3：测试目的明确，测试手段选取恰当合理，能够通过测试过程发现问题、分析问题，并用合适的方案解决问题、优化作品设计方案(3分)	
		测试结果				
		测试照片或视频链接				
编写产品说明书	作品的使用说明			设计制作	水平1：说明书结构完整，内容条理基本清楚，基本体现产品的设计特点 水平2：说明书形式考虑用户的需要，语言准确简洁，内容条理清楚，体现产品的设计特点	

	过程记录单填写说明	核心素养参考	评价标准说明	得分情况
最终作品评价	作品成品照片5寸照片	创新设计、物化能力	水平1:(6分) 【作品制作方面】:做工粗糙:有毛边、裁剪不整齐、有断裂、缺损或开胶等情况 【功能实现方面】:能基本实现所需功能 【展示方面】:提供最终作品照片。 水平2:(8分) 【作品制作方面】:做工整洁:无断裂、缺损或开胶等情况 【功能实现方面】:能合理实现基本功能 【展示方面】:提供最终作品照片。 水平3:(10分) 【作品制作方面】:做工精良,作品细致、精美 【功能实现方面】:能很好实现所需功能,考虑周全:采取合适的连接方式,结构稳固 【展示方面】:提供最终作品照片、视频等资料	

　　此评价表格中综合表现评价占20%、完成作品的过程性评价占50%、最终作品评价占30%。此评价表体现了过程性评价与作品评价相结合,在评价过程中针对学业考试的水平并注重核心素养目标的达成。通过细化评价项目对学生项目学习的实施过程起到督促与引领的作用。

8 需要进一步研究的问题

在教师教学方式的调查报告中，关于项目学习实施的困难，有 59% 的教师选择了项目过程的管理。在项目学习中，由于其持续的时间长，知识内容丰富，小组课下活动时间不集中等原因给项目学习的管理过程增加了很大的难度。目标与交流、分组与合作、时间与进度、技术与资源等方面的管理策略研究将成为今后本课题持续研究的问题。

STEAM 理念下通用技术项目教学的实践研究

天津市宝坻区第一中学　　倪金海

摘　要:通过多年的通用技术课教学实践发现,采用传统讲授为主的教学模式很难收到较好的教学效果,学生学习主动性不强、学习兴趣匮乏是导致这一现象的最重要因素。为了改变这种现状,在不断的教学反思后笔者做了大量的尝试和探索,事实证明,在 STEAM 理念指导下采用项目教学的教学模式开展高中通用技术教学能收到良好的教学效果。这是由高中通用技术课程、STEAM 教育理念、项目教学法自身的特点决定的。当然,在实施的过程中也存在很多误区和需要注意的问题,这需要一线教师根据自身的能力和所面对学生的学情做恰当的处理。最终把技术的魅力在教学中淋漓尽致地展现出来,才是真正技术课应有的样子。

关键词:高中通用技术课程;STEAM 教育理念;项目教学法

作为一名通用技术教师,笔者在多年的通用技术课教学中笔者逐渐发现,采用传统讲授为主的教学模式往往很难收到较好的教学效果。学生不仅对教学中所涉及的知识吸收率不高,而且也没有学习兴趣。笔者在工作中不断反思,改进自身的教学方式,渐渐地发现,如果基于 STEAM 理念采用"项目教学法"的方式进行日常教学,学生的反馈较接近预期。

1 攻坚项目的思考和实践

1.1 关于日常教学模式的思考

本次团队攻坚,笔者计划承担实践学习案例开发的任务。经过细致的思考,笔者认为个人承担的攻坚任务和 "基于 STEAM 理念采用项目教学法的方式进行日常教学"理念十分契合,理由如下。

1.1.1 这是由"STEAM 教育理念""项目教学法"和"高中通用技术课程"本身的特点决定的

STEAM 教育的概念指的是科学(Science),技术(Technology),工程(Engineering),数学(Mathematics),艺术(Arts)5 门学科融合,用数学作为基础,进一步用工程和艺术来解读技术和科学。其最终目标是让学生以跨学科的方式观察和认识世界,以创新的形式改造世界,培养他们解决问题的能力。

"项目教学法"顾名思义,指的是在老师的指导下,把一个相对独立的项目或者相对独立的项目中的子项目交由学生自己处理。它区别于传统教学方法最显著的特点和优势是"以项目为主线、教师为引导、学生为主体"。在某些时候"项目教学法"又可以称为跨专业课程。

高中通用技术课程的教学过程强调学生的直接经验和亲身经历,强调要让学生在"做中学、学中做"。它通过信息的获取、加工、管理、表达和交流,通过技术的设计、制作和评价,通过技术思想和方法的应用,解决实际问题。

简单分析一下"STEAM 教育理念""项目教学法"和"高中通用技术课程"教学这 3 个概念的基本构成不难发现,它们之间可以说相似度极高。它们都强调以实践为主线、强调受教育者的体验和参与、都是由信息采集加工到方案确定到制作实施评价最终实现某一目标的完全过程,都具有高度的综合性和跨学科、跨专业特色。可以说它们就像是孪生兄弟,具有天然的契合度和默契。

所以我们不难得出结论,基于 STEAM 教育理念采用"项目教学法"来进行通用技术的课堂教学是非常合理也是必然的选择。

1.1.2 这是 2017 版新课标和以前历次课程改革指引的方向

众所周知,2017 年是我国高中教育发展极其重要的一年。天津市 2017 年入学新生的高考模式发生了巨大的改变。与之对应的,教育部发布了针对高中段课程的 2017 版课程标准。

本次课程改革主要是在制定高中学业质量标准、高等学校招生考试的改革深化和促进、提炼学科核心素养等方面取得巨大进展。笔者认为,当前通用技术课的首要目标是在教学中培养学生的学科核心素养。只要我们的课堂严格向此目标努力,学生应对学业考试的知识体系就会水到渠成的被构筑起来。

宏观上讲,核心素养指的是一个人在社会中生存所必备的品格和关键的能力。必备的品格包括但不限于思考问题尊重事实、证据、有个人主张、有基本科学道德等几点。关键的能力包括但不限于认知能力、合作能力、创新能力、论证能力、必需的职业能力等。

具体到通用技术课程所需要培养的学科核心素养包括技术意识、工程思维、创新设计、图样表达、物化能力 5 个方面。

我们可以看到,无论是宏观的核心素养中的认知能力、合作能力、创新能力、论证能力以及思考问题尊重事实、证据、有个人主张的品格还是通用技术课程学科核心素养中技术意识、工程思维、创新设计、物化能力甚至初步的图样表达能力,都在"STEAM 教育理念"和"项目教学法"中有明显的体现。

回顾我国历次的课程改革,教学由最初的以双基教学为目标转换到三维教学为目标,直到最新的以学科核心素养为教学目标。发展过程始终是以以人为本为方向的,教育中的以人为本,特别是课堂上的以人为本,更大意义上指的是以学生为本。这一发展思路也和"项目教学法"中"以项目为主线、教师为引导、学生为主体"的基本特点不谋而合。

所以可以肯定地说,"基于 STEAM 教育理念项目教学法"的实施是顺应了新课标和以前历次课程改革的要求的。

1.2 具体实践项目的开发与实施建议

按照子课题小组讨论结果,结合天津市宝坻区第一中学的实际条件和学生的学情,笔者计划选取"自动分拣器"作为开发的项目方向,项目的具体情况和实施建议如下。

1.2.1 问题的提出

自动分拣在生产生活中的运用十分广泛，例如分拣不同直径的水果进行分级、在生产线中分拣不合格产品等,考虑到实际操作难度和器材工具获取难易程度,在不改变分拣原理的前提下,通过充分比对,教学中采用硬币作为分拣目标。

1.2.2 资源适用性

此活动是一个完整的技术产品的设计制作过程,能够较好的作为通用技术教材《技术与设计 1》的"大过程""大项目"的支撑。在学生学习了"走进技术世界""技术世界中的设计"2 章后对技术基本性质和设计基础有一定了解的前提下,作为整体技术体验,完成后 4 章设计一般过程的深化和具体化的教学。同时也可以作为小项目,采用其中的任意一个环节在后 4 章中诸如发现问题、明确问题、方案构思的过程、设计表现图、计算机辅助设计、材料的性能与规划、制作模型或原型等知识点作为小项目使用。亦可以经过再开发,在《技术与设计 2》任意一章的教学中作为案例使用。由于其有普遍适用性,在适用教材范围上不做过多推荐,可以由使用者结合自身情况和实际学情自主决定。

1.2.3 学生在项目实施过程中可能遇到的问题与最终预期的效果

在实施的过程中,由于学生经历技术活动较少,技术素养有限,可能在发现生活中问题、用草图或其他技术图样表达设计方案、理解技术问题的多样性和复杂性、对具体问题进行整体分析等方面遇到困难。此时需要负责实施的教师结合必修教材中的内容帮助学生突破难点。

以"硬币分拣器"为知识的载体,整合学习内容,让学生在制订设计方案的过程中培养学生的创新意识;经历使用先进的制作工艺(如激光切割),辅助作品的物化的过程;提高对技术现象及技术问题的感知与体悟。学会绘制图样,尝试制作模型,体验测试与评估,不仅最终制作出技术产品,而且能在主动探索中获得了技术与设计的知识与能力。形成基本的技术意识、工程思维、创新设计、图样表达、物化能力等核心素养。

1.2.4 教学资源准备

根据教学的不同环节,结合天津市宝坻区第一中学学生的实际情况,需要进行以下资源的准备。实际操作中也可以根据个性化的需求进行一些调整。

发现与明确问题阶段：准备有关水果(苹果、橙子等)分级分拣、公交公司员工分拣公交系统乘客投掷的硬币的相关资料。

方案的构思阶段：准备现有的几种分拣解决方案(亦可以当作作业布置给学生让他们自己去搜集)，分析各种不同方案的原理，以及课堂中实现的可能性。

制作阶段：需要准备相应的材料和工具。如瓦楞纸、三合板、胶水、剪刀、美工刀、圆规、直尺等，还要为有基础的学生准备激光切割机及相关设计软件。如果有可能，为后续自动计数任务额外准备开发板、传感器等零件。

优化和改进设计方案阶段：准备足够量的供分拣实验的不同种类的硬币。预先设计好实验方案和数据记录表格(可以交给学生完成)。

1.2.5 简单实施过程

根据计划，笔者将简要的实施过程和预期的阶段性成果罗列如下。

发现问题阶段：采用情景导入法，为学生创设情境。展示分拣技术在现实生活中的应用，可以使用公交公司日常分拣硬币作为引入素材。要求学生分析设计需求，研究解决问题所受到约束条件，明确设计定位，编写设计计划。本阶段的阶段性成果为要求各小组形成初步的设计计划，完成过程记录单中设计定位栏目所需要填写的内容。

制定方案阶段：这一阶段指导学生由现有的方案入手，搜集几个现有的解决方案，采用表格法比较不同方案的优劣。根据比较结果，结合所能够使用的资源和知识储备，采用头脑风暴和确定至少两个初步设计方案。本阶段的阶段性成果为先完成过程记录单中收集信息栏目，保留分析表格，再根据表格完成过程记录单前期方案栏目内容。

方案的表达与优化阶段：根据实际情况结合教材，学习草图和三视图的绘制方法。绘制初步方案的草图，通过小组讨论的方式对方案进行比较和改进，每小组确定一个最终方案。本阶段的阶段性成果为初步方案的草图(有条件的绘制三视图)，讨论形成最终方案，完成过程记录单中最终设计方案栏目内容，并附设计图纸。

制作原型模型阶段：根据最终方案确定制作所需的材料清单和制作基本步骤以及工艺工具，按照方案制作。本阶段的阶段性成果为过程记录单中规划材料、选择工具、制作作品栏内容，按照设计方案制作分拣器原型。

方案的优化阶段：确定科学的测试方案，横向对比测试结果。根据测试结果，对本组设计方案进行改进。改进后再次测试，和本组第一稿设计纵向对比，得出改进结论。如有余力完成自动计数任务和方案的美化工作。本阶段的阶段性成果为过程记录单中测试作品栏目内容，进行测试形成测试报告，并对作品提出优化方案。

2 实践项目开发和实施所遇到的问题与初步解决方法的思考

本次攻坚可以说对笔者本人帮助极大，让思维由各自为战、零敲碎打的模式转变为从课程角度思考的模式。

在教学中经过数年实践，笔者也曾经使用过一些项目进行教学。结合本次攻坚开发新项目的过程，笔者发现在曾经的教学中遇到了一些问题，走了很多弯路。所遇到的问题可以分为以下3方面。

2.1 项目设计思路不清晰，使用范围不明确

在确定项目之前，首先要明确该项目在教学过程中的作用。并不是所有项目都能实现统一的目的、占用统一的课时安排。

根据项目本身的特点和作用以及占用课时长短大体上可以将其分为练习型项目、实例型项目和系统型项目3大类。

练习型项目指的是为了学生学习单一的技术知识原理、工艺细节设计的，能够在单课时内完成的项目。它的主要目的是让学生掌握特定的知识、技能、工艺的操作方法，为进行大型项目教学提供必要的知识和技能的准备。

比如为学生提供两种定长木棍，要求学生使用任意数量木棍搭建出一个桥梁模型，使该模型的跨度大于较长木棍的长度。让学生体验结构与设计中框架结构部分知识在实际生活中的应用，让学生初步具备采用细长构件搭建较为稳定结构的能力，同时为在后期实施更大规模的项目做了知识和技能的准备。

实例型项目指的是用数个课时完成，具有一定功能，是综合设计的一般过程，对应一类技术思想方法的项目。

在教学中笔者曾让学生先提出一个猜想中与结构稳定性有关的因素，用提供的材料设计一个试验验证这一猜想，并针对货车装载货物的方式提出建议。笔者为学生提供了正方形物块(初中物理实验器材，有铜质、钢质、铝质、木质四种形状大小完全相同的物块)、量角器、双面胶、粉笔、天平、硬纸板等材料。

通过该案例让学生体验处理多因素问题时所采用的控制变量法，同时锻炼学生的想象力、技术意识、工程思维、创新和物化能力。利用 3 课时，第一课时让学生了解背景，搜集信息，第二课时进行方案设计和实施，第 3 课时组织学生交流并对改进方案。在教学过程中学生们提出了多种方案验证猜想，并有针对性地提出了对货车装载货物的具体建议，收到良好的效果。

系统型项目指的是用数十课时或更长的时间完成，解决一项问题，或者按照命题要求做出一个符合要求的模型或者成品的项目。它最能展现一个人的技术素养，最具技术气息。

笔者曾依托天津市青少年科技创意大赛桥梁模型负重项目，采用长 12.5 cm 的冰糕棒 75 根，利用合理的力学原理制作出具有一定负重能力的桥梁模型，模型长度不超过 500 mm，宽度不超过 80 mm，高度不限。制作过程只允许使用快干白乳胶 100 mL，胶水完全阴干后进行承重测试。

在当年比赛中，笔者结合通用技术课将它作为贯穿"必修一"全册项目使用。把设计和制作的过程分为收集整理信息、确定设计课题、制定设计方案、制作原型模型、设计方案的优化等 5 步，逐步展开教学，要求高一年级全体学生参加制作和比赛。最终获得很好的效果，学生不但锻炼了技术能力，也收获了大量的市级奖项。

2.2 项目难易程度不一，学生的层次不同，难以辐射全体学生

项目实施的最理想状态是所有学生都能有好的完成体验。但是实际操作中，往往项目难易程度是有很大区别的。前面所提到的桥梁模型负重的操作虽然不大，但学生的设计成果也参差不齐，最大承重能达到 120 kg，但也有只能承重几千克的作品，甚至也有部分学生没有做出成品而未能进入测试阶段。

事实告诉我们，针对不同的项目应设计阶段性目标。如果项目难度过高，可以将目标要求降低，比如只让学生画出设计草图，能够评价别人的成品找出亮点和不足即可。至于物化能力，可以采用一些适合的练习型项目补足。

2.3 实施的过程中往往只注重项目本身,而忽略了对学生核心素养的养成

虽然我们采用了"项目教学法"进行教学,但是不能仅仅满足于项目的完成,如果这样那就是喧宾夺主,失去了教学的真正意义。

教学中要始终牢记以培养学生学科核心素养为最终目标。在实践之余要给学生一些思考的时间和空间,适时的提出一些有技术内涵的问题,引导学生进行不断反思。甚至有学生不能完成项目或者项目结果达不到预期时也不要气馁。

在进行猜想并验证与结构稳定性有关的因素的项目时,由于实验条件简陋,操作能力不足和存在合理误差等原因,有的学生设计的方法没有得到理论所推论出的实验结果。应及时告诉学生,这是科学探索过程中极其正常的现象,要多去学习、观察和思考。采用更精巧的设计,尽量减小客观因素的影响,获得理想的效果。

哪怕没有做出成品,但是项目设计的前期工作,乃至对于用标准化技术语言提出的设计要求的阅读和理解,都是锻炼技术能力、提高技术素养的手段和途径。

通过以上的尝试与思考,笔者深深地感受到将基于 STEAM 教育理念的"项目教学法"运用到教学中对提高学生核心素养较高的可能性和必要性。技术课本身就是要培养学生运用多学科知识去解决实际问题的能力。技术的魅力就在于它的未知性。一项技术试验你不等到实验结束,不会知道它的实验结果;一个技术产品你没有真正按动开关使用,不会知道它能否达到设计要求;一个解决方案,如果不付诸实践就不知道它是否能有效解决问题。如果我们采用基于 STEAM 教育理念的"项目教学法"就能够把这种魅力在教学中淋漓尽致地展现出来,这才是真正技术课应有的样子。

参考文献

[1]黄波. 高中通用技术理论基础[M].长春:吉林人民出版社,2019.

[2]黄荔军. 教育,温暖人心[M].福州:福建教育出版社,2017.

[3]肖万祥. 高中新课程实施解说[M].长沙:湖南师范大学出版社,2007.

[4]张廷凯. 高中新课程的结构和内容[M].天津:天津教育出版社,2005.

[5]马学梅. 普通高中通用技术教学研修[M].银川:阳光出版社,2013.

创客理念在通用技术学科教学
的应用研究

天津市武清区杨村第一中学　宋战秋

摘　要:在以往的项目式教学上,往往是一个大项目贯穿整个学期,这样的方式虽然整体性较强,但周期过长、组织难度大。基于通用技术学科核心素养和创客相结合理念,把大项目设计成微课程和创客项目,微项目负责知识框架搭建,创客项目完成创意实现。在培养通用技术学科核心素养的同时,培养学生的系统思维能力、知识迁移和应用能力。

关键词:创客;微项目;核心素养;创新力

《普通高中通用技术课程标准(2017年版)》提倡全体学生通过实践和自身体验完成学习,强调学生在"做中学"和"学中做",注重在"做中学"的过程中培养学生的创造、发现能力和创造力。通用技术作为技术课程,并不是所有的环节都归结于技术,它应出发于学生的实际经验和亲身经历,来提出问题、分析问题、解决问题。创客教育的核心是创新、实践和分享。和高中阶段的通用技术课程目标的要求是相契合的。因此,通过通用技术课堂作为平台,研究创客活动在通用技术学科中的应用成为可能,也希望能为本学科的教学提供研究的实例。在日常通用技术课程设计中,项目式学习实施课程时,存在教学周期较长、项目实施难度大等问题。为此,提出基于通用技术学科核心素养和创客相结合理念,把项目设计成微课程和创客项目,在培养通用技术学科核心素养的同时,培养学生的系统思维能力、知识迁移和应用能力。

1 创客的背景和项目式学习常见问题

1.1 创客的背景

这个理念最早来自于麻省理工学院，试图为用户创建一种以用户为中心的，面向应用的，融合从创意、设计、制造到调试、分析及文档管理各个环节的创新制造环境。大众也认识到：发明创造将不再是顶级高校和各个研究机构的专利，也不属于特定的科研人员，无论是谁，只要有想法就能够为之付出努力，这也就是创客的魅力。近些年来，西方很多发达国家的中小学开始实施创客教育，也是基础教育很看重的学习方式。而对创客的定义，目前还没有统一界定，不同的人对创客有不尽相同的解释。就目前国内基础教育而言，创客包含了开源硬件方面，还有程序设计、艺术创作、手工设计等很多领域。

李克强总理在《政府工作报告》中提到"创客"，这让"创客"这个新词汇一跃成为 2015 年的热词，更肯定了"创客"所蕴含的能量。创客教育也在国内开展得如火如荼。创客教育的教学方式包含了项目式教学、体验式教学、创新教育等多种教学方法，这种思想迎合了现在学生好奇心强和想象力丰富的特点。对于提高孩子的创造力有很好的针对性。同时也与通用技术学科新课标倡导自主、合作、探究的学习方式相契合。

1.2 通用技术项目式学习中常见问题

在建构主义理论指导下的项目式学习，强调探究学习要在真实学习情景下开展。在长时间的教学中得出，项目式学习是适合通用技术学科的教学模式之一。因此，结合项目式学习和通用技术学科的特点，考虑如何将项目式教学与学科核心素养的培养进行有机融合，实现学科育人的目标。通用技术学科以设计、操作为主要特征，以技术意识、工程思维、图样表达、创新设计以及物化能力 5 大核心素养的培养为目标。学科核心素养的提出以教师为中心的教学模式跟不上时代的进步和要求，为此必须求变。以教师为主导，以学生为主体的探究式、合作式的学习呼之欲出。笔者通过查阅文献发现，关于通用技术项目式学习的研究，多数为把所有知识点融汇到一个大项目中进行分批次教学，这种方式强调一个项目的整体性，一个大的项目时间周期往往需要几个甚至十几个课时，知识层面经常包含了设计实践、工艺、结构等几个章节的内容。这类大项目的设计提升了学生的系统思维能力、知识点的整合能力，但在具体实施中容易出现一些问题。

1.2.1 情景固定、思维受限

项目往往是由教师给定情境，缺少了从生活中主动发现问题的经历，不利于学生独立思考并产生自发的动力。缺少学生自己发现问题的过程。教师创设的情境往往会指定某个主题，学生们要在教师提出任务的引导下去解决某个特定的问题，学生的思维受到限制。

1.2.2 周期较长、连续性差

高中校通用技术安排多为每周一课时，短暂的一课时只能完成项目的一小部分，下一次课要对上节课衔接，会出现忘记思路、材料找不到等情况，学生容易对项目失去兴趣，容易把此前学过的内容忘掉，导致知识的不连续性，降低学习的效能感，在可迁移的技能和思维的培养方面有明显的不足。

1.2.3 实施材料的支撑

以杨村第一中学为例，24 个教学班，实施项目教学往往需要统一的物质材料作为支撑，对学校经费的依赖性较大，教师组织准备的难度也较大。如果学校没有足够的经费统一购买材料，项目往往难以开展下去，没有师资保障也很难坚持。

2 针对问题提出融合创客理念的学习策略

创客精神的核心是创新、是实践，如何才能更好地在课堂中推行创客理念，激发学生的创新精神。尽量要让学生关联到实际生活当中，感受到创客给自己、给生活带来的进步。这就是本报告要研究的内容。笔者提出在具体学习过程中可以利用多个微课程搭建知识体系，再利用创客项目把微课程所学整合起来，最终完成小组的创客作品，养成学生的创造性思维和系统思维。

2.1 微课程和创客理念

微课程：微课程是结合技术课程的知识体系，使用身边容易获得的材料，设计出用一两个课时就可以完成的简易项目，完成系统的知识体系学习。在教学实施过程中，教师可以因地制宜地设计微课程。如矿泉水瓶、洗衣液瓶、纸张、废弃木料等类似的易获取、低成本的物品都可以作为课程中的使用物品。

创客：创客项目可用创客素养的含义解释，祝智庭等人将创客素养界定为：创造性地运用各种技术和非技术手段，小组共同努力来发现问题、解决问题、建构方案，多次打磨完成作品的能力。本文中的创客项目是指学生以小组为学习共同体，遵循设计的一般原则，发现问题，由问题确定项目，从最开始的方案确定，建构作品模型，再到成员对作品的评估、测试、优化，最后形成了完成的创意作品。总之，创客教育的核心是创新创造和分享。

2.2 创客理念下的项目式学习策略

教学变革是为了更好地达到培养学生核心素养的目的，促进以教师为主导、以学生为主体的探究式、合作式等学习方式在学校的开展。在创客理念的背景下，将微课程和创客项目结合起来，更好地实现知识的建构，培养学生的多元能力与通用技术学科核心素养。在技术课标的指导下来开展微课程的设计以及创客项目的规划，在真实的生活情景中发现问题并应用到项目中，最终得以解决。具体来说，在平时常态课中，以微课程教学完成知识体系，提高学生效能感。在期末让小组成员通过自己的生活经历完成规定的创客项目作品。体现通用技术学科的 5 大核心素养。

创客项目与前述项目的区别是：前者是由学生自己的生活经历发现问题、提出问题、解决问题，而后者多为组织者抛出；大项目的作品是在教师给定的主题内进行设计；创客项目的作品是学生根据自己发现的问题形成的创意设计。此外，创客项目具有融合性、开放性的特点。融合性是指在设计过程中把本课程的知识点融入自己的项目，也可使用其他学科（如信息技术、物理、数学、美术等）中学到的知识、方法和技能。开放性体现为学生自己发现问题，自己确定设计项目，自行准备项目所需材料，并借助实验室、机房等共享环境，结合课内外的时间，与小组其他成员共同完成项目。

2.3 信息技术在创客项目上的应用

技术学科在高中阶段分为信息技术和通用技术,培养学生的信息技术素养是信息技术教育教学的核心目标,教学中应秉承技术教育和生活实际相结合,旨在培养学生的创新能力和实践能力。创客教育具有跨学科的特点,能把基于分享、协作以及基于信息技术的 DIY 创意作品通过软、硬件技术有机结合起来,激发学生的设计想法,真正培养学生的技术素养和创新能力。伴随着 Arduino 开源硬件、3D 打印技术、机器人技术等发展,各种学习平台和环境已经成熟。"创客运动"的迅猛发展不仅为我们带来了新技术、新思路,学生们讨论的项目中也有很多人工智能器件的部分,所以学生在信息技术社团的学习也很重要,为创客项目的完成做技术的准备。

2.4 创课理念学习方法研究

创客理念下的通用技术项目式学习流程,大体分为 3 个阶段。

2.4.1 准备阶段:认识创意作品

对作品的创作流程有一定的认识,引导学生学习基本的创意知识,欣赏创意作品,对技术创新和创客理念形成基本的认知。对学生进行合理分组,教师在学期开始,还要根据学生的兴趣,组建学习共同体,以便后期形成稳定的合作关系。准备阶段是对作品认识和学习共同体形成的时期,教师需要对创客项目要求,以便学生开始思考项目初始印象。

2.4.2 通用技术教学微课程阶段

搭建学习支架,建构技术知识。在微课程阶段要完成课本基本理论知识的学习,并为创客项目的开展做好能力和思维方面的准备。具体来说,该阶段通过之前准备的多个微课程,让学生有意识构建技术课程一些知识点,如设计过程是什么,三视图是怎么回事,工艺的分类及工具使用、流程、结构等方面的知识。一个微课程可涉及一两个核心知识。具体教学过程从理论认知、微情境创设、问题解决、展示交流、总结反思"的步骤,该阶段要初步培养学生的技术意识、图样表达、物化能力等学科核心素养。

2.4.3 知识迁移应用创客阶段

小组成员基于生活经验,确定设计项目,利用共享资源和课内外的时间,通过小组合作进行创新设计。学校和教师为学生提供一定的开放性资源和设计工具,设计中用到的耗材由学生根据项目需要自行准备。这一阶段更注重项目的过程性评价,结果性评价则从设计的基本原则出发,他评和自评相结合。他评是教师和学生评委根据项目现场展示结果进行评分,自评是小组成员对本组作品的评价。具体实施可遵循以下流程:基于生活经验,发现、明确问题;头脑风暴,提出可行性方案;利用共享资源,进行设计实践;展示设计成果,进行多元评价。该阶段在微课程阶段的基础上,更侧重培养工程思维和创新设计能力,最终目标是知识的迁移应用,并形成系统思维。

3 创客理念下的项目式学习案例

3.1 微课程案例

以防风宣传栏设计项目为例,说明微课程的实施过程。

一是学习理论。引入关于结构强度和稳定性的基本知识,引导学生通过项目进一步研究影响结构强度、稳定性的因素有哪些。二是创设情景。学校的宣传栏等容易被风吹倒,甚至吹断,造成了一定的安全隐患。请学生以小组为单位,根据教师给定的材料和工具设计一款防风宣传栏。完成后用吹风机测试强度和稳定性。三是提出方案。各小组头脑风暴讨论方案,绘制简易草图进行说明,设计宣传栏进行展示。四是展示交流。各小组进行作品测试与展示。五是总结反思。总结制作过程的各个环节,反思影响结构稳定性强度的因素有哪些。在这一微课程中,学生通过宣传栏的设计,探究了影响结构强度和稳定性的因素,初步培养了技术意识、草图绘制、作品物化等能力。

3.2 创客项目案例

项目对于每个小组都是不同的,如设计智能花盆、导盲拐杖、放近书架等。下面以其中一个学生小组的"噪音报警器"项目为例,阐述创客项目的整个实施过程。

一是在学习生活中发现、明确问题。某组同学发现自习课或者课间经常有的同学大声喧哗而影响到其他同学的学习,该组同学想通过一个装置来提醒同学,当声音超过一定数值时该装置会自动发出信号光,提醒同学们不要大声喧哗,该小组决定设计一款噪音报警器。

二是集思广益 头脑风暴,提出方案。评估是否具备方案实施能力。小组内有明确分工。包括应用场景考察、数据统计、外观设计、程序编写等。

三是设计实现。学生最终利用 3D 打印技术设计了噪音报警器的结构外形,利用物理中的声音传感器、LED 灯、喇叭等实现基础功能,利用智能硬件完成各个部件的连接和程序的编写,最终在现场环境进行测试。

四是展示设计成果,开展多角度评价。过程中,学生结合各个学科中学到的知识,知识点融合,提升了综合能力。

4 创客项目和通用技术学习的比较

祝智庭对创客教育进行总结。培养学生的创新意识、创新思维以及创新能力是创客教育的培养目标,它的框架和项目学习法相似,强调在学习过程中,学习者要深度参与,和"做中学"的思想类似。此外,创客理念强调以学生为中心,以学生的自主学习能力为培养目标。高中阶段的通用技术课程核心素养与创客教育的理念有着异曲同工之妙。

5 融合创客理念的通用技术项目的优势

5.1 教师的成就感增加

在很长一段时间里,通用技术教师花费很多心思备一节课并在课堂上"独舞",学生参与度不高,教师的教学效能感备受打击。在项目式学习的课堂上,学生积极参与常有出乎教师预想的创新设计,师生共同创做的过程,增强了教师的成就感。

5.2 激活了学生的学习兴趣

通过教学观察发现,在通用技术课程开始实施项目式学习之前,学生参与度不高,甚至有的学生做其他科目的作业或看课外书等;实施项目式学习后,更多的学生积极参与项目,设计热情较高,学习兴趣明显提升。

5.3 学科核心素养得到培养

由于微课程和创客项目都是基于生活的真实情境,且学生亲历了解决问题的全过程,在技术意识、工程思维、图样表达、创新设计及物化能力方面的素养都得到了培养。由于参与创客项目的过程需要综合应用多学科的知识,也促进了学生对知识的迁移与应用,以及系统思维的形成。

5.4 促进创客社团的开展

在创客项目中,小组成员自行准备设计材料和项目的支持资源。一方面减轻了学校的经费负担,另一方面也使学生更珍惜资源。辅导员也可以推荐优秀的创意优秀作品来参加各种比赛,使学生更有收获感,良好的循环更能使课程在学校良性发展。

项目式学习的实施对教师和学生都有一定的要求:教师要提高自己组织和指导项目的能力,学生要学会积极利用身边的资源完成项目。在教师和学生的共同努力和不断探索中,通用技术学科教学一定会取得更好的教学效果。

参考文献

[1]核心素养研究课题组.中国学生发展核心素养[J].中国教育学刊,2016(10):1-3.

[2]姜和丽.基于核心素养和创客理念的通用技术项目式学习策略[J].基础教育参考,2020(09):35-80.

[3]郑茜.创客背景下中学信息技术教学的创新探索与实践[J].现代教育术,2016,26(02):121-126.

[4]王子.高中通用技术课堂中的创客教育探究[J].时代教育,2016(18):148-149.

高中物理与通用技术整合的教学实践研究

天津市第二新华中学　高旭

摘　要:本文在新型人才培养、学科知识融合、教师专业发展、适应高考变化需要的研究背景下,分析了高中物理与通用技术整合的研究现状,并结合教学实践给出二者整合的路径,二者的整合有利于真正落实学科核心素养,有利于促进教师专业发展,有利于提高学生创新精神和实践能力,为学生的全面发展、终身发展奠定基础,具有很强的现实意义。

关键词:高中;物理;通用技术;整合;研究

1 研究背景

1.1 新型人才培养的需要

当今,科技创新对社会的引领作用愈加凸现,经济转型对高素质人才的需求与日俱增,如何培养面向未来的新型人才,提高学生的科学探究能力、创新意识和解决复杂问题的能力,已经成为各国共同面临的时代课题。在这种大背景下,倡导多学科融合、注重创新精神和实践能力培养成为共识,正如现在比较流行的

STEAM 教育,采用学科整合的模式,强调学科间的密切联系,强调综合应用知识解决真实世界的问题。

1.2 学科知识融合的需要

通用技术强调各学科、各方面知识的联系与综合运用,是一门高度综合的课程,与数学、科学(物理、化学、生物、地理)及艺术等学科有着广泛的联系,其中与科学课程的联系,尤其是物理最为紧密。课程涉及很多物理知识及方法,如"结构与设计"中关于结构的含义、受力分析的方法、结构的强度和稳定性等与物理力学有密切联系,又如"控制与设计"中的典型案例分析及制作同样离不开力学和电学知识,"电子控制技术""汽车驾驶与保养"等模块与物理学科的电子、力学等知识有着重要的联系,等等。《普通高中通用技术课程标准》(2017 年版)中选择性必修——技术与创造系列——科技人文融合创新专题模块旨在帮助学生形成学科融合的视野,使学生能综合运用多学科的知识、方法,系统地分析和解决现实中的科学、技术与工程问题,发展工程思维,提高创新能力,发展综合素养。

1.3 教师专业发展的需要

通用技术作为新兴学科,师资相对匮乏严重。我国师范院校专门培养通用技术教师的尚不多见,据了解,只有南京师范大学、浙江师范大学、哈尔滨师范大学、新疆昌吉学院等院校设置了通用技术教育专业或相关专业,并且培养师资的数量有限,远远满足不了需求。不得已,很多通用技术教师都是由其他学科教师转型而来,如物理、化学、信息技术和其他学科的老师转为通用技术教师,或者有的从校外聘请具有一定技术经验的人员。据不完全统计,在通用技术教师队伍中,具有物理专业背景的教师占到40%左右, 是通用技术教师的主力军, 既发挥他们的物理特长,又符合通用技术教师的专业要求,物理与通用技术学科整合无疑是一条路径。

1.4 适应高考模式变化的需要

2017 年,浙江、上海完成首批高考改革试点学生的招生录取工作。2018 年,北京、天津、山东、海南 4 省市加入试点工作,新一轮高考改革已经进入第二阶段。高考改革后的科目设置已基本稳定,为"3 门固定科目+3 门选考科目",其中,固定科目就是语文、数学和外语,而选考科目则由考生在 6 门(浙江是 7 门,多了一门技术)高中学业水平考试科目中,选择 3 门作为选考科目,不分文理。在这种情况下,进行物理和通用技术的整合,对于选考这两科的学生无疑是轻负高效的。

2 研究现状

美国科学教育学者最早于 20 世纪 50 年代提出科学素养概念,并得到了其他国家教育学者的普遍认同,认为提高国民的科学素养是提升国家综合实力的关键。这与 20 世纪前半叶科学的迅猛发展是分不开的。那时科学在公众心中是万能的,科学认为是社会发展的不竭动力。随着科学知识体系的相对稳定,以及技术和工程给生活带来的翻天覆地的变化,技术素养等因此进入公众的视野。

在中国知网输入"高中物理与通用技术的整合",以"主题"作为检索项查找到 5 篇文献,以"关键词"作为检索项查找到 0 篇。其中,2017 年,薛学民在《新课程导学》发表的《高中物理与通用技术学科教学整合的探索》一文中提到:近年来,有很多将通用技术和物理课程进行整合的教学尝试,两门学科有很多关联,并且有一些知识内容上的交集,利用通用技术作为辅助,可增强物理课程的探究性,有助于学生动手实践能力的培养。2015 年,肖利、张颐、费金有、刘茂军发表的《物理与技术"双师型"教师培养的可行性研究》一文中提到:通用技术课程是我国普通高中新一轮课程改革中新增的一门课程,目的是提高高中生的技术素养。当前专任通用技术教师数量严重不足,大多由其他学科教师转型而来,其中物理教师占有很大的比例,是通用技术课程建设和实施的主力军,根据物理课与通用技术课程高度相关性,探讨了将高中物理专业与通用技术专业整合培养物理与技术"双师型"教师的可行性,对加快通用技术教师培养具有借鉴性。

还有,甘肃省嘉峪关市第一中学在面临本省经济落后、通用技术教学所需物质、条件都不具备的情况下,韩独石老师以甘肃省普通高中新课程实验专家指导组专家身份,提前多次受到培训并阅读了通用技术课程标准、教材、教辅材料以及一些研究性论文,彻底明白他本人数十年来所从事的创新工作全部是通用技术理念的具体应用,所有创新成果都凝聚着通用技术思想的鲜活作品。因此,经过反复的研究后,便产生了"面对现实,创造条件,结合理化实验开展通用技术必修课教学"的构想并创新实践。将理化实验创新与技术教育相结合,既推进科学课程实验教学,提高学生科学素养,又创新通用技术学科实施,提高学生技术素养和创新能力的新课程理念,其理化实验创新成果被大力推广。

另外,借助高中物理与通用技术整合而成的创新成果显著。如2018年8月在重庆举行的第33届全国青少年科技创新大赛中,青少年科技创新成果356项,包含工程学、技术、物理与天文学在内的共17个学科,其中高中组工程学的73个项目中4项体现了物理与通用技术内容的整合,制作了新型的物理教具及解决生活中实际问题的创新作品。如物理教具——电能无线传输演示装置的研制,解决了目前高中与大学物理教学中针对电能的无线传输进行实验教学演示的难点,而且可以作为电能无线传输的科普工具应用在科技馆、少年宫等领域;解决生活中实际问题的创新成果——利用超声波制作室内的"北斗定位系统",利用超声波传感器和微控制器制作了室内的"北斗定位系统";感应式窗户控制器,利用物理学的电磁感应装置来正反转马达控制窗户的开关;一种快速散热装置的设计,利用物理学热传导的原理,这个散热装置由一组铝片组成,因为铝片散热快,在铝片与铝片之间都有间距相等的缝隙,这样有利于热量尽快散失在空气中,从而达到快速散热的目的。

综上所述,综合运用高中物理和通用技术的知识可以产生创新成果。同时,目前已经有老师意识到高中物理与通用技术整合的可行性,但是研究还非常薄弱,尚有许多问题需要进一步研究和探索。本人具有高中物理和通用技术教学的双重经历,通过研究发现高中物理与通用技术课程整合的路径,实现教学效益最大化。

3 整合路径

3.1 借助对方相关仪器和设备,开展本学科的教学

案例1.借助物理实验仪器与设备,开展通用技术试验

通用技术教学中,技术试验是技术活动中的一项重要内容,在技术发明、技术革新、技术推广等活动中,它不仅是对技术成功与否的验证,更是发现问题、探究

规律、优化技术的关键。技术试验有很多种分类,方法也很多,在生活中也有着广泛的应用。

比如汽车的碰撞试验、药片的硬度测试等,但通用技术教室不具备这些设备,以往教学往往是借助视频来完成的,虽然能说明问题,但学生的感触并不深,最好能让学生亲手进行技术试验,在过程中体验技术试验的方法。因此,在分析技术试验特点的基础上,寻找物理实验仪器与设备,通过反复的设计,发现可以利用物理实验——测绘小灯泡的伏安特性曲线的设备和仪器来测试小灯泡的耐压值,这就是通用技术中的强化试验。物理实验中,小灯泡的电压和电流不能超量程,否则容易烧毁,而这些量程是怎么来的?正是通过强化试验测试得出的。学生需要自己设计试验步骤,记录数据,亲身体会技术试验的内涵及特点,学生的收获远高于教师的讲解。同时,学生也弄懂了"科学实验"和"技术试验"的区别。当然,还有利用物理实验室里的钩码、天平托盘以及木块、木条、细绳进行材料弯曲性能试验等。

案例2.借助通用技术学具理解物理教学难点

高中物理中,匀速圆周运动中的线速度、角速度和转动转速等概念及它们之间的联系与转换的问题,是一系列典型的难点问题,学生很难迅速理解这几个概念,以及掌握它们之间的转化。为此,可以借助通用选修的技术机器人套材中的齿轮组来进行趣味传动小制作,在制作的过程中,学生可以直接感受他们之间的关系,逐渐理解了这些难点知识。类似的例子还有传感器部分的学习,物理教具更适合于教师演示,而通用技术选修的机器人套材中有光电传感器、声音传感器、超声波传感器等,学生可以根据自己的设计来完成机器人控制,真正体会传感器的控制原理及作用。

3.2 开展整合物理、通用技术等知识的综合实践活动

新课程给了教师很大的空间,可以自主开发校本课程,既可以是本学科内容的延伸,也可以是综合多门学科内容的课程。基于物理和通用技术整合的工程挑战制作就是这样被开发出来的。

案例1.投石机的制作

学生结合物理中的杠杆原理、能量守恒定律,借助通用技术中结构设计的知

识进行投石机结构的稳定性及强度的影响因素分析,进而选择合适的材料、加工工艺制作完成投石机,并进行比赛,赛后交流制作经验和体会,在真实的制作中综合运用知识解决实际问题。

案例 2. 平抛运动演示仪的改进设计与制作

通用技术中设计的一般过程是:发现与明确问题、制定设计方案、制作模型或原型、测试评估及优化、编写作品说明书。学生按照这一过程开展研究平抛运动演示仪的改进,从学生熟悉的、亲自做过的物理实验入手,创设了良好的技术情境。在设计的过程中,理论得以与具体设计实践相结合,既强化了知识,又解决了实际问题,同时,设计的一般过程的思想与方法也可以应用到其他设计中去。

4 实施效果

4.1 真正落实学科核心素养

高中物理与通用技术有各自的学科核心素养,在整合的过程中,不仅达到了资源共享与设备的充分利用,更重要的是同时落实了学科核心素养。如发现问题是学生创新设计的起点, 落实了高中物理学科核心素养的科学思维中的质疑要素。在整合作品的设计与制作过程中,落实了通用技术学科核心素养中的图样表达、物化能力与工程思维。学生在对整合作品的交流、评估、反思中,落实了高中物理学科核心素养的科学探究方面等。

4.2 促进教师的专业发展

在整合的过程中,教师更加明确了高中物理与通用技术课程在教学内容上的联系与区别,拓宽了知识面,提高了专业知识。同时整合课程的内容选择要经过精心的筛选,整合课程的实施要经过精心的设计,这是教师专业技能提升的一种表现。同时,教师会受到学生积极的学习状态及效果的鼓励,提高教师职业认同感,是教师专业发展的内驱力。

4.3 提高学生的创新精神和实践能力

学生通过参与将高中物理与通用技术教材内容、教学活动、课外探究有机融合为一体，以学生的知识经验为基础，使学生联系生产生活、科技进步和社会发展中的重要问题的研究，学习了物理原理、应用了物理知识，运用了通用技术思想与方法，提高了分析问题和解决问题的探究能力，培养了创新精神和实践能力。如同学们设计的防丢报警器、具有运载、投射功能的无人机等整合实践作品在全国创客展示活动及天津市青少年科技竞赛中均取得优异成绩。

当然，学生进行基于高中物理与通用技术的整合的设计制作必将受到客观条件的制约。因此，综合教室的建设、配套仪器、设备的购买、课时等都是重要保障。同时，合适的整合内容、实施设计也是今后进一步的研究重点。

参考文献

[1]顾建军,吴铁军.普通高中通用技术课程标准(2017年版)解读[M].北京:高等教育出版社,2018.

[2]谷芳芳.普通高中通用技术教师职业认同研究[D].南京:南京师范大学,2012.

[3]薛学民.高中物理与通用技术学科教学整合的探索[J].新课程导学,2017(29):29.

[4]肖利,张顿,费金有,等.物理与技术"双师型"教师培养的可行性研究[J].物理教师,2015,36(01):70–72+79.

[5]周哲,韩独石,李金宝.实验技术创新统筹教育研究[M].兰州:甘肃人民出版社,2017.

结合传统工艺开展通用技术教学的研究

天津市西青区杨柳青第一中学　　张桂玲

摘　要:在《普通高中通用技术课程标准》中,对通用技术这门课程做出了明确的定义,其具有重视实践应用、重视创新创造,具有很强的综合性和统一性的特点,因此,在教育教学当中其占据着极其重要的地位,在高中教学中设置这门课程是十分必要的。通用技术中教学中华传统工艺技术,不仅实现了传统工艺技术的传承,同时还进一步增强技术的应用,实现通用技术的实践性以及综合性。

关键词:高中生;通用技术课程;传统工艺

中华传统工艺技术历史悠久,具有很大的实际价值和意义,并且具有很高的创新空间,为使中华传统工艺技术得到有效传承,制作出当时历史时代下的历史作品,从而呈现出中华文化的巨大魅力,以及中华传统工艺技术的极致璀璨。而想要实现这些,就需要重视在通用技术教学中,引进传统工艺技术,由于通用技术具有很强的综合性,这一点并不难实现,将两者相互融合,使更多学生了解学习中华传统工艺技术,从而使中华传统工艺技术得到有效的传承。这种方式在传统工艺技术的传承中,发挥了显著的作用。

1 通用技术课程中传承中华传统工艺技术的原因

依据通用技术新课标中相关内容描述，传统工艺的含义是使用相关工具，通过一定的特殊技术或手段以手工的方式进行工艺制作，当制作经验不断积累完善，最终形成了相应的传统工艺。传统工艺呈现出技术和艺术的融合统一，其不仅包含了当时历史背景下的极强文化特征，同时还具有很强的技术实践意义和价值。通过在通用技术课程中，融入中华传统工艺技术让学生进行学习，能够使学生接触到中华传统工艺的制作技术，更加了解当时的历史文化背景，学习中华传统工艺的相关知识，以此使学生感受中华传统工艺技术魅力，体会传统工艺背后的文化底蕴，掌握更多的相关工艺制作技术，埋下一颗具有工匠精神的种子。

1.1 通过培养学生的技术意识，形成学生对技术的敏感性

在传统工艺技术中，潜藏着许多的技术知识，若对其加以分析研究，探讨其中的原理，便会促进技术的创新与应用，进而推动社会的整体发展与进步。因此，在学习中华传统工艺技术过程中，应当不仅限于表面应用，还应深究其中的原理，认识技术背后的文化内涵，感悟古人的智慧以及文化特征。

例如，在《人机关系》中关于椅子工艺技术的描述。在古时候，对于桌椅的制作工艺，也会许多值得深究的地方。其中如典例组合桌椅燕几、七巧桌等，其能够依据各种需要进行组合，变换形状。在清朝，有一位非常擅长工艺技术的人，名为李渔，其所制作的越冬暖椅在冬天能够发挥保暖的作用，他在椅子下设置了一个专门放炭的小柜子，当需要工作或看书时，在其中加入少量的燃烧炭，就能够使坐在上面的人感受到温暖。除此之外，其还有众多的用途，只需加以改造，就能用来当桌子、床，甚至可以变成一个坐轿，充分展现设计用途多样性的思想。直至今天，仍存在且被使用的母子竹凳，在古代最初的设计目的是为了使有小孩的妇女能够做事的过程中照顾孩子，竹凳共有两面，正面可以使小孩舒适地坐，反面可以供妇女抱着小孩舒适地坐。又如鲁班发明的鲁班枕，将其弯折降低高度能够作为枕头，将其置平则高度上升能够作为凳子。这些发明不仅展现出人性化设计的理念，体现

出了古人的巨大智慧,同时表现出了我国传统工艺的精巧和实用,以及技术的高超和灵活。

中华传统工艺技术,是我们中华民族的历史瑰宝,对于现今社会发展仍有重要的意义,其中的文化内涵以及工艺思想值得我们去努力探讨和研究。但是,随着时代的更替以及时间的流逝,部分传统工艺技术已逐渐归入岁月长河当中,或是仍有存在却无声无息,正因如此,对其的整理挖掘显得尤为重要,将中华传统工艺技术重新展现于世间,不仅能够使技术得到有效传承,还能够增进民族自豪感与自信心,同时能够了解更多的历史背景和文化内涵。

1.2 有利于提升学生的动手能力,形成将意念、方案转化为物品的物化能力

技术的核心在于应用及创新,若对技术并未做出有效的应用,那么技术的存在就显得毫无价值。将传统工艺学习纳入通用技术的教学当中,让学生亲自动手进行工艺技术制作,不仅能够提高其动手操作能力,还有利于其由主观向客观转化。

开展传统工艺技术教学后,能够使学生有效学习这方面的知识,对传统工艺有更深入的了解和认识,清楚其中的各种分类,把握各种传统工艺技术其后的历史背景以及文化内涵;当学生对于某项传统工艺技术有兴趣后,会投入更大的热情去学习,能够了解其存在的价值,以及其对当今社会的意义以及贡献,并且能够找寻出其中的缺陷或不足,从而对这一方向展开分析与研究;当进一步学习传统工艺技术之后,对相应制作工艺有所掌握,学生就会设计自己所想的作品,并准备制作所需要的工具和材料,清楚制作的步骤以及流程,从而展开制作工作,以完成自己作品的创作;能够对制作完成的作品,进行各项测试,并以测试结果做出后续的完善改进工作;能够通过网络及相关书籍查询,学习优秀作品,增加自己相关知识,在此基础下,对作品进行进一步的优化和改进,最终完成作品。通过在通用技术中,融入传统工艺技术学习,让学生开展工艺实践活动,将其主观思维转化为客观实际,进行工艺作品制作,使学生具有更多传统工艺技术知识,提升其传统工艺素养,培养极致追求的匠人之心。

就如,学生在学习某种桥梁构造的相关知识及原理后,就能够应用其原理,通

过一些小木棍完成搭建,并具备一定的承重条件。多进行这些工艺活动,学生逐渐就有了经验的积淀。

2 我国传统工艺的特点与教学可行性研究

传统工艺作为我国文化的重要组成部分,是一颗璀璨的文化明珠,其中凝结了古人们的伟大智慧,存在巨大的价值。传统工艺技术所具备的特征如下。

(1)具有显著的民族地域文化特征,受当时历史文化背景的影响,在不同时期有所差异。

(2)不仅非常实用,还具备艺术气息,即符合物质需求,又能满足精神追求,能够使生活增添艺术情趣。

(3)传统工艺技术原料取材多为可再生资源,且制作过程环保,不易产生污染物,能够实现对环境的保护。此外,由于所使用原料多为自然材料,因此在后续生产使用时,也不易造成污染,从而实现与自然的和谐相处,是环保绿色生产的典例。

(4)在工艺制作过程中,多以手工劳动为主,因此,更易受到人们的喜爱,更易对工艺作品形成亲和力。

(5)传统手工艺产业对设备要求不高,投入生产过程快,且无须较大规模以及基础设施建设,属于劳动密集型产业,因此可以带来大量的就业岗位。因此,对于地方经济的发展具有很大的促进作用,能够有效提高当地收入,减少当地人员流失,从而实现地方的社会稳定。

(6)传统手工艺需要两点要素,其一是技术人才,其二是技艺条件,是两者相结合的产物,所以,当技术人才活着时这门技艺就有较高的水平,但当其死亡后可能技艺便难以达到很高的水平,有的技艺失传之后,便再难以达到以前的高度。就如:长沙马王堆出土的素纱单衣总重49g,而通过现今技术手段制作一件单衣也无法达到这么轻的重量。

依据如上所述,了解了传统工艺技术部分特征,在对传统工艺与通用技术融合时,这可以作为主要的借鉴方向,根据传统工艺技术的基本特征进行传承和创新,以使传统工艺技术得到传承。在西方发达国家,都将通用技术作为一门基本课程,并发挥了积极的作用。我国在这方面建设过程中,应当借鉴别国优秀经验,从而对于自身的不足之处进行优化和改进,以发挥其作用。此外,应当加强课程体系的建设,对课程教学内容进一步完善,不断进行改革以使用新的需求,同时需要依照新课标要求,培养更多通用技术人才,发挥出通用技术课程的良好效果。

3 在高中通用技术课中传承中华传统工艺技术的途径

3.1 重现传统技术——直观了解、全面认识

参观学习在学习过程中能够发挥出一定的作用,其能够通过现场参观,如传统工艺博物馆等,使学生对传统工艺作品有新的认识和了解,尤其是参观传统工艺作品制作流程时, 能够在学生面前呈现整个工艺作品由材料到成品的过程,使学生对工艺制作更加了解。

当前,互联网及新媒体的不断发展,使得传统工艺可以通过其再次回归到大众视线,现代互联网新媒体技术有着巨大的流量,依托其支持以及流量,能够使传统工艺技术被更多人所了解,更能展示出其所具有的魅力。例如现在的部分节目如《大国工匠》《榫卯游戏》等,能够有效地向观众呈现出传统工艺的制作流程,展示出其中的文化内涵,使得更多人愿意加入到传统工艺技术的传承当中。

3.2 亲历技术案例——培养兴趣、学习技能

其一,选取和课程有关的传统技术案例。

传统技术其实离我们并不远,它可能潜藏在生活的各个方面,因此,只需我们稍加挖掘,就能够发现许多案例,以此对传统工艺技术教学有所帮助。教师在开展教学时,应当在事先进行挖掘,收集与课程内容相关的传统工艺技术典例,在教学过程中加以应用,使学生对相应的传统工艺技术有所认识,有更深层次的了解。

在《技术源于什么》一书中提及了有关造纸术的描述,学生对于蔡伦造纸的

史实可能都有所听闻和了解，但对于其中的工艺流程、相应步骤学生们并不清楚，尽管不能带领学生前往造纸厂参观，但可以通过教师掌握的相关技术，在课堂上向学生们进行展示，以此使学生学习更多的课外知识，感受古人造纸的艰难，由此教师倡导学生们"节约用纸，保护环境"。通过重现传统工艺技术过程，让学生们感受传统工艺技术的魅力，并在传统工艺技术学习上投入更多的热情。

其二，选取具有竞技性和趣味性的传统技术案例。

通过这类案例，能够有效地激发学生对传统工艺技术的学习，使其产生更多的学习兴趣。在学习过程中，甚至可以依据传统工艺技术原理，进行一些趣味性活动。例如，在学习《结构设计》中的内容投石机时，可以通过使用一定的橡皮筋和小木棒，依据投石机原理制作一个仿制小型投石机，让学生在活动中学习关于投石机的知识。除此之外，可以要求学生进行投石机相关资料的调查和收集，在课前就有了一定的学习基础。或是开展小组讨论或布置小组任务，每小组进行投石机的设计和制作，完成后进行评比。通过这类的设计活动，能够提高学生的动手能力，实际参与到传统工艺技术制作当中，在实践中学习和理解更多的相关知识，通过竞技评比，激发其完善、改进作品的欲望。

3.3 在传承中创新——体验标准、实现创新

在传承中进行合理有效的创新，以使传统工艺技术紧跟时代的潮流，不被时代所淘汰。学生在依据传统工艺技术设计作品时，对部分地方通过现代技术进行优化创新，不仅使其发挥更有效的作用，同时使其更加美观，具有艺术气息，在创新中实现传承的发展。

传统工艺技术是古人依靠智慧，不断积淀经验而形成的，其在一定的时间段内发挥出了巨大的作用，之后随着时间的流逝，有些技术可能逐渐消失，有些经过创新得以留存，因此，创新对于传统工艺技术的传承十分重要。对于古代先人们的智慧成果，仍有部分适用于当今社会，能够通过结合现代技术加以运用。因此，想要实现传统工艺技术的良好传承，就需要在其基础上融合现代技术加以创新，使其具有新的生命力，而这，也将是未来解决传统工艺技术传承问题的有效方式。

在学校的通用技术教学中，融入传统手工艺应当逐渐成为一种常态，以此提升学生传统工艺素养，传承我国传统工艺。加强这方面的教育教学意义包括如下

几点:其一,有助于学生深入了解自己的家乡、了解家乡文化,增加对家乡的热爱。其二,学习传统工艺技术后,能够激发学生作品创作兴趣,从而提升其动手能力,培育创新创作思维。其三,学生学习更多关于传统工艺方面的知识,使自身综合素养得到提升,并且逐渐提高了其审美鉴美能力,更加能感受传统工艺的巨大魅力以及其中的文化蕴含。

首先,学习构建教师培训体系充实师资力量。学校在贯彻实施传统工艺技术走进校园之后,应当增加这方面的师资力量,大力引进优秀传统工艺教育人才,并且增加培训工作,让教师对于传统工艺的素养不断提升,从而投入到教学工作当中,取得更好的教学效果。通过开展传统手工技艺课程教学,让学生们学习更多这方面的知识,提高这方面的综合素养,从而使学生增加对我国传统文化的自信心和自豪感,从而更加积极地投入到传统工艺技术的学习当中。而想要实现这些,就需要这方面的教师注重传统工艺技术教学工作,同时不断提升自身的文化修养,加强教育教学能力,从而使教学效果得到显著的提升。

其次,教师应不断对教学模式进行优化和革新。在教学过程中,依据学生特点的差异进行相应方式的教学,以及开展相应的教学内容,从而使不同学生取得良好的学习效果。此外,教师也应当充实知识储备,采取多种多样的学习形式,以提高教学效果,让学生感受传统工艺技术的魅力,积极投入学习当中。

最后,构建学习结果与学习过程并重的评价机制。对于通用技术课程的评价,不仅仅局限于学习结果或者学习过程的一方面,应当将两者都纳入评价当中。对于学习过程,要了解学生的学习过程、作品制作过程以及小组合作等过程;对于学习结果,要重视学生的学习效果、作品完成情况以及小组合作等过程,从而实现评价的合理性及有效性。

参考文献

[1]中华人民共和国教育部.普通高中通用技术课程标准(2017年版)[M].北京:人民教育出版社,2018.

[2]荆雷.中国当代手工艺的核心价值[D].北京:中国艺术研究院,2012.

[3]杨文博.民间工艺融入高中通用技术课程的可行性探究[J].教育研究与评论(技术教育版),2015(03):5-9.

单元微项目教学深度学习策略研究

天津市南仓中学　崔立波

摘　要:单元微项目式教学是学科核心素养形成的主要路径。依据通用技术课程的特点,在课程中采用单元微项目式教学,符合新课程改革的学科核心素养培养的教学观。深度学习要抓住5个着力点,激发深层动机,展开亲身体验,锻炼高阶思维,促进深度理解和实践创新,从而落实学科核心素养,形成学科核心素养。为了在通用技术学科教学中真正落实学科核心素养,笔者认为可以采用单元微项目式教学的方式,从项目内容的选择与设计的整体化、项目设计背景的情境化、项目设计的深度化、项目完成方式的自主化等方面采取恰当策略,从而使单元微项目式教学让学生在"学中做""做中学",在通用技术学科的育人价值和培养学生的学科核心素养方面发挥更大作用。

关键词:高中;学科核心素养;通用技术;项目式教学

1　单元微项目实践活动概念的界定

实践是对理论的检验,是对理论认识的加深和上升,是对理论学习兴趣的激发。通用技术实践活动的形式有很多种：随堂实践型、单元实践型、假期实践型、项目贯穿型等。单元微项目教学深度学习策略研究主要指的就是随堂实践型，是与课堂同步的实践活动，所谓的课堂教学就界定在 45 min 内，是指在平时的 45 min 课堂教学中，以学生为主体，拿出 10~25 min 的时间安排一个易操作、紧密联系本节课知识重难点开展的微型的实践活动。共特点是主题鲜明、比较有针对性且技术含量低、活动材料易准备。让学生将本节课所学内容即时的应用于所设计的活动中，或是让学生从此实践活动中体验设计的某一技术思想和方法。以此来激发学生学习兴趣、激活创新思维，提高教学效果。可以先实践再理论，按照"实践–理论"的认识规律进行教学，也可以先理论后实践，沿袭"理论–实践"的认识规律教学。

2 单元微项目内容的选择与设计整体化的策略

以往在教学中只注重讲理论，举案例，学生感觉乏味，学科关注度下降，忽略了学生学习兴趣和学科核心素养的养成。在新课标中提出注重学生创造潜能的开发，加强学生实践能力的培养，但在具体教学中如何实施是面临的主要问题。因此，进行适当的动手实践活动，可以保持学生持久的学习积极性，充分实现高效教学。在通用技术实践活动中，学生通过观察、调查、设计、制作、试验等活动可以获得丰富的"实际操作"体验，进而获得技术能力的发展、创新思维的提高，学生自然地感觉到自己在通用技术的学习过程中有所收获、有所发展，并会认识到这门课程值得去学习。

面对通用技术课程，笔者认为必须适当在教学环节中加入一些活的载体，要让学生在学习过程中，按课堂需要有机的投入到教学中去，促使学生的技术创造潜能及技术素养得到良好的引导和有效的开发，才能进一步推动通用技术课程在普通高中有效的发展。

实施单元微项目教学的关键在于选择和设计学科微项目活动，只有微项目选择合适，使其与学科内容及学科核心素养深入融合，实现学科内和学科间的整合,才能发挥项目教学的优势,进而促进学生的学习及核心素养的培养,笔者认为可以通过单元项目内容设计的整体化来实现。在设计内容时,可以采用知识树、思维导图等方式列出知识点,然后以学科核心素养为纲,对项目进行整体化设计。

单元微项目的选择与设计首先要依据课程标准,体现课程理念,涵盖学科核心内容。单元微项目的实施过程即是以项目为引领的教学过程。通过科学合理的微项目设计,使课程内容结构化、情境化,学生在完成微项目的过程中,获得学科内容及实践技能。

单元微项目的选择与设计要先了解学生的认知水平、技能水平,然后选择与学生生活联系紧密并且体现时代特点的,能够引起学习兴趣的项目。设计符合学生学习水平和学习条件的实践环节,引导学生在动手设计、制作的实践环节中体验技术与设计,由技术感性到技术理性,由具体到抽象,由现象到本质的学习,学生必然会被深深吸引。学生能够从自己的设计方案和作品中,体会到设计的乐趣、制作的艰辛和创造的成就。这样才会让学生产生内在的认同感,激发其内在的学习动力,在整个微项目学习的过程中才能始终保持对通用技术学科学习的热情。同时,微项目要具有一定的探究性及创新性,给学生提供探究和创新的空间,学生能够进行自主设计,发挥学生的创造性,完成具有创意的微项目任务,这样才能获得成功的体验,进而对学科学习产生持续性的兴趣。

微项目教学虽然是以学生为主体,但是在整个微项目的实施过程中,教师的指导发挥着重要的作用,因此,教师需要全程参与,关注每一位学生的学习进度及实际操作情况,这就要求教师要高度熟悉微项目的各个阶段,预设不同水平的学生可能会遇到的不同问题,对学生的需求做出及时的反馈与指导。由于通用技术学科的特点决定了学科内容的综合性与多样性,一个微项目会涉及多个学科领域,因此,在微项目的选择和设计时,要尽量发挥教师自身专业的特长,确保能够对项目的整个实施过程进行有效指导。

例如《设计的一般过程》这个单元,笔者设计本单元的微项目是:用雪糕棒设计制作简易相片框来落实本单元的教学目标与核心素养,从课堂效果来看,学生积极性、参与程度都很高,使得学科核心素养更进一步的有效落实。

3 单元微项目设计背景的情境化策略

通用技术学科单元微项目式教学的出发点不是抽象的知识,而是基于一定问题的情境中隐含的知识,情境则是沟通知识与技术思维的桥梁。微项目的情境化策略就是通过联系实际生活和学生已有的经验,创设技术问题情境,将技术问题还原成贴近学生生活的现实世界的问题,使学生真正体验和理解知识的内在意义和价值。

以"学生学习使用的课桌模型制作项目"为例,如果教师直接提出任务,要求学生用雪糕棒制作一个学生学习使用的课桌模型,并限定重量、宽度和高度,最后进行稳定性和承重力测试,学生就会简单地以这些要求作为制作标准,很难激发他们用技术思维思考各种参数的真正含义。笔者是这样做的,分别让班级的最高个子和最矮个子的学生同时坐在前面的课桌展示看书、写字的样子,并让学生去仔细观察,从中发现问题,然后再让学生设计学习使用的课桌模型,从而激发学生的技术意识、工程思维。

4 单元微项目设计的深度学习策略

从学科角度来说,要使学生深度学习,教师的教学要有深度,即要体现学科本质,用学科特有的精神和文化打造学生的学科素养,用学科特有的魅力和美感激发学生的学习动力。微项目式教学活动设计的深度化策略,是为了改善偏重表面知识和技能的知识浅层化和学生思维的浅层化倾向,从而提高了项目式教学的品质与深度。

例如,对于"三视图的绘制",如果仅强调视图的绘制方法和相关技术规范,就会导致项目知识浅层化。如果将"三视图的绘制"融入一个具体的制作项目,学生就会切实体会到:绘制三视图之所以要遵循一定的规范,是为了便于设计方案的交流与表达,进而深入理解技术语言统一规范对于技术交流的重要意义。通过三视图在具体项目中的应用，有效突显了三视图在整个技术与设计过程中的地位，使学生认识到其所蕴含的技术思想与方法,避免了微项目知识的浅层化。

学生思维的浅层化的表现为仅能进行技能模仿，没有对技术层面的思考;思维处于无序状态,不能从整体上建构知识的联系。深度学习策略是不仅关注知识和技能，还要挖掘其中所蕴含的"人的存在",强化有助于思维形成和文化感悟的项目活动，以及体现技术育人整体价值的深度实践活动。项目活动的设计要培养学生知识的整合、应用及物化的能力;面向真实世界和物质世界进行创造的能力;基于可靠性、性价比的方案权衡和优化的能力;将有形的创造物转化为无形的智慧、将无形的智慧转化为有形创造物的能力。

例如在进行简单的结构设计教学时,提前1周告诉学生,使其有时间去观察思考,并把设计计划做好,让学生充分去构思,去准备,挖掘学生发现与解决技术问题的能力和创造力,从而落实核心素养并实现达到深度学习的效果!

5 单元微项目完成方式的自主化策略

微项目式教学中的自主化学习,指的是学生自主完成明确任务、制订方案、项目制作、测试改进等步骤,在整个活动过程中体会丰富多彩的学习经验并具有个性化的创造表现。这种自主化学习的效果如何,往往取决于学生的学习兴趣、个人能力和自我约束能力。因此,项目式教学中的自主化策略强调在给学生充分自主空间的前提下,充分发挥教师的引导作用。

学生的自律性和自主性都存在差异,这将导致他们学习有效性的差异。因此,在项目式学习中,教师对学习过程的引导非常重要。在项目前期,教师要给出明确的任务要求,确保学生了解目标、过程、方法、成果及具体的评价方法;在完成项目过程中,教师要及时提供相关资源、组织讨论、管理学习进度,进行适当的监督和评价,对需要帮助的学生给予启发等;项目结束时,教师要及时对学生的项目完成情况进行评价并给出反馈。

对学生而言,在完成微项目过程中获得的活动经验是发展学科核心素养的重要基础。因此,在项目设计和实施过程中,教师不仅要把握好学科知识体系,同时还要从教学需要出发,引出、制造或创设与项目内容相适应的场景和氛围,给学生提供思考的情景;教师要时刻关注学生的技术意识与工程思维等高阶思维的形成与发展,在课堂教学中坚持"更深刻",培养学生反思思维与批判思维;坚持"更综合",培养学生整体思维与辩证思维;培养学生实践思维与创新思维,在给予学生充分自主学习空间的前提下,做好引导和组织工作,发掘项目式教学在通用技术学科中的育人价值。

例如,在设计单元微项目时,尽量采用开放式的项目设计,这样可以使学生创造性完成微项目的设计,达到百花齐放的效果。

6 学生参与单元微项目实践活动的研究和措施

通过学生参与课程实施理论的指导,再结合学生的参与情况,在对学生参与普通高中通用技术课程实施现状的基础上,对存在的问题及影响学生参与课程实施的各个因素进行逐步分析,得出下面的结论。

6.1 通用技术开课率太低

整体上来说通用技术开课率不是太理想,好多学校对通用技术的开设持一种观望或应付的态度;课时的安排与具体的执行过程有出入,出现了不能保证通用技术课程课时的正常进行;通用技术教师的来源比较复杂,缺乏专门的通用技术教师。

6.2 学生参与高中通用技术实践活动有好有坏

学生参与观察、分析贯穿他们学习过程的始终。在这个过程中,学生不论是从情感上,还是从思维、心理上都参与到通用技术课程的实施当中,不仅完成了任务,还从中还培养了诸如计划能力、推理能力等一些相关的能力和素养。学生主要以小组合作的方式参与讨论、研讨和归纳,学生在参与的过程中,既得到了锻炼的机会,又学会了如何学习,辩证思维也得到发展。学生间互相启发、互相补充,有利于培养学生的合作意识,表达能力,交际共处能力,也使学生进一步加深了对问题的理解。学生未参与到课程的准备当中。以目前各方面的主客观因素来看,还不具备学生参与课程准备的条件。与传统的教学方式一样,学生还是在课前通过看书、查资料把老师布置的作业做一做。课外也没有机会与教师一起参加一些相关的研究活动。综合分析各个要素,目前,学生没有完全参与到高中通用技术课程实施当中来,虽然学生参与了动手操作、实践;参与了观察、分析;参与了讨论、研讨和归纳,参与了竞争,但是,这些参与都是集中在课堂之中,把既定的课程转化为学生知识结构的内在组成部分的过程中,学生的发展没有被放在着眼点和最终落脚点的位置,学生的学习愿望由于受一些客观和主观因素的限制没有被完全调动起来,不是所有层次的学生都拥有主动参与和主动发展的机会,学生在通用技术领域的个体发展需要没有得到足够的重视。

措施:对于参与通用技术课程实施主体,教师应加强提高自身的素养,要提高学生参与课程实施的积极性和主动性,作为一名通用技术课教师,就应该相应地、自觉地提高自身的素养,有可能比其他学科教师(如物理、化学教师)的要求还要高。将学生的主体性充分调动起来,首先应该充分调动自己的情感因素,端正学习态度,从"要我学"变为"我要学",做学习的主体,有明确的学习目标;在学习过程中学会自觉控制自己的注意力,分配自己的活动时间,相信在不久的将来,在通用技术课程发展到一定的阶段,也就是通用技术在全国普遍开展起来,发展的比较成熟之后,不论是课程实施的主体,还是课程自身、课程实施的环境等方面都会有所改观,学生参与课程实施的条件完全具备,那么,我们看到的将是一个全新的状况:学生从心理和行为上都参与到课程实施当中,影响学生参与通用技术课程实施的因素也发展得相当成熟,在参与的过程中学生的综合素质得到了提高,教师的教学积极性也充分体现,学校也相应地储备了相关的资源,有了一套完善的教学机制,真可谓是各有所得。

学生潜意识里对实践活动是非常渴望的,大部分学生都比较认同这种教学模式。通过实践活动的开展,能够保证学生的参与热情,提高学生对课堂教学内容的吸收,并让学生通过活动把理论知识进行内化,从而增强教学的有效性,让我们的课堂富有技术课独特的魅力。

总之,在教学中采用单元微项目式教学,聚焦学科核心素养的深度学习,可以培育学科核心素养,可以将核心素养目标融入微项目教学活动中,最终循序渐进地实现学科核心素养目标。

善用信息技术　构建高效课堂

天津市第八十中学　艾丽丽

摘　要:通用技术是在新课程改革背景下诞生的新学科,其教学内容丰富,是一门高度综合的课程。信息技术在通用技术课程教学中应用广泛,如何将二者合理整合,利用信息技术及网络技术优势,有效提高教学效率问题复杂,值得深思。在教学实践中笔者发现利用信息技术丰富的资源、多媒体的效果以及学习网站较强的交互性和丰富的功能,可以有效提高通用技术教学效果。

关键词:通用技术;课程整合;学习网站

　　新课标向教师提出了更高标准的教育理念,要求教师要更加合理的选用并探索新的教学方法与教学模式。通用技术课程是一门崭新的课程,学生刚刚接触时往往会感觉比较新鲜,但是随着几堂课下来,学生的兴趣就明显减弱了,究其原因,有两种可能:一是学生认为通用技术课程重在动手,理论用处不大。二是,通用技术不是高考课程,学生没有投入适当的精力去学习。因此,教学效果不是太理想。面对新课程,如何更加有效的开展通用技术课的教学,建设有特色的通用技术课程?如何让学生主动参与到课堂中来,提高教学效果是每一位教师要思考和研究的问题。笔者在对新课程标准学习和研究的基础上,结合课程特点与学生的实际情况,将信息技术与通用技术融合并尝试利用通用技术学习网站开展教学,取得了较好的效果。

1 促进通用技术与信息技术深度融合，提高课堂效益

1.1 通用技术与信息技术融合前的准备

1.1.1 对融合的认识

对于信息技术的运用存在着这样的极端现象，一种就像一些使用拐杖走路的人一样，久而久之对于拐杖的定义就产生了偏差。通用技术学科的教师无论在年龄上还是经验上都称得上"年轻"，在对于本学科的专业教学素养成熟之前都是在不断跌倒、爬起的踉踉跄跄中度过。在手足无措时，可能就盲目地把信息技术作为自己充实课堂的救命稻草。很多情况下，一些课似乎变成了多媒体展示课、信息资源爆炸课。学生在感受信息技术的魅力时却忘记了自己要学的是什么，课堂教学也因技术应用的不合理而变得"四不像"，根本不能达成教学目标；另外一种可能由于客观条件所限或教师个人教学习惯所致（以往从事其他学科的教学），不借助任何信息技术手段，而是把其他学科的知识大量运用于教学。上述做法是否可取有待考量，它取决于教学效果——学生的学习目标能否达成。学生学习的内部过程分别是接受、期望、工作记忆检索、选择性知觉、语义编码、反应、强化、检索与强化、检索与归纳。当工作记忆检索这个环节开始它的流程，第一种做法出现在学生脑海的可能会是先进的信息技术展现的充满趣味的案例，还有可能再加上那块空白的黑板，而知识的脉络乃至更详尽的知识点内容早已荡然无存了。而第二种做法的结果是把通用技术课堂改头换面，变成了其他某个学科的练习、强化课。到底什么才是学生学习的内容，而什么又是学生的学习工具？在整合前首先要做到的就是理解整合的真正目的：降低技能学习的难度，提高技术学习的效率。从根本上改变通用技术教学的呈现方式、教学方法和师生互动方式，为学生的学习和发展提供丰富多彩的教育环境。

1.1.2 对教学目标的认识

一切教学辅助工具的应用都是为了实现既定的教学目标。只有目标明确了，才能恰如其分的配置各种教学资源来为教学目标服务。这里的教学目标既包括短期的目标和长期的目标，通过精心选取的资源来落实具体的知识点，引导相关能力和价值观的潜在发展。

学科教学的目标中仍然应该以学科的知识要求为准，仍然要以课程标准为纲，以课本为本，不能以过多的课外知识扩展作为教学要求的认知目标，以信息技术技能目标完全作为能力目标。

在通用技术学科的教学中，大致体现出两大教学模式——课堂教学与实践课教学。在课堂教学中，信息技术多用于为阐明知识点所设置的案例的演示，如图片、动画及视频等，这使知识的理解因为有了信息技术的应用而直观、形象。如在《技术与设计2》中，关于结构的认识，使用图片展示各个领域存在的结构就非常简单易行。另外，技术课程的实践操作性是无法用其他形式替代的。特别是通用技术学科，它的特殊性是其他学科所不能比拟的。换言之，动手实践不是能用一个有限的画面或一个活动场景（即多媒体课件）就能解决的。就像在《技术与设计1》的"设计的一般过程"的实践环节，如果是使用某些专业工具（如机床等）来完成模型或原型的制作，就一定要有教师的现场操作示范和指导。所以在信息技术的运用上一定要考虑教学内容的特点，不能盲目滥用，而应该提高针对性。在此，要清醒地牢记一点：拐杖只是拐杖，它不能代替我们的腿。最终，教学过程所要体现的知识脉络还得靠黑板+粉笔，操作的细节还得靠现场示范。

1.1.3 信息的采集

学习是一种内部的心理变化过程。外因是通过内因而起作用的，教师的重要任务之一就是要为学生创造一个理想的外部条件，促使学生向教学目标规定的方向产生持久的心理和行为变化。当教学活动的设计符合学生学习的内在规律时，才能有效地促进学习。

在融合前进行的信息采集就要遵循学生的学习规律。采集的信息最好是让学生乐于接受的（熟悉、感兴趣）。如在《技术与设计1》开篇第一节"走进技术世界"，如果信息采集不当，不仅会使当堂课的教学效果大打折扣，而且还会让学生对通用技术学科兴趣降低。当选取他们熟悉的相关视频将其带入技术世界时，他们的兴趣点立即被点燃，也就有了想看看这个学科的动力了。

1.1.4 信息的处理

如对采集的信息不加以处理就会造成信息技术手段的滥用，使得整堂课完全以电子文档或幻灯片替代了黑板的板书或是如电影院般成了某个视频的欣赏课。如在《技术与设计 2》第一单元最后一节——经典结构的赏析，教师经常会选取典型结构赏析的视频给学生播放，让其领略结构设计之妙，可往往这些视频时间都很长，如果不加以剪辑或选择播出片段就成了满堂观看，学生到最后只记得这个视频的内容，而对结构的赏析毫无见地。如果我们把其中所体现的从技术角度和文化角度去欣赏的精彩之笔进行精选，并在教学过程中适时提问总结的话，效果应该可见一斑。

信息技术与通用技术两者有效结合，既有利于学生把技术知识应用于其他科目内容的学习，也有利于学生学习方式的改变，更有利于学生学习效率的提高。而做好通用技术与信息技术整合前的准备是非常必要的，它为有效整合提供了一个前提，但实施是否有效还取决于教师自身教学能力、学生实际特点和教学进程安排等多种因素的综合作用。

1.2 善用信息技术构建高效通用技术课堂

通用技术课堂教学效率的高低取决于课堂教学过程中教授和学习活动的完成质量。高质量的教学设计和教学课件对于教学资源的选择和呈现方式，对学生的学习方式和教师的教授方式都进行了优化处理，为信息技术和通用技术课堂教学的整合提供了有力的支持。

从计算机网络的优势来看，计算机网络集文字、图形、影像、声音、动画于一体，组成一个交互系统。在两者的整合教学过程中，它可以根据教学目的和要求，把通用技术较抽象的概念和内容具体形象化，具有很强的表现力和感染力，这样一种交互方式对于教学过程具有重要意义，它能有效地激发学生的学习兴趣，使学生产生强烈的学习欲望，从而形成学习动机。如在教材《技术与设计 1》第六章"设计图样的绘制"中，可以让学生利用 Word 或幻灯片的画图工具来绘制图形等;实践活动及研究性报告可以通过文档、幻灯片等工具表达自己的认识和看法。实验表明,课程整合后,学生在通用技术等学科知识、主体意识、实践动手及信息技术素养等方面均得到显著提高。

2 利用网络学习平台为通用技术教学提效

2.1 通用技术课程开发学习网站的意义

通用技术课程采用传统的课堂教学方法时教师处于主导地位,学生只是机械地听和记,不利于对学生创新精神和实践能力的培养。因此,改革传统的教学模式势在必行。目前的通用技术学科网站都只是简单地提供一些教学资源或参考资料,并没有形成一个完整的教学体系。怎样利用新技术,构建一个结构合理、功能强大的学习网站是目前急需解决的重要问题。对于这种新的教学形式,作为通用技术教师的我们一直都在不断努力摸索和完善。学习网站对课堂教学模式的改革是一项有益的尝试,它把文字、图形、影像、声音、动画等有机地融合在一起,教学的内容、教材、教学手段及考试等,都可以因人因需而异,学生可以自主从事学习活动,根据自我情况安排学习进度,充分实现了个性化学习,促进了学生的自我发展。同时可以实现师生、生生之间的及时交流,使学生学会在学习的过程中,发扬团结互助的协作精神,并在协作中提高学习兴趣和学习效率,以此获得启发,最终实现知识与能力的突破。

2.2 学习网站的需求分析

通用技术课程学习网站功能的设计是由学生及教师使用的需求及特点来决定的。在设计过程中应充分体现网络教学的优势和特点,以学习者为中心,创建一个具有参与性、自主性、灵活性的学习环境。笔者在开发天津市第八十中学通用技术学习网站时,根据长期教学活动所积累的经验,同时针对学校学生的能力、层次特点,规划、设计了学习网站的功能必须达到以下要求。

（1）教师能在网上授课，教师能在网上备课并对个人课程进行调整；提供师生实时或非实时的交流，主要通过聊天室和留言板来实现。

（2）学生根据老师提供的教学内容、学习课件、教学安排等进行相应的知识学习。

（3）教师可以在线布置作业、批改作业，学生可以在网上提交作业。

（4）教师提供在线试卷，根据本网站的智能化程序目前已能提供 3 种题型，即填空题、判断题、选择题，并能对学生的成绩进行管理，对不合格学生发布补考通知等。

（5）通过提供教学课件和视频录像等资源方便学生对相关课程内容进行自学；

（6）对学生学习情况开展网上问卷，并及时把学生的学习状况反馈到老师后台管理中。

2.3 学习网站的功能设计

网站的主要任务是由教师(管理员)来管理各种资源，教师和学生分别通过各自的空间来达到教与学的目的。学习网站共分为 3 个模块：用户登录与注册、教师模块和学生模块，各功能模块如图 2-7-1，2-7-2 所示：

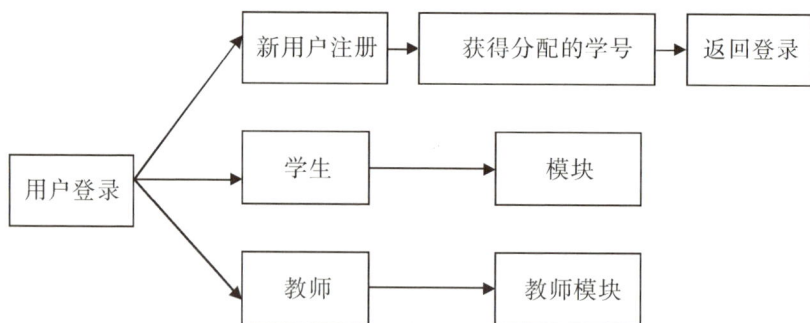

图 2-7-1　用户登录模块

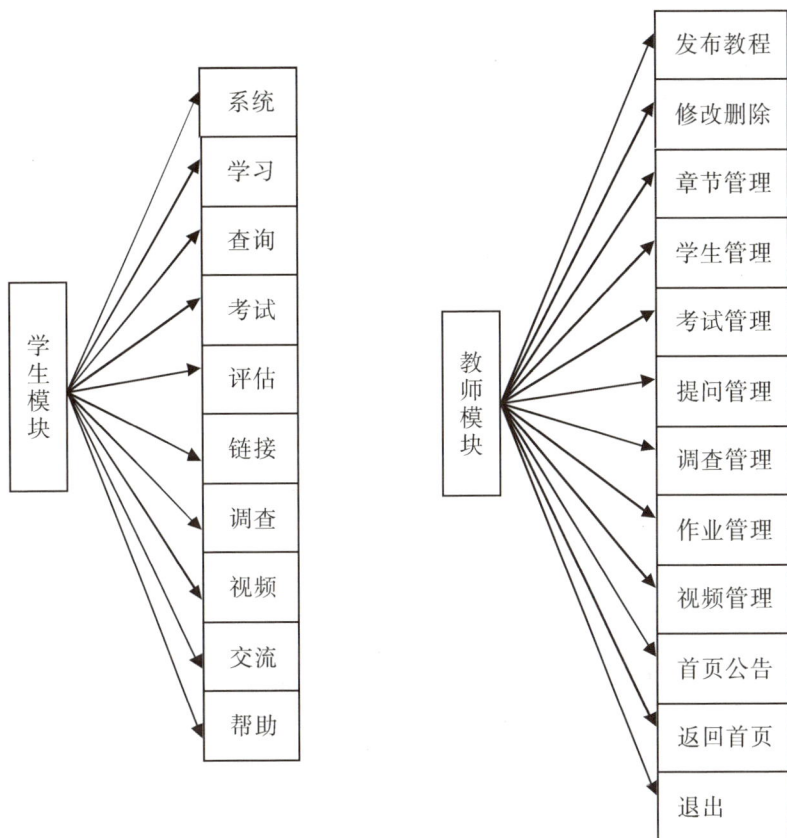

图 2-7-2 学生模块和教师模块

2.3.1 用户登录与注册

用户登录和注册模块是网站的门户,本模块根据用户所属的不同角色显示不同的操作页面。

学生输入每人独有的学号和密码(或学生自己注册用户名和密码),经过身份验证后进入学生模块进行正常学习,如果是新生可以用自己的真实身份进行注册,出于安全考虑只有学生用户可以通过网络动态的注册新用户,而教师(管理员)不能直接注册。如果学习者不是本校学生,也可以用游客身份"参观"本网站,但不开放提供给注册用户的功能,如测验、调查等。教师(管理员)利用事先设置的账号和密码进入教师模块,管理整个网站中的各项功能(图 2-7-3)。

图 2-7-3　用户登录界面

2.3.2 教师模块

　　只有具有教师身份的用户登录才可进入教师空间,在教师空间内,教师可以进行编写电子教程并根据实际讲课的情况发布、修改和删除教学内容,供学生学习。教师可以组织答疑讨论,布置作业,查看作业上交情况等教学活动。也可以发布消息,主要是教师发布最新的教学通知。教师也可以管理学生资料和信息等。

2.3.3 学生模块

　　具有学生身份的用户可以登录学生空间。未注册的用户也可进入学生空间浏览,但有些模块无权进入。在学生空间中,学生可以浏览公告,了解最新的教学通知,进行课程学习、课程讨论、完成作业,在线测试等学习活动,也可以管理个人资料与信息等。

　　当今时代,现代信息技术在社会的整合中已无可争辩的成为核心,成为衡量一个国家现代化水平和综合国力的重要指标。我们应该清晰地认识到信息技术的变革对教育现代化的影响,进一步深化新课程改革,为信息化、网络化条件下的课堂教学开辟一个新的途径!

过程性评价在通用技术项目式教学中的实践

天津市第四十五中学　王学化

摘　要：项目式教学是通用技术"大概念""大过程"教学主要方式之一，传统单一的结果性评价不符合项目式教学中核心素养视域下的多样考察目标，本文结合实践就通用技术项目式教学中开展过程性评价载体、评价内容、评价标准等进行实践探索。

关键词：通用技术；过程性评价；项目式教学

《普通高中通用技术课程标准(2017年版)》倡导教学要采用以学科核心素养为导向、以学生为中心、以实践为核心的多样化学习方式。项目式学习以问题解决为载体、以学生实践学习活动为核心，有助于学生开展单元整合"大概念""大过程"的深度学习，促进学科核心素养目标培育。

当前以结果评价为主的学习评价策略远远不能满足学生项目式学习过程中的多要点考察评价。核心素养视域下的项目式学习评价，不仅要对学习的成果进行评价，还更要侧重对学习的全过程进行全面的评价。通用技术2017版课程标准也倡导建立学习结果与学习过程并重的多元化评价体系，实施终结性评价与过程性评价结合的评价机制，实现教、学、评三者的有机统一。

本文结合"激光切割多功能储物架"设计制作项目案例，对过程性评价在通用技术项目式教学中的实践应用进行探索。

1 过程性评价的载体

通用技术项目式教学是以生活实际问题为载体，以项目实践为主线，学生采用小组合作方式亲历项目设计、项目制作、技术试验等多环节过程。在项目问题解决的实践过程中建构技术经验、理解技术思想、感悟技术文化，实现深度学习，促进学生核心素养形成和发展。

开展通用技术过程性评价要建立过程评价档案，收集项目设计制作过程中的文字、图样及模型照片等资料，作为评价依据。笔者在通用技术项目实践教学过程中通过设计"通用技术项目实践工程笔记"来记录学生设计制作全过程、全方位的过程性资料，作为过程性评价的载体。

设计与项目学习案例相匹配的项目实践工程笔记一方面是项目实践学习过程管理的抓手，可以有效指导和管理小组或个人实践学习，另一方面也是项目过程评价的依据。在通用技术必修课程《技术与设计1》中"设计的一般过程"部分的教学中，笔者设计了"激光切割多功能储物架"设计制作项目，并设计了过程记录与评价相结合的项目实践工程笔记，记录设计制作全过程，项目设计制作过程分环节设置评价要点和分值，如表2-8-1：

表 2-8-1 激光切割多功能储物架设计制作项目工程笔记

激光切割多功能储物架项目设计制作工程笔记(一)			
环节	发现与明确问题	时间	
姓名		分值	2分
任务目标	1.收集和分析信息、技术研究与技术试验,发现和提出技术问题 2.明确设计项目所要解决的技术问题和客户需求、技术规范等要求		
任务要求	采用观察和多样调查方式,了解老师办公桌上物品摆放物品的情况和需求,明确多功能储物架功能以及设计方案要解决的技术问题,形成简要的用户需求分析报告,记录在工程笔记上		
用户需求分析报告	**用户需求分析报告** 受调查用户: 调查方法:实地观察□ 用户访谈□ 调查问卷□ **用户桌面物品摆放情况** **用户对储物架要求** 收纳物品: 大小规格: 创新要求:(造型、功能等) 成本要求:		
总结评价	自评(0.5分)	教师评价(1分)	
		用户需求分析报告	
	过程记录(0.5分)		
		综合评分	

激光切割多功能储物架项目设计制作工程笔记(二)					
环节	制订设计方案		时间		
姓名			分值		6分
任务目标	1.从人、物、环境3方面对所设计的项目进行分析,明确设计要求				
	2.结合方案构思方法制订符合设计要求和设计规范的方案,绘制草图说明				
	3.通过不同方案比较权衡,优化并呈现符合设计要求的完整设计方案				
任务一 设计分析	要求	结合用户需求、给定要求(材料、部件连接方式等)、教师办公桌面情况等对所进行项目设计进行分析,进一步明确设计要求,列出设计功能及要求清单			
任务二 制定设计方案	要求	结合设计分析所列功能及要求清单、设计的一般原则等制订设计方案,在工程笔记上绘制草图并进行文字设计说明			
		方案草图		文字说明	
任务三 方案评价	要求	结合设计一般原则,列举方案优点和不足,绘制设计评价雷达图			
	创新	实用	经济	美观	其他	设计评价雷达图
	优点					
	不足					
总结评价	自评(0.5分)		教师评价(5分)			
		设计分析	设计方案(2分)		方案评价	交流表达
	过程记录(0.5分)					
		综合评分				

续表

激光切割多功能储物架项目设计制作工程笔记(三)					
环节	设计图样的绘制		时间		
姓名			分值	7分	
任务目标	1.结合设计草图、三视图等知识绘制设计项目的加工图样				
	2.结合纸质加工图和LaserMaker绘制激光切割图				
任务一: 手工加工 图绘制	要求	结合所学知识进行纸质加工图纸绘制,可以是所设计作品的部件加工图,也可以是整体作品三视图			
	部件加工图或三视图(含尺寸标注)				
任务二: 激光切割 图绘制	要求	结合绘制的纸质加工图、老师提供的木板材料,采用LaserMaker软件绘制激光切割图,注意材料的合理规划			
	LaserMaker软件绘制激光切割图照片				
总结评价	自评(0.5分)	教师评价(5分)			
		手工图	激光图(2分)	尺寸匹配	环境整洁
	过程记录(0.5分)				
	评分小计				
小组成员 贡献(1分)					
综合评分					

续表

激光切割多功能储物架项目设计制作工程笔记（四）

环节	制作模型或原型			时间	
姓名				分值	10 分
任务目标	1.结合设计方案对制作作品的材料进行选择和规划，节省材料				
	2.掌握激光切割、热熔胶枪等设备和工具的使用，并安全规范操作				
	3.进行作品技术试验，并结合试验结果进行方案完善优化				

技术试验	要求	结合用户需求、设计要求等对作品进行技术试验，结合试验结果进行方案的完善和优化				
	功能实现测试		稳定性测试		称重强度测试	连接测试
	根据设计功能需求，放置物品模拟测试功能是否实现		在储物架单侧摆放重物，模拟测试储物架的稳定性		放置重物模拟检测储物架功能部位称重是否能达到使用要求	晃动检测连接部位是否发生松动
	功能表述	是否实现	部位	结果	部位　　结果	结果

作品照片	要求	使用手机横版拍摄，体现作品整体外观和功能

总结评价	自评 (0.5 分)	教师评价(8 分)			
		作品物化(4 分)	安全操作	节省材料	技术试验　环境整洁
	过程记录 (0.5 分)				
	评分小计				
小组成员					
贡献(1 分)					
综合评分					

续表

激光切割多功能储物架项目设计制作工程笔记（五）				
环节	技术交流与评价		时间	
姓名			分值	5分
任务目标	1.对设计制作作品进行展示交流 2.结合设计要求、需求分析等对技术作品进行结果评价 3.对技术设计制作过程进行回顾总结			
项目展示	项目展示要点		结合要点进行项目展示交流	
	作品功能 所解决用户需求			
	作品优点	创新		
		实用		
		成本		
		美观		
		稳定性		
		强度		
		其他		
	作品不足			
	小组成员 贡献情况			
项目反思	简述亲历项目设计制作过程收获和今后需要提高的地方			
总结评价	自评 （0.5分）	教师评价（4分）		
	过程记录 （0.5分）	项目展示文案	交流表达	项目反思（2分）
	综合评分			

2 过程性评价的内容

通用技术项目式教学具有一定的开放性，学习过程是一个问题解决的过程，探究的问题往往没有标准答案。项目式教学的评价不仅要考查学生知识和技能的习得、作品成果，更重要的是要在项目实践过程中考查学生核心素养、大概念技术思维、技术文化、情感态度等不可言传的体悟性思想，还要关注学生的个性特点、学习兴趣、参与度、协作能力、交流表达等非智力因素。

依托项目实践工程笔记的过程性评价内容设计要注意以下几方面的结合。

（1）评价考察要点多样化：过程性评价不仅要考察知识、技能等传统结果性评价指标，还要考察通用技术核心素养、技术应用等目标的同时，考察交流表达、设计制作环境整洁、过程记录等要素，培养学生劳动习惯。

（2）自评和他评相结合：每个环节都设置自评，与生生互评、教师评价相结合。传统的评价主要是教师对学习成果进行评价，在项目实践过程中，通过自评可以促进学生对学习过程的有效反思。

（3）细化小组成员评价：在进行小组协作项目设计制作过程中，小组成员参与度、贡献度不一是一个常见的问题，采取了以下两方面策略来解决：一方面在发现与明确问题和制订设计方案两个环节由个人来完成，完成方案展示交流后，由优秀方案设计者进行项目"合伙人"招募，完成后面环节设计制作，提升全体同学参与度的同时，通过"合伙人"招募进行分组，有助于提升小组协作过程中小组成员的参与度。另一方该项目工程笔记评价中在每个合作环节都纳入小组成员贡献度评分。

3 过程性评价的标准

结合项目实践工程笔记进行过程性评价，不仅要设置合理的评价要点，进而全方位对学生的学习过程、学习成果进行评价，还要设计相应的评价标准。标准中对学生在学习过程中的贡献度、交流表达、小组协作、安全操作等综合表现设置相应的评价要求和分值,还要针对项目实践过程中评价主体:知识技能、核心素养、设计制作成果、项目实践反思等分水平层次设置评价要求和分值。在设计激光切割多功能储物架设计制作项目工程笔记进行过程性记录评价载体的同时,还设计了激光切割多功能储物架设计制作项目评分标准,如表2-8-2:

表2-8-2　激光切割多功能储物架设计制作项目评价标准

Ⅰ.综合表现评价(12分)		
自评	对每个环节个人/小组成果进行自评,每个环节满分0.5分	2.5分
过程记录	老师对工程笔记记录情况进行打分,每个环节满分0.5分	2.5分
小组贡献	在制订方案和模型制作环节对小组成员贡献情况进行打分,每环节满分1分	2分
交流表达	制订设计方案和技术交流评价环节考察交流表达能力,每个环节1分	2分
环境整洁	绘制图样和模型制作环节考察设备管理和环境整洁,每个环节1分	2分
安全操作	在模型制作环节考察设备和工具的安全操作,分值为1分	1分
Ⅱ.项目实践过程性评价(18分)		
发现与明确问题	水平0:没有制定用户需求报告(0分) 水平1:结合用户调查,制订较为粗略的用户需求报告(0.5分) 水平2:结合用户调查,制订较为全面的用户需求报告(1分)	1分

制定设计方案	要点	设计分析	制定方案	方案评价	
	水平0	没有设计分析,0分	绘制出的草图不能很清晰的表达设计方案,0分	没有进行方案的评价,0分	
	水平1	简要分析,0.5分	通过图和文字能够表达出符合设计主题的简单的方案,1分	对方案优缺点进行简单评价,0.5分	4分
	水平2	结合人物环境进行较为全面分析,1分	通过图和文字能够清晰表达出构思方案,并能较好体现设计的一般原则,2分	对方案优缺点进行较为全面的评价,并绘制雷达图,1分	

	要点	手工图	激光雕刻图	尺寸匹配	
设计图样绘制	水平0	绘制加工图与草图没区别,0分	制作激光雕刻图与手工图不匹配,0分	构建之间连接尺寸不匹配,0分	4分
	水平1	尺柜作图,1分	制作与手工图相匹配的激光切割图,1分	充分考虑构建之间连接尺寸匹配,1分	
	水平2	尺寸标注规范,1分	制作与手工图相匹配的激光切割图,并考虑节约切割材料,1分		
	要点	节省材料	作品物化	技术试验	
制作模型或原型	水平0	每个构建切割一张材料,0分	完成所有构建激光切割,1分	未进行技术试验,0分	6分
	水平1	结合材料尺寸对构建加工图组合,减少材料浪费,0.5分	完成所有构建激光切割和组装调试,2分	根据提示完成技术试验,并进行记录,0.5分	
	水平2	结合材料尺寸对构建加工图组合,一次性完成切割,1分	完成所有构建激光切割、完成作品组装调试,构件连接比较紧密,不需要热熔胶加固连接点4分	完成技术试验,并结合发现的问题对方案进行优化,1分	
	要点	项目展示		项目反思	
技术交流与评价	水平0	未结合工程记录表完成较为完整的展示文案,0分		未进行项目实践反思,0分	3分
	水平1	结合工程记录表完成较展示文案,0.5分		进行简单项目实践反思,1分	
	水平2	结合工程记录表完成较展示文案,对作品优缺点评价精准客观,1分		对项目实践全过程进行项目实践反思,很好总结项目实践过程中的不足和收获,2分	

在开展项目实践教学中通过设计项目实践工程笔记,对项目实践过程进行全方位记录开展过程性评价与传统的结果性评价相结合,构建核心素养视域下的评价体系,有效促进教、学、评三者的有效统一。

参考文献

[1]顾建军,吴铁军.普通高中通用技术课程标准(2017年版)解读[M].北京:高等教育出版社,2019.

第三篇

通用技术课程资源开发的研究

新教材背景下通用技术学科课程资源开发利用

天津市第八十中学　艾丽丽

摘　要:课程资源是保证通用技术课程实施的基本条件。《普通高中通用技术课程标准(2017 年版)》指出:通用技术课程的实施需要开发与利用广泛的课程资源,这些资源不仅存在于学校,同时也存在于家庭和社会;不仅存在于现实的物质世界、还存在于虚拟的网络世界。天津市于 2019 年开始使用新版教材。通用技术学科新教材的出现,对教师的专业知识提出了新的、较高的要求。如何开发和应用适宜的课程资源,既是教学一线的需要,也是对教师综合能力的检验。

本文主要是在分析研究通用技术课程资源的开发及应用现状的基础上,基于红桥区新教材实验工作,以高中通用技术课程为研究对象,组织本区通用技术教师积极实践、重点针对苏教版新教材,从文本资源、视频等多媒体资源、教具资源、实践活动资源等不同层面就通用技术课程资源的开发和应用进行实践研究,探索适合学生学习的新的技术课程资源。并整理、汇总老师们的实践研究成果,并根据研究分析提出通用技术课程资源开发和应用的有效策略。

关键词:新教材;通用技术;课程资源;开发;利用

1 课题的提出

建设创新型国家,需要创新型人才。为了适应创新型人才培养,2001年起,我国开始着手推行新一轮课程改革,本次课程改革对普通高中课程的组成结构做出重新调整。2003年3月,教育部颁布了《普通高中课程方案(实验)》和《普通高中技术课程标准(实验)》,技术成为普通高中新课程结构的八大领域之一。这是通用技术课程首次作为一门独立学科出现在高中学段,通用技术课程的设立因此成为本次新课程改革的一大亮点。

技术课程虽然在国外已有较长的发展历史,但是相对于其他基础学科仍然处于不断变革与发展之中。在国内开设的时间相较于其他学科更短,是一门新课程,可借鉴的经验及资源少之又少。新一轮课程改革中,天津市从2019年秋季开学才开始使用新教材。对于课程的研究遍地开花,但是对于新教材的课程资源开发、应用方面的研究还不是很多,严重阻碍了课程的发展。

作为通用技术教学一线教师,笔者经历了课程实施过程中的种种困惑与喜悦。最真切的感受是面对起初匮乏的学习资源和后来出现的大量重复、冗余、缺乏创新的课程资源的无奈与困惑。作为本次课改和新教材应用的实践者,深刻感受到基于新版通用技术教材的课程资源非常少,水平有待提高。

课程资源是保证通用技术课程实施的基本条件。《普通高中通用技术课程标准》指出:通用技术课程的实施需要开发与利用广泛的课程资源,这些资源不仅存在于学校,同时也存在于家庭和社会;不仅存在于现实的物质世界,还存在于虚拟的网络世界。通用技术学科新教材的出现,对教师的专业知识提出了新的较高的要求。如何开发和应用适宜的课程资源,既是教学一线的需要,也是对教师综合能力的检验。本课题的研究是一线教师急需的,也是支撑课程开设的基础,对学科团队攻坚项目也具有基础性支撑作用。作为通用技术教师,笔者想在新教材课程资源开发方面多做些尝试,我也相信,教学实践和经历使我具备了对本选题进行研究的基础。

2 研究目的和意义

2003 年 3 月,教育部颁布了《普通高中课程方案(实验)》和《普通高中技术课程标准(实验)》,技术成为普通高中新课程结构的八大领域之一。课程标准把大技术的课程视野和与时俱进的课程内容融入我国普通高中课改中。通用技术课程内容以基础的、宽泛的、与学生日常生活联系紧密的技术内容为载体,以进一步提高学生的技术素养、促进学生全面而富有个性的发展为目标。其核心思想就是提高学生的技术核心素养,包括技术意识、工程思维、创新设计、图样表达、物化能力 5 大方面。让学生学会技术基本知识和基本技能、设计的一般思想和方法、运用技术原理解决实际问题的能力和终身进行技术学习的能力,形成正确的技术观,技术创新意识,负责、安全地使用技术的行为习惯以及技术文化的理解、评价及选择能力。可以说,自 2006 年通用技术课程开始至今,技术课程已经引起了教育界的广泛关注,实现了近年来以技术素养培养为主体的基础技术教育以及近些年正在兴起的以工程设计为主体的工程技术教育形态。技术课程的重视程度大大提升,影响力愈发深入。

教材作为课程改革的物化产物,它既是课程标准的具体体现,又是教师和学生开展教学活动的重要资源和媒介。一直以来,通用技术教材共有 4 套,分别由广东科技出版社(简称"粤科版")、江苏教育出版社(简称"苏教版")、河南科学技术出版社(简称"河南版")和地质出版社(简称"地质版")正式出版。但是,受新学科建设和新教材建设的限制,现有高中通用技术课程资源仍比较匮乏,水平有待提高。主要表现如下。

2.1 从课程的评价来说

与发达国家和地区技术课程的评价标准相比,我国通用技术课程在课程评价方面相对滞后,评价体系尚有待于进一步完善。目前我国通用技术课程评价就评价方式而言,对形成性评价的重视远不及总结性评价。通用技术课程学习的评价尚未与高考制度挂钩,技术教育课程难免会流于形式,造成提高学生技术素养这个目标得不到真正的落实。

2.2　从教学现状来说

就目前的技术教学现状和条件来看,增加高中通用技术课程必须完成的学分和课时不太现实。

2.3　从学生学习来说

在通用技术课程中,学生如何学习,特别是如何培养学生的创造力,是一直研究和讨论的主题。如何将通用技术教学与生存能力培养相结合,是一种新的发展趋势。

2.4　从时代要求来说

随着技术的不断发展,通用技术课程内容标准中不适应时代要求的部分,需要不断补充与新技术相关的内容标准,才能体现时代技术的发展趋势。

2.5　从实践教学来说

要进一步研究通用技术学科的技术实践特性,从硬件和软件及教师培养方面采取有力措施,提高课程技术实践的教学质量。

2.6　从教材来说

通用技术教材作为引导学生进行技术学习的工具,不仅要能够促进学生的技术能力的培养,教材中还应蕴含思想文化内涵及所表现的道德观、价值观。

在21世纪这一经济全球化时代,对于如何提升国家的竞争力,全球各国正进行着激烈的竞赛。全球化背景下人才的培养,是这场竞赛的主角。重视技术素养的培养,提高教育品质,是竞赛的取胜关键之一。在世界性基础教育课程改革大背景下,改造传统的技术教育、设置富有时代特征的技术类课程,成为众多国家基础教育改革的主流方向。通用技术课程新教材的出现,让更多通用技术教师充满了期待。

通用技术课程在学习内容、突出创造性解决问题的学习活动和设计学习等方面具有其他课程不可比拟的优势,那么如何将通用技术课程教学上升到技术素养、科学素养、人文素养的培养层次,成为教师研究的一个重要课题。本课题主要从通用技术学科新教材改革背景下，开展课程资源的开发与应用辅助教育教学，以达到预期的教学目标来进行研究。

通用技术学科新教材的出现，对教师的专业知识提出了新的、较高的要求。新基础教育课程改革中提出由过去"教师对教材的忠实取向"向"教师与教材的互适"转变，即在过去的教学中教师只关注教法，不关心为什么教、教什么的问题，教师对教材的运用只是全部的接受、执行，不存在教师对教材的取舍增添的权力。因此，仅仅是教材就极大地束缚了教师的主动性、创造性。而新基础教育课程改革给予教师一定的教材运用灵活性，强调了教材只是材料或范例、只是师生展开活动的中介与话题，教师可以根据实际情况删减、增补教材，从而达到教师与教材互相适应。这种教师与教材的关系转变自然涉及教师专业知识的延伸问题，即教育再也不能像过去那样局限于教材的知识视野，因此，如何开发和应用适宜的课程资源，是对教师综合能力的检验。

课程资源，是指课程要素来源以及实施课程的必要而直接的条件。课程资源的结构包括校内课程资源和校外课程资源。校内课程资源除了教科书以外，还有教师、学生，师生本身不同的经历、生活经验和学习方式、教学策略都是非常宝贵的、非常直接的课程资源，校内各种专用教室和校内各种活动也是重要的课程资源。校外课程资源，主要包括校外图书馆、科技馆、博物馆、网络资源、乡土资源、家庭资源等。

课程资源的概念，根据功能特点，可将其分为素材性课程资源与条件性课程资源，也有广义与狭义之分：广义的课程资源是指有利于实现课程目标的各种因素，狭义的课程资源仅指教学内容的直接来源；按空间分布和支配权限分为校内课程资源与校外课程资源，凡是学校范围内的课程资源就是校内课程资源，超出学校范围的就是校外课程资源；还可以根据其他的角度划分为社会资源与自然资源、人力资源、物力资源与财力资源、纸质资源与电子声像资源等。

本课题的研究目标是通过研究技术教育课程和通用技术教材的发展演变，了解技术教育课程标准的内容、结构状况和特点，在分析的基础上认识变化情况和发展脉络，对我国高中通用技术课程和教材体系形成比较系统和完善的认识；通过在对新教材的深入分析基础上，教师开发与应用适合自己教学特色、学生发展特点的新的、丰富的课程资源，以实现通用技术课程的5大目标：提升学生对技术的理解、使用、改进及决策能力;提升学生意念的表达与理念转化为操作方案的能力;提升学生对知识的整合、应用及物化能力;提升学生创造性想象、批判性思维及问题解决的能力;提升学生对技术文化的理解、评价及选择能力。

3 理论依据

3.1 杜威的实用主义教育理论

美国著名教育家杜威提出的活动中心论认为,最好的教育方法是让儿童自己在活动中直接接触各种事实,从而取得有用的经验,获得深刻的印象,即做中学教育理论。他曾多次列举这样的一个例子:一个儿童要认识手伸进火焰会灼伤手指,他就必须去尝试一下,亲自把手伸进火焰中去。只有当这个行动和他所遭受的疼痛联系起来时,他才会认识到手伸进火焰就意味着灼伤。因为没有这种真正有意义的经验,也就没有学习。该理论成为美国基础教育的重要指导原则,为美国培养了一大批具有较强实践能力的各方面人才。

"做中学"更是通用技术课程的总的指导思想,学习资源的开发及应用都应该遵循"做中学"的原则。把实践能力培养放在技术学习的首要地位,从而通过亲身体验、亲历情境来获得知识学习、能力提升、情感升华。技术实践活动资源的开发就是以现实生活中的问题为载体,以活动为中心,让学生通过自主探究、方案设计、作品制作、展示评价等方式学习知识和技能,并把学到的知识用于解决生活中的实际问题。这与杜威的教育思想是一致的。

3.2 建构主义理论

建构主义理论的内容很丰富,但其核心只用一句话就可以概括:以学生为中心,强调学生对知识的主动探索、主动发现和对所学知识意义的主动建构(而不是像传统教学那样,只是把知识从教师头脑中传送到学生的笔记本上)。建构主义学习理论强调学生自主探究、小组协作等新型学习方式。学习者以自己的方式建构对于事物的理解,不同人看到的是事物的不同方面,不存在唯一的标准的理解,但可以通过学习者的合作而使理解更加丰富和全面,因此,学生的经验、学习过程都成为一种新的独特的学习资源。开发以学生为中心的各种学习资源就是对建构主义学习理论的应用。另外,技术实践项目资源也强调学生的亲历过程、自主探究,正是体现了学生的主动意义建构的过程及学习方式的转变,同时鼓励学生创造性地解决问题,最大限度地完成技术学习。

3.3 多元智能理论

多元智能理论介绍人类的智能是多元化而非单一的。主要是由语言文字智能、数学逻辑智能、视觉空间智能、身体运动智能、音乐旋律智能、人际交往智能、自我认知智能、自然观察智能 8 项组成。

加德纳认为,社会和学校教育仅重视言语智能和数理智能,而对其他类型的智能关注较少;如要全方位发展学生的各种智能,学校应从其他类型的智能角度来激励学生。技术实践活动资源为发展学生的各种智能提供了有效的途径。在技术实践活动中通过制订项目计划、记录活动情况、撰写项目总结和反思等,发展了学生的言语智能和自省智能;学习过程中就实践活动与老师或小组成员进行交流、讨论,发表观点和意见,发展了学生的言语智能;通过使用技术工具完成模型制作,发展了学生的身体动作智能;通过整理、分析、统计数据,用图表表示数据,发展了学生的逻辑数理智能;通过使用工具表达概念、描述流程,发展了学生的空间智能;通过与同伴合作完成任务,与他人分享经验和体会以及成果交流,发展了学生的人际智能;通过评价自己或他人的学习成果和学习过程,帮助学生进行自我反思,提高自我认识,增强学习的责任感,培养了学生的自省智能。

3.4 新课程理论

新课程本身是对以上理论的延续升华与综合运用,新课程理论强调关注全体学生的全面发展,为学生的终生学习奠定基础。因此,基于学生未来发展的、关注学生生活的学习资源都是符合新课程理论。

4 研究的主要内容

主要是在分析、研究通用技术学习资源的开发及应用现状的基础上，基于红桥区新教材实验工作，以高中通用技术课程为研究对象，组织该区通用技术教师积极实践、重点针对苏教版新教材，从文本资源、视频等多媒体资源、教具资源、实践活动资源等不同层面就通用技术课程学习资源的开发和应用进行实践研究，探索适合学生学习的新的技术课程资源。并整理、汇总老师们的实践研究成果，以期望能有助于通用技术课程实施者和研究者拓宽思路，获得更多资源。具体表现如下。

4.1 充分认识课程资源在教学中的重要性

通用技术课程教师要认识到，充分开发和利用课程资源，不仅有利于极大地拓展学生现有的认知范围，为教师和学生的学习领域开拓更充分的平台，而且为教师和学生学习方式的转变提供了更广阔的空间。

4.2 依据课程目标、落实核心素养，服务教育教学，增强课程资源的效能

教师在开发和利用课程资源过程中，要根据教学目标、落实学科核心素养的需要，不断丰富和拓展课程资源，开发与应用有助于教学活动的一切课程资源，以提升学生的技术素养、科学素养和人文素养为根本目的，服务于教育教学的基本需要。

4.3 树立新理念，严守科学性

通用技术教师要树立新的课程资源理念，明确各类资源的内涵、内容及本质，应将坚持固有的、既定不变的课程资源想法转变为探索开放的、发展的新型课程资源理念。只要有利于学生技术领域学习的，对学生无论是在技术能力提升，还是身心发展成长等方面有积极促进作用的，都可以将其转化为课程资源。

4.4 树立终身学习的理念，科学有效的开发与融合课程资源

基于学科核心素养的教学需要，聚焦科技热点，党的十八大以来，我国在中国

路、中国桥、中国网、中国车、中国港等各个技术领域均取得了突飞猛进的发展,让学生感知、感受、感悟中国科技的变化,是落实技术学科课程核心素养的必要条件。这就需要教师应该与时俱进,树立终身学习的理念,把握时代的节奏,将新技术思想带给学生,让学生在感知技术领域快速发展的同时,增强作为中国青年的自豪感,培养学生热爱祖国、树立为祖国发展贡献青春力量的信心和决心。

本课题的研究重点:在新教材的应用与指导下,探索、开发、应用有效的通用技术课程资源,服务于教育教学工作。

5 课题研究的方法

采用调查研究法、行动研究法、比较研究法、案例研究法、经验总结法和文献研究法。

用调查研究方式搜集国内外技术课程的相关资料,挖掘有意义的课程资源。

用行动研究法对学生感兴趣的技术理论、技术案例进行探索、实践、经历调查—计划—行动—总结—反思 5 个阶段。

用案例研究法进行各种课程资源的比较研究,吸收课程资源应用的经验,促进课题的沟通研究。

用经验总结法根据通用技术教师的实际课例,研究学生通用技术课程学习的规律,总结经验,共同探讨。

用文献研究法查阅相关研究文献、论著、报告、经验总结、统计资料等。

6 课题研究的步骤

研究思路:本轮研究有目的、有计划严格按照"调查筛选—课题论证—制订方案—实践研究—交流总结—结题论证"的程序进行。先对天津市红桥区通用技术教师教学现状作全面了解,组织教师学习、分享对通用技术新教材的认识和理解,明确研究的内容、方法和步骤;再组织部分教师学习课题研究的内容、任务和具体的操作研究步骤。通过一系列的应用研究活动,做好新、老教材的对比与分析,认识通用技术学科新教材的意义和特征,依托教研活动为教师提供专业交流平台,做好资源开发、课例观摩、经验交流等工作。

实施步骤:

第一阶段(2019 年 12 月至 2020 年 2 月)

(1)制订《通用技术学科新教材改革背景下课程资源的开发与应用》课题实施方案,听取专家和课题组教师对研究方案的意见。

(2)开展辅助通用技术新教材使用的课程资源开发应用研究,完善教师对课程资源开发内容、流程、模式及其评价相关研究工作。

第二阶段(2020 年 2 月至 2020 年 12 月)

(1)课题组教师在一线教学过程中进行实践研究,搜集、开发基于新教材的课程资源和学习资源。

(2)组织课题组教师整理实践教学课例,汇总《通用技术学科必修模块一、二教学设计》。

(3)教师相关论文成果推出。

(4)组织教师交流、分享、评议课程资源开发与应用的经验与存在的问题,初步建立高中通用技术新教材改革背景下课程资源开发体系。

第三阶段(2021 年 2 月至 2021 年 6 月)

(1)高中通用技术精品研究课例、案例的研究。

(2)整理、收集教师的论文、案例及学生的学习、获奖情况,并进行分析、总结,为课题的结题和鉴定做好充分的准备。

(3)材料整理,撰写结题报告。

7 课题研究的初步结论与成果

7.1 文本资源的开发与应用

文本类资源,是通用技术学习资源的重要组成部分,也是当前课程资源开发的重点。文本类学习资源的开发途径如下。

7.1.1 加强集体备课,凸显团队力量

俗话说"三个臭皮匠,顶个诸葛亮"。团结就是力量,集体备课可以把教师个体的优势进行互补、整合,从而提高教学设计类文本资源的质量。集思广益,解决教学设计简单重复、单调枯燥的现状,把技术课程的特点凸现出来,而不是照本宣科,把本来生动丰富的技术课硬是上成死气沉沉的理论课。集体备课不仅局限于一个年级、一个学校、一个区,也可以是全市范围的,甚至全国范围的。

7.1.2 利用各种教学比赛活动,收集和推广优质资源

对于每一位教师来说,能参加双优课比赛、优质课比赛或者其他的教学评比都是一个很难得的机会,所以每位教师都会绞尽脑汁设计教案、学案,全面分析学生,严格领会新课程理念,正确选择教学策略等。所以通过这些教学活动不仅能够提升教师的教学水平和能力,同时也可以汇集若干优秀教学案,对这些优秀资源的推广、迁移也是至关重要的工作。

7.1.3 对教师进行专业化培训,建立激励机制

优质的课程资源开发,需要一支优秀的开发队伍,需要广大一线教师加入开发大军。对教师进行专业化培训是教师成长的快捷之路。通过专业化培训,可以加快标准化学习资源的开发。

文本类资源是学习课程资源里面最常态的资源形式,也是广大教师日常课程实施中最主要的载体。教学设计,能很好地再现课堂全貌,同时里面蕴含着其他类型资源的设计与说明。比如师生互动、情景导入、技术实践活动要求等都会体现在教学设计之中。因此,对于文本类资源的开发主要集中在对教学设计、学案材料等的开发之中。

7.2 实践活动类资源的开发与应用

通用技术课程最大的特点是实践性和创新性。如何提供学生可操作的实践活动成为课程发展的最大瓶颈。动手做、做中学是对于实践学习的最好写照。但是对于实践项目的精心设计与策划,更需要老师们的默默付出。

7.2.1 技术设计实践类资源开发

技术设计实践活动是通用技术课程的特色之一，实践课深受学生们的欢迎。可是由于场地、试验室建设、安全等问题存在，有些学校的通用技术基本没有实践课。如何上好实践课，硬件条件固然重要，可是毕竟还有很多学校没有专门的技术实践教室，有的学校即使配备了专用教室也只是摆设。因此，开拓思路，创造条件上实践课更加势在必行。

《便携式小板凳的设计制作》《台灯的设计制作》(实践活动材料见附件)是笔者联系学生生活，结合学校的实际条件设计的技术实践项目，在现有硬件条件下尽可能地让学生参与动手实践。像上述这样的技术设计实践资源在应用时，要注意以下问题：

(1)实践活动前做好诸多准备：首先是场地准备及设备、材料的准备等。其次是动员学生，至少提前1周安排各班班长、各组组长等，各负其责，分头准备各类材料，做好动手实践准备。只有安排妥当，才能在堂课上不冷场，课后不乱场。最后就是课后总结，实践课一定要坚决杜绝看热闹的情形。通用技术和劳动技术的最大区别就是技能和技术素养的区别，不仅要通过活动，让学生学会操作，更让他们通过操作，学到一定的技术思想和技术方法。所以课后的总结，是教师和学生们共同要完成的任务。

(2)充分发挥学生的主动性，注意开放性：比如在台灯的设计制作中对结构所使用的材料、结构类型没有要求。一次性筷子、纸盒、光盘、纸夹板、滑轮、棉布、丝袜等等五花八门的材料被使用了。形状各异，圆的、方的、扁的、尖的，形形色色，真是八仙过海，各显其能，学生们的主动性、创造性被大大激发出来。学生们的作品又可以成为课堂教学的新资源。

(3)项目设计结合学生身边的生活，不能做空中楼阁：只有来源于生活的项目设计，才能引起学生的共鸣，激发学生心中的创造潜能，迸发出强烈的改变身边生活的愿望。通过技术设计实践活动，学生的自主探究能力、技术设计能力、创新能力、实践能力等都获得成长，同时收获了同学之间协作学习的友谊，一举多得。如果没有这样的设计项目资源，学生们富有创造性的设计作品就不会诞生，学生们自己也不会知道自己有这样的创造能力。给学生一个项目，一定会还我们一批创新作品，还有整个民族的创新能力的成长，这就是技术实践活动类资源在应用时的最直接的感受。

7.2.2 教具、学具设计类资源开发

教师自制教具、学具本身就是一种技术素养的体现,对于学生来说,也有一种示范作用。课题组老师在自制教具、学具方面进行了一些探索,教具选取的都是简单的、与学生生活近的装置,这样学生都觉得有话可说,没有陌生感和神秘感。

比如在讲常见的技术图样一节中,为了让学生能够更直观的感受图形,很多老师动手制作了各类基础图形,授课中根据教学需要进行各种拼接、组合,很好地引导学生分析图形进而学会绘制三视图。讲开环控制系统,笔者做了一个地震报警器,用小孩常玩的奥特曼玩具,从开关处向外接两条导线,线头距离很近,但不接触(常开触点),放入一个注射器管内,管内再放入一个玻璃珠,将注射器管封闭,然后放入一块泡沫内,将泡沫放在装水的水盆里,震动来临,泡沫随水的波动而发生倾斜,玻璃珠滚动,将两根裸导线碰在一起,开关接通,发出报警声音。

实践项目资源的开发与应用,有几个共同特点,它们贴近学生生活,发生在学生身边,有些问题甚至每天都要遇到,还有一些是他们急需解决的;每一个问题的解决都是由小组成员共同解决, 都需要他们集体同心协力才能较好的完成任务。最终,运用所学的知识解决生活、学习中的问题,学生们的创造力和积极性得到了很大的提高。

7.3 视频资源的开发与应用

视频资源的开发途径有两种:师生自制和通过购买或下载等获得已经存在的视频资源。师生自制的视频,在应用时更容易引起学生的共鸣,往往会取得不俗的教学效果。但是在录制时,往往需要事先准备以及录像设备等,有时还需要帮手。当然也可以鼓励学生或者帮助学生自己录制视频资料。在进行《鸡蛋保护器结构设计》一节课时,同学设计的装置非常成功,不仅可以让鸡蛋安然着地,还能使其悠然的从保护器拿出来,为了展现其设计,老师帮助他录制了试验的全过程,取得非常轰动的效果。同学们在震撼的同时,也激发了心中创造的欲望。创新的结构,一个个如雨后春笋般冒出来。

自制视频,可以引起学生们的共鸣,取得很好的教学效果,但是其前期制作,后期编辑比较麻烦,并且对摄像设备、摄像技术有一定的要求,所以这些问题可能

会限制视频资源的开发。其实在开发视频资源时，我们也可以拿来主义，充分利用网络平台获得大量相关视频资源。网络平台上有很多优秀的视频网站，也有专门的视频搜索引擎，使用非常方便。当然对下载的视频资源也存在后期的选择与编辑的问题。这些视频资源在应用时要注意和教学内容的契合，才能获得学生们的一致欢迎。无论新闻片段还是纪录片，还是自己拍的并不专业的画面，都没有关系，只要为教学服务的，就是好的。

7.4 科技竞赛类活动资源及社会资源的开发与应用

除去以上几种典型课程资源之外，适当引入社会资源、竞赛活动，营造一种浓郁的技术文化氛围也是重要的学习资源。因为通用技术学科的特殊性，没有升学压力，要求不高，对于一部分创新能力和实践能力优秀的学生失去了动力。因此，教师可以带领学生参加各类科普教育活动，积极组织这类优秀学生参加省市乃至全国范围的各类技术类、设计类、发明类竞赛，如科技创新大赛、创客类比赛等，为学生提供展示才能的舞台。这样的活动对学生的创新能力、动手实践能力具有较大推动促进作用，可以大大激发学生们科技创新的热情，对学生也是一次很好的学习与锻炼。通过这些活动，积累了大量的学生创新作品，教师可以将这一部分资源整理、利用起来，同样对我们的通用技术学科的课程资源的补充起到重要作用。

8 总结与展望

8.1 总结

随着新一轮课程改革的不断深入，尤其是新版教材的投入使用，课程实施已经顺利展开，但是在实施过程中保证效果，保证质量，也遇到了诸多问题。通用技术，作为一门新兴的学科，可借鉴的经验及资源少之又少，尤其是学习资源开发与应用过程中存在的种种问题，严重阻碍了课程的发展。笔者在分析大量文献的理论基础上结合自己在通用技术教学一线数年的诸多教学实践，结合大量教学案例、各类教学活动,研究分析了通用技术课程资源在开发、使用过程存在的一些问题,提出了有效开发各类课程资源的途径及应用策略。

笔者的主要研究结论如下:

(1)通用技术学习资源建设关乎课程的发展,已开发的课程资源还不足以满足广大教师和学生们的需求。

(2)文本类学习资源,尤其是基于新课程理论的教学设计、学案设计等资源缺少优质资源以及对优质资源的整理、迁移。

(3)技术设计实践类活动资源深受广大师生的欢迎,目前开发不足,应多联系学生的生活实际,设计易于操作的项目进行开发和应用。

(4)利用网络平台或者数码设备进行视频资源的开发和相关应用,能够生动形象地将课程特色展现出来。

(5)关注科技竞赛、技术活动等隐性学习资源。让学生在活动中获得技术素养的提升。

本课题的研究立足于当前的通用技术课程资源缺乏的现状,充分利用网络环境、学生资源、社会资源、实践活动资源等,多渠道、多种方法开发通用技术课程资源。通过多角度、多层次的实践探索,为一线的教育工作者提供实践参考,丰富通用技术教学资源和学生学习资源,使课程与学生更加亲近,使通用技术教学焕发生命活力。

8.2　展望

本研究中对通用技术课程资源的开发、应用现状的分析、研究是以天津市红桥区教师及学生为对象的,得出的结论和提供的相应策略也是针对该区域的。因此,本文所得出的结论能否适用于各地在通用技术课程实施过程中的课程资源的开发和应用,还有待进一步验证。文中提及的技术实践活动资源,是依托天津市第八十中学资源与学生的特点而创建的,并不适合所有的学校及教师使用。每个地方都有自己的特色,课程与生活的密切联系,就决定了资源共享的局限性。优秀的课程资源应该是量身定制的,而不是批量生产或者照搬照抄的。此外,由于研究条件和个人能力所限,本研究的策略还需进一步的细化和在实践中进一步验证。希望能在以后的工作中继续本研究的实践进展,从而能更好地开发通用技术课程资源并使其得到有效应用。

课题研究过程,在前人的基础上继续前行,将通用技术课程资源在技术实践活动、学生活动等方面进行了有效的开发与拓展,整理出了基于苏教版新教材的一系列课程资源。基本完成了当初的目标预设,对指导教学实践、提高教学质量都产生了较显著的作用。但是,通用技术课程作为一门新兴的课程,有着旺盛的生命力和不可估量的发展前景。课程发展的日新月异和课堂教学的普遍改革所取得的成果,都给下一步的研究带来了很多有益的启示,也带来了很多值得进一步思考的问题。比如:哪种类型的资源使用效果更好,学习资源开发的工具有哪些,不同类型的学习资源之间有哪些共通之处?这样的思索和有待研究的问题永远不会停止。只有不断反思、不断提炼,实验和发展中的许多谜团才会慢慢散开。

参考文献

[1]段兆兵.课程资源开发与利用——原理与策略[M].安徽:安徽师范大学出版社,2011.

[2]朱熙春.以项目教学为载体打造高效通用技术课堂[J].中国现代教育装备,2013(22):63-64+66.

[3]傅道春.新课程中教师行为的变化[M].北京:首都师范大学出版社,2001.

[4]崔允漷.校本课程开发:上海经验[M].上海:华东师范大学出版社,2011.

基于学科核心素养的通用技术
实践学习案例开发

天津市第四十五中学　　王学化

摘　要：本文根据通用技术新课标、新教材对实践教学的要求，结合天津市当前通用技术学科教学现状，对通用技术实践学习案例开发的必要性、需要什么样的实践学习案例、如何设计开发实践学习案例等问题进行了探索。

关键词：通用技术；实践学习；核心素养；案例开发

《普通高中通用技术课程标准(2017年版)》(以下简称"新课标")指出，通用技术课程以提高学生的学科核心素养(技术意识、创新设计、图样表达、工程思维、物化能力)为主旨，以设计学习、操作学习为主要特征，是一门立足实践、注重创造、体现科技与人文相统一的课程。

根据2017年版"新课标"编写的苏教版普通高中通用技术必修课程《技术与设计1》《技术与设计2》贯彻"大过程""大概念""大综合"的编写理念，创设与学生生活环境、知识背景相关的、有社会现实意义任务情境，让每位学习者以亲手操作、亲历情境、亲身体验为基础，强调学生的全员参与和全程参与，通过观察、调查、思考、设计、制作、试验、交流、反思等活动获得丰富的"实践"体验，进而获得情感态度、价值观以及核心素养的发展。

通用技术"新课标"和"新教材"进一步强化了"实践性"这一特性，开展理论联系实际，"做中学"的实践学习应该是通用技术学科最核心的教学方式。

天津市从 2006 年开始实施通用技术学科教学,在过去的 14 年课程实践与探索中,虽然有越来越多的老师开始注重并采用通用技术实践教学,但是据调查,案例教学还是最主要的教学方法。主要有以下两方面的原因。

第一:实践学习案例缺乏。天津市于 2019 年将通用技术过程性评价纳入学业水平测评,这也促使老师们要开展通用技术实践教学。但是根据调查,当前老师们在通用技术教学实践中面临两个最大的困难是实践项目的选择和实施过程的管理,对老师们开展实践教学形成了一定的阻碍。

第二:课时限制。调查发现,仅有 22.29% 的受访老师所在学校在高一开设《技术与设计 1》、高二开设《技术与设计 2》,而又 72.29% 的受访老师所在学校是在高一或者高二一个学年开设通用技术 2 本必修课程。通用技术授课课时安排的挤压,对开展通用技术学科实践教学、通用技术学科核心素养培育的落实、通用技术学业水平过程性评价均带来很大的影响。

基于通用技术"新课标"和"新教材"所强化的"实践性"这一特性,本课题就开发什么样的实践学习案例适合当前教学现状、如何开发符合通用技术学科核心素养培育的实践学习案例进行探究。

1 通用技术实践学习案例的类型及特征

通用技术实践学习案例有很多类型,研究认为,在教学实践中以下几种类型更具有实用性和推广性:设计制作、技术设计、技术体验、技术试验、技术制作。

技术制作案例:就特定技术作品或者产品进行制作实践,在制作过程中培养学生的工程思维、物化能力核心素养。

技术设计案例:就特定的问题进行分析,结合设计的一般原则、方案构思的方法等制订出解决方案,并通过技术语言进行设计方案的呈现、交流、评价和优化。

技术体验案例:就特定技术产品、技术作品进行操作和使用,体验和感受其技术思想、文化内涵等。

技术试验案例:就特定技术产品或技术作品,设计技术试验方案、按照技术试验方法开展技术试验、分析试验数据、撰写技术试验报告等。

技术设计制作案例：设计制作实践是基于综合项目的实践，包涵技术设计、技术制作、技术试验等环节。

苏教版新教材《技术与设计1》中，在学习了技术的基本性质和设计基础知识后，以台灯的设计与制作为"大项目"，让学生经历基本的技术设计全过程。《技术与设计2》在模块基础知识学习后设计了综合实践任务。结构与设计：站立式办公桌的设计与制作。流程与设计：创意笔筒的设计与制作。系统与设计：校园雨水收集和利用系统的设计与制作。控制与设计：家庭雨水收集自动控制装置的设计与制作。教材编写上还嵌入了技术体验、技术试验、技术制作等实践学习内容。

2 通用技术实践学习方案

基于天津市当前大多数学校开展通用技术课程教学课时有限的实际情况，实践教学开展过程中往往存在理论知识学习与实践冲突的现象。要做到学科理论知识学习与实践学习兼顾，实现培养5大学科核心素养，本课题研究认为有以下两种实践学习方案比较可行。

2.1 案例分析结合"小实践"活动

案例分析在学生理解一般通用技术学科知识、扩展学生视野方面有着一定的优势，尤其是一些囊括多项相关知识的案例分析，有助于最大限度上节约课时，也是老师们最容易驾驭的教学方式，但是案例分析学习的弊端也非常明显。一方面通过长时间的案例分析进行教学学生容易对通用技术学科教学失去兴趣，另一方面也抛弃了技术课这一实践本职，使学生对技术课的学习停留在理解、记忆的层面，从而不能实现对技术认知，更别提技术素养的达成。因此，可以辅以包括技术设计、技术体验、技术试验、技术制作在内的"小实践"活动，实现理论学习与技术实践在一定程度上兼顾。

2.2　设计制作"大项目"融合理论知识

教材编写是先结合情景案例和技术体验、技术试验等"小实践"活动进行课程理论知识学习,再根据理论知识开展综合实践学习,总体上看是"学后做"的处理方式,这在现有课时安排下,很难完成教学任务。可以将教材综合实践任务进行二次开发或结合实际情况开发新的设计制作"大项目",该项目涵盖了完成项目任务包括的技术设计、技术试验、技术制作等"小实践"活动,并将学科理论知识融入项目实践,开展真正的"做中学",实现项目依托的理论与实践融合的同时,可在有限的课内完成教学任务。

以上两种实践学习方案相比较,分析结合"小实践"活动方案是在舍弃教材中的综合实践任务前提下,实现理论学习与技术实践在一定程度上兼顾。这个方案需要开发的实践学习案例是一些相对独立的技术设计、技术体验、技术试验、技术制作,也是在课时有限的情况下的权宜之计,不利于学生对技术设计过程的整体体验和认知。相比而言,更推荐第二个方案:设计制作"大项目"融合理论知识,该方案能更好地在有限的课时内体现和培育通用技术学科 5 大学科核心素养,但也存在着一个难点:有限的课时内,到底有没有在"做"中实现了理论知识的"学"?所开发的实践项目要很好地融合学科理论知识的同时,项目实践过程也要有对应的策略才能保证"做"中真正有"学"。

3　通用技术实践学习案例开发实践

通用技术实践学习案例的开发一方面是可以结合教学实际对教材中的实践案例进行二次开发,另一方面可以结合地域文化、本校实际进行开发。实践学习案例的设计的核心是确定项目学习主题、确定实践学习目标、确定项目实践活动、确定项目学习评价。研究认为高质量的实践学习案例要注意以下几个问题:与学情和课标要求相匹配的项目载体设计、与实践过程管理适用的工程实践手册设计、与教学目标相统一的评价设计。

本文结合设计制作"大项目"融合理论知识类的实践学习案例开发进行举例

说明。

3.1 与学情和课标要求相匹配的项目载体设计

实践学习案例作为实践教学活动开展的情境和载体,应该在课标、教材、学情分析的基础上进行选题,制订符合课标要求的实践学习目标和项目实践要求,并为此选择合适的材料和工具,制订合理的实施计划,项目载体要具有一定的可扩展性。

3.1.1 项目设计要目标导向,进行模块、单元整合备课

实践学习是一种学习方式,不能为了实践而实践。实践学习案例开发表面是在设计实践学习活动,其本质是在设计教学目标的达成载体和途径,因此,要先明确目标,再着手设计实践学习方案来满足目标达成的需要。深度学习倡导单元学习,是围绕特定主题,把相关知识作为一个整体进行学习。之所以要进行实践学习"大项目"的设计,是因为教材中有很多关联知识从整体上去认知要比割裂开点对点学习效果会更好。因此要先结合课标要求,对教材模块和单元教学目标有宏观认知,把关联知识进行梳理提炼,整合出教材关联知识的总目标,以及达成总目标所需的阶梯子目标。

比如必修模块《技术与设计1》的核心目标是:以产品设计为依托,强调对技术设计过程的把握。就该模块中的"设计一般过程",虽然是围绕实际技术问题"制订设计方案"来开展,但学业考察要求重点掌握结合常见工具和材料加工工艺进行模型制作、方案构思及图样识别与绘制等方面的基本能力和基本经验,初步形成权衡决策、方案优化、技术设计、设计创新等技术思想。其考察的重点并不是"创新设计"核心素养,而是更侧重技术设计全局性、过程性筹划的"工程思维"的形成,为后面进行技术专题设计奠定技术设计全局观和思想方法基础。

从《技术与设计1》教材编写角度,技术设计过程、工艺及其方案实现、技术交流与评价3个单元内容结构是一个整体,不能机械割裂来看,教学实践中要把工艺及其方法和技术交流与评价融入技术设计过程,来设计一个相对简单的实践项目,体现设计分析、方案构思、方案表达及制作呈现、方案优化等技术设计全过程要点能力和思想方法。

笔者在该部分教学中设计了"木质插接阅读支架的设计""教师办公桌面木质

储物架设计"等实践学习方案,还对教材中学习台灯的设计案例进行二次开发,设计了"木质可调节学习台灯",是就苏教版《技术与设计1》第三章至第七章进行整体单元备课。通过设计制作项目实践,将教材中设计的一般过程、设计一般原则等知识的学习融合在项目实践的各环节,为了让学生切实亲历"制订设计方案"全过程,实现对新课标要求的核心目标建构整体认知,培养通用技术学科5大核心素养。

3.1.2 项目选题要实施导向,要求要具体能落实

实践学习的关键是教学目标在实践中的落实,学生的全过程参与体验,所设计实践学习方案选题及要求不宜过于开放、追求高大上,要确保项目实施过程中尽可能发挥学生主观能动性的同时,还要确保项目能在可控范围内得到顺利实施。通用技术学科实践学习案例的设计一定要预设实施过程中可能存在问题。

在很多实践项目方案要求中会看到"材料不限""工具不限"等,这会带来一个问题:设计的物化过程如何把握?我们设计的实践项目是为了达成教学目标服务的,虽然要考虑学生的创新设计核心素养培育,但是技术设计不等于创新设计,不能停留在创意层面。如果学生放飞自我,也设计出了很好的方案,但是现有条件不能实现方案的制作,就不能完成技术试验和方案的优化。

在前述的设计一般过程实践学习案例"木质插接阅读支架的设计""教师办公桌面木质储物架设计""木质可调节学习台灯设计"中均要求了材料甚至构件的连接方式,看起来是限制了学生解决某一技术问题的思维,是为了项目能够顺利实施提供保障。我们的课堂教学不是兴趣小组,是面向全体的、基础性的教学,要考虑整体教学目标的达成。设计本身就是要考虑设计要求,在一定条件下进行方案的设计,可以有效保障方案的物化实施,从而实现全过程实践体验,不仅不会影响同学们创造性思维的发挥,还有助于避免眼高手低的现象,让学生认识到技术设计的复杂性、实践性、全局性等特点。

3.1.3 项目内容要知识融合导向,"做"要融合"学"

实践学习的一个显著特点是"做中学","做"中"学"什么?是要让学生在实践中体验、感知,从而建构学科知识、思想、方法等认知,而不是单一通过先学习理论知识,再根据理论知识开展实践。教材更主要的是工具,是用教材,而不是教教材。

实践学习案例设计的关键是如何将理论与实践融为一体，并通过实践学习，实现课标对该实践项目所承载的理论知识、学科核心素养要求，同时还可以有效节约课时。

本人实践中在《技术与设计2》模块"结构与设计"单元教学中，结合天津市海河上的桥这一地域文化特点，设计了用桐木条设计制作"桁架结构桥梁"的实践学习项目，并对设计材料的使用量、桥梁的承载能力、抗风能力等提出了具体要求。在教学实践过程中，笔者并没有先进行"稳固结构的探析"等结构设计基础知识学习，而是把知识的学习融入实践学习项目中。因为学生在《技术与设计1》模块项目实践学习中已经掌握了技术设计应该如何结合设计的基本原则、设计要求等进行设计分析，并体验了技术设计完整实践流程，具备了开展专题设计的基本素养和迁移能力。结构的稳定性和强度是桥梁结构设计应该考虑的基本因素，学生在进行桥梁设计实践学习过程中，结合技术试验探究如何提升桥梁承载能力、抗风能力等要求，可归纳总结出影响结构稳定性和强度的因素。

3.2　与实践过程管理评价配套的工程实践手册设计

通用技术实践学习的过程管理和评价是实践学习案例落地效果的关键，在实践学习案例设计过程中要统筹设计。通过设计与实践学习案例配套的工程实践手册一方面可以有效指导和管理小组或个人实践学习，另一方面可以通过过程记录为技术实践过程评价提供依据。

综合实践项目案例过程管理工程实践手册可围绕设计的一般过程的主要环节来设计，包括发现与明确问题、制订设计方案、绘制设计图样、制作模型或原型、技术交流与评价、总结报告等几个部分。可以根据项目实践需要，在以上各环节工程记录页面里增添子环节记录页面，比如技术试验、设计方案评价表、制作成果评价表等。

【结论】

在课时安排受限的大背景下，对教材进行二次开发，将单元知识或者跨单元的相关知识进行整合备课，设计融合学科知识的项目实践学习案例，有助于学生在建立学科知识"大概念""大过程"认知的同时，使学生在"做"中实现深度学习，培育通用技术学科5大核心素养。

实践学习案例的设计的核心是确定项目学习主题、确定实践学习目标、确定项目实践活动、确定项目学习评价。实践学习案例设计成败的关键是围绕核心素养目标的"做"与"学"统一、可操作性新与可扩展性的统一、过程管理设计与过程评价设计的统一。实践学习案例实施层面的过程管理和过程评价是难点,需要在后期教学实践中不断的实践探索。

参考文献

[1]顾建军,吴铁军.普通高中通用技术课程标准(2017年版)解读[M].北京:高等教育出版社,2019.

[2]马丽娟.高中通用技术课的项目式教学实践探索以"多功能置物架设计与制作"为例[J].中小学数字化教学,2019(04):41-43.

[3]唐国利.高中通用技术课堂中项目教学法的运用[J].课程教育研究,2020(19):225.

[4]周琼.通用技术实践教学技能考试的策略研究[J].新教育,2020(17):12-14.

[5]邱瑞丰.以核心素养为目标的通用技术项目教学实践探析[J].教育界(基础教育),2019(06):68-69.

基于学科核心素养的实践案例
开发与方法研究

天津市第一中学　张君

摘　要：文章分析了直接使用现有教材中的活动案例开展实践教学存在的问题。基于学科核心素养，结合一线教师多年开发实践项目的经验积累，总结出针对某一方面学科核心素养的实践学习案例和覆盖学科五大核心素养的项目式学习案例的开发方法，并以实例说明，以期为学科核心素养在教学中落地更好地服务。

关键词：通用技术；学科核心素养；实践案例开发

《关于全面加强新时代大中小学劳动教育的意见》提出，充分认识新时代培养社会主义建设者和接班人对加强劳动教育的新要求，全面构建体现时代特征的劳动教育体系，广泛开展劳动教育实践活动，着力提升劳动教育支撑保障能力，切实加强劳动教育的组织实施。

技术教育是素质教育的基本组成部分，是劳动教育的重要组成部分。对落实"立德树人"根本任务、实施国家创新驱动发展战略、弘扬中华优秀传统文化和提高全民技术素养都具有重要作用。

2016 年，教育部启动了普通高中各学科课程标准的修订工作，"核心素养"成为各门学科课程设计的灵魂性概念。新课标强调，通用技术学科核心素养主要包括技术意识、工程思维、创新设计、图样表达、物化能力 5 个方面。普通高中通用技术课程，以提高学生的学科核心素养为主旨，以设计学习、操作学习为主要特征，是一门立足实践、注重创造、体现科技与人文相统一的课程。独有的课程性质决定了实践活动在通用技术教学中的地位和作用。技术不是讲出来的，让学生参与、经历技术设计过程，是提高技术素养的必由之路。

1 问题的提出

如何实践？直接使用现有教材中的活动案例进行实践教学是否可行？

以苏教版教材《技术与设计 1》(天津市市内六区使用)为例，通过筛选教材中提示的实践活动，并与学科核心素养对照，如表 3-3-1 所示，我们发现，直接使用现有教材进行实践教学存在 3 个主要问题。

第一，与老教材相比，新教材中提及的实践活动增加了，有一些对活动准备、活动过程等进行了简要介绍，但对于教师来说，如果要转化为课堂实际操作实施的实践活动，仍有大量的摸索和细化工作要做。如："钻木取火""油灯""搭建庇护所模型"等。而有一部分实践活动，在教材中只是简单提出，没有更进一步的指导内容。这部分活动，如果教师之前没有这方面的经验积累，一般不会选择。如"手机虚拟现实头显"等。

第二，活动内容多，涉及面广。教材中的实践活动形式多样，内容落实上涵盖了 5 大学科核心素养。但对于各学校有限的课时来说，教师需要精选适合本校具体情况的活动。如何在精减实践活动的情况下，还能实现学科核心素养全覆盖？

第三，完整的"设计"活动需要多课时和良好的硬件水平。最能体现核心素养落实的"设计制作"活动需要大量课时，每个"设计"一般需要 5 课时以上才能完成。而实践所需的场地、设备、耗材等硬件水平和完善的课堂管理、安全保障等措施对学校和教师都提出的较高要求。

表 3-3-1　教材中提及的实践活动与学科核心素养的关系

教材	实践活动	学科核心素养				
		技术意识	工程思维	创新设计	图样表达	物化能力
技术与设计1	技术体验:钻木取火	●				
	设计制作:油灯	●	●			●
	技术体验:搭建庇护所模型	●	●	●	●	●
	技术体验:自制简易桔槔模型	●	●			●
	设计:特色班级牌			●		
	技术体验:便携式小凳模型的制作	●	●		●	●
	设计:便携式小凳	●	●	●	●	
	技术试验:机动车用三角警告牌离地间距、垂直度的技术试验	●				
	设计:辨别三角警告牌形状识别性的简易测试台	●	●	●	●	
	设计:检测三角警告牌抗风稳定性能的简易风洞试验	●	●	●	●	
	设计制作:降雨量度量器	●	●	●	●	●
	技术设想:全球机动车用三角警告牌技术标准	●	●			
	技术试验:台灯的技术试验	●				
	设计制作:台灯	●	●	●	●	●
	设计制作:手机虚拟现实头显	●	●	●	●	●
	制作:无电冰箱	●				●
	调研:鼠标的使用情况	●				
	绘图:绘制台灯设计草图				●	
	绘图:制作台灯的三维设计图并渲染				●	
	技术体验:制作台灯的草模					●
	技术试验:不同木质材料抗弯强度试验					●
	技术体验:用钢丝钳剪不同材质的金属丝					●
	技术试验:测量材料硬度					●
	技术制作:用亚克力板制作手机支架				●	●
	技术体验:合理规划材料,制作体积最大的人工鸟巢				●	●
	技术制作:制作书架模型				●	●
	技术制作:七巧板	●				●
	技术设计:多功能开瓶器	●	●	●	●	●

2 研究的目的和意义

对照新课标中关于学科核心素养的要求，对教师已积累的案例进行梳理，或依据课程标准，对新教材中的实践活动进行二次开发，开发出教师容易上手，课堂便于实施的实践学习案例，对于学科核心素养在教学中落地，更好地达成学科育人价值具有重要意义。

3 研究内容

就通用技术新教材《技术与设计1》《技术与设计2》进行研究，围绕技术设计、技术制作等实践学习，从教学内容与情境问题、学科核心素养培育要点、教学资源准备、教学过程实施、教学反思等方面进行实践学习案例开发和教学实践。

4 研究结果

开发出3个实践学习案例：手工配钥匙，用于苏教版《技术与设计1》第六章第三节任务三"探究金工工艺"；便携式小凳的设计与制作，用于苏教版《技术与设计1》第二章第三节"设计的一般过程"——第七章；个性手机支架的设计，用于苏教版《技术与设计2》第一章"结构及其设计"。

开发实践学习案例的方法总结如下。

4.1 针对某一方面学科核心素养的实践学习案例如何开发

以"实践学习案例——手工配钥匙"的开发为例。

4.1.1 尽量与教材章节对应，注重效率，一般采用1课时

"手工配钥匙"对应教材苏教版《技术与设计1》第六章第三节任务三"探究金

工工艺"。课时数:1课时。

4.1.2 关注成熟度,选择个人有一定经验积累的,或参加过培训的活动来实施

配钥匙这个项目在天津市第一中学已经实施了5年,从锁头和钥匙坯子的选购开始积累经验(买锁时就要注意母钥匙的槽都朝左或者都朝右,避免发钥匙坯时给自己带来麻烦),每年该内容的实践活动结束后,备课组教师交流,不断完善、优化。

4.1.3 有体现学科核心素养的明确的学习目标

本活动针对学科核心素养中的"物化能力"。具体的学习目标为:了解金工常用的工具,体验金属材料划线和锉削的加工方法;能根据工艺要求正确、安全地操作;追求实践操作的精确和精准,形成严谨的技术态度;认识技术的操作性特征,增强使用技术的自信心。

4.1.4 符合高中学生年龄特点和技术能力水平

"工艺"表征了知识、能力与物质手段的结合。在学生的设计过程中,这部分内容具有将方案实物化的作用,是制作模型或原型,进而进行技术试验、方案改进等等的前提。也就是说,为了完成模型或原型的制作,学生需要掌握一些基本的工艺知识和技能。这里,笔者选择"手工配钥匙"为活动项目,两人一组,实践划线、锉削、检验等操作内容。通过加强活动前的方法指导和安全提示,有效提高学生的实践效率和效果,保障操作安全。学生实践过程中,教师全程巡视,适度指导,排除安全隐患。学生两人一组,在操作的过程中多少都会经历一些小的工艺技术问题的发现与解决,在实践中两人一边积累经验一边分享经验,实现协作。实践后,学生回顾、教师总结,实现对技能方法的感悟,有效提升"物化能力"。

4.1.5 匹配本校教学场地、设备和工具、采购耗材的经费等

教学资源准备如下。

场地:通用技术专用教室。

器材(两人一组):台虎钳、划针、什锦锉一袋(共10支)、手套两副、锁头和钥匙。

耗材(两人一组):钥匙坯子2个。

4.1.6 有完整,甚至尽可能详尽的教学过程

活动过程设计框架如表 3-3-2 所示。

表 3-3-2 "手工配钥匙"活动过程框架

教师演示操作、方法 指导、安全提示	学生实践操作 教师巡视	学生回顾 教师总结
10 min	30 min	5 min

具体过程为:

(1)布置任务(10 min):教师说明本节课要通过划线、锉削和检验的方法,每人配一把钥匙。然后,带领学生认识工具,示意划线方法,演示钥匙的装夹和锉削方法,穿插安全注意事项。

(2)实践活动(30 min):学生实践操作,教师巡视。

由于是两人一组,学生在操作过程中会遇到各种问题,并尝试协作、解决问题。比如:研究如何划线划得准;两个人都想用三角锉,如何协调;两个人都需要用台虎钳装夹钥匙,如何解决……

除了学生自己观察、发现并研究解决问题,教师的作用也至关重要。首先就是安全,对不安全行为要及时纠正,必要时在全班提醒。此外,适度指导。

(3)活动回顾,总结提升(5 min):请学生简要回顾实践操作中解决的问题,采用的方法,有什么感受等。比如:回忆划线方法,总结形成误差的原因;合理使用工具对提高完成速度和质量有什么意义……

教师回顾课堂发现的安全问题和排除的安全隐患;学生树立"安全第一"的思想,体会操作规范的重要性。

引导学生不以开锁论成败,重要的是操作的体验和方法的感悟。

4.1.7 要考虑安全操作注意事项

加强活动前的方法指导和安全提示,如表 3-3-3 所示,可以有效地提高学生的实践效率,保障操作安全。

表 3-3-3 "手工配钥匙"活动方法指导和安全提示

方法指导	安全提示
1.注意钥匙坯子上槽的位置,划线时不要划错面儿	5.划针尖锐,禁止挥舞,不用时应放在操作台上
2.按划好的线,选用合适的锉刀锉削,每次锉削量不宜过大	6.锉下的金属屑可用毛刷清理,切忌用嘴吹,以免入眼
3.严禁将钥匙坯子和母钥匙一起放在台虎钳上锉削	7.如遇各种意外情况,需及时报告老师,等待处理
4.锉好后,可在锁头上试开,力度合适,不要试图强行开锁,以免折断钥匙	

以上内容,在黑板上留下简练的板书,以便在学生操作的过程中,随时起到提示作用。

4.1.8 需使用工具的,活动前教师要利用图片、视频、亲自示范等方式传授正确使用工具的方法

录制划线、锉削和检验环节的示范视频,如图 3-3-1~3-3-4 所示,在活动前播放,使对学生使用工具操作的指导更直观有效。

图 3-3-1 划线

图 3-3-2 锉削

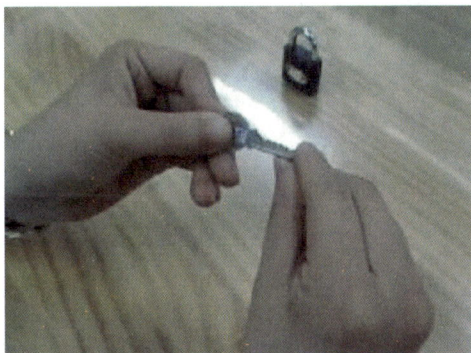

图 3-3-3 检验 1

图 3-3-4 检验 2

4.1.9 有易于实施的评价方案

采用"让作品自己说"的方式,使对操作结果的评价更直观,即钥匙能否顺利开锁。此外,可收集实践过程中的文字、照片等资料,建立过程评价档案,如表 3-3-4 所示。

表 3-3-4 "手工配钥匙"活动过程评价

评价标准	评价方式		
	自评	互评	师评
了解铝合金材料的属性			
合理选择工具			
符合相应工艺的操作规范			
注重安全			
组内协作、互相监督			
所配钥匙成功开锁			
等级标准:A 优秀、B 良好、C 合格、D 待改进			
未能开锁的原因分析:			

4.1.10 课后反思,注重滚动积累

"工艺"作为从方案到实物的必经途径,它所包含的技术标准和操作规范最能反映通用技术的学科特点。该实践项目以学生为主体,通过学生的认识、操作、经验积累和感悟,实现了学生工艺学习过程中正确、安全操作的一段经历,对今后的自主学习和实践起到了一定的示范作用。

实践活动过程中,笔者经常拍课堂照片,课后可以分析细节,不断优化教学设计。例如,从照片中笔者发现很多学生采用两人在台虎钳上同时、对头儿锉钥匙,于是课堂上反复强调不要用嘴吹金属屑,以免入眼。通过细心观察,我们还发现课前如果不把台虎钳清理得太干净,留多许碎屑在上面,更能引起学生的注意,也方便教师在学生操作前强调。今年的本课,也做出了新的调整,在课前,播放钥匙的开锁原理动图,引导学生将工艺的技术标准和结构设计联系起来,提高了配钥匙的成功率。

4.2 覆盖学科 5 大核心素养的项目式学习案例如何开发

通用技术课程是一门立足实践的课程,它立足于"做中学"和"学中做",注重学生的亲身经历。但是,由于当前通用技术学科教师的专业背景参差不齐,再加上当前教学体制以及学校硬件设备的限制,导致目前通用技术教学还存在诸多弊端与困惑,例如教学方法比较单一、无法给学生提供自由探索的空间、学生对通用技术学科的兴趣度下降等。切实改善这些教学弊端,需要我们改变教学理念,改进教学方法。其中,推广项目实践教学法就是一种符合通用技术新课程理念,具有可操作性的途径之一。

项目实践教学模式是以"完成一项创作""设计并制作一件作品"的形式承载教学内容,学生在完成项目的同时实现相关技术知识的自主建构,注重学生对技术的思想和方法的领悟,强调其在技术学习中的探究与创造。学生在学习过程中立足实践,实现"做中学,学中做"的目标,能够根据自身的直接经验和亲身体验,发挥想象,提出创意,投入设计,从而促进学生的合作探究能力、问题解决能力、动手实践能力、自主学习能力等方面的提升。采用项目引领的根本目的是激发学生的兴趣,着眼于全体学生技术核心素养的共同提高。

项目教学是一种实践性很强的教学活动,它以建构主义教学理论、杜威的"从

做中学"等理论为基础。教师以项目为依托，激发和引导学生自主或合作完成一系列活动。学生通过实践来理解、掌握和运用蕴含在项目中的知识、技能，以实现知识技能的掌握、能力的提升和团队精神的培养。

4.2.1 如何选择项目

项目的合理选择与建构是项目实践教学成功的关键。在《技术与设计1》教材中，以主线形式出现的有3个内容：便携式小凳的设计、台灯的设计、机动车用三角警告牌技术试验。其中"便携式小凳"和"台灯"均为设计活动。也就是说，如果我们选择其中一个作为项目式学习的题目，学生通过教材就可以理清设计思路，了解设计过程中各环节的要求与方法。教材中对这两个内容均有设计方案的示范，学生在模仿的基础上创新，更容易保证项目的顺利完成。

4.2.2 如何克服硬件条件和活动管理的困难

项目式教学对于一线教师来说挑战是极大的，需要我们充分利用学校资源，并以灵活、创新的活动形式和管理方式来克服面临的困难。

例如：考虑到学校实践场地、材料、工具等条件的限制，笔者将在学校不便管理与操作的部分放到课下，如表3-3-5所示，从而充分发挥学生的能动性与创造力，同时也解决了因学校硬件条件的限制而导致无法实施项目教学的问题。为了避免出现学生的设计过程因缺乏指导半途而废，笔者尝试采用"设计过程管理书"的形式，如表3-3-6所示，帮助学生理清设计流程，记录关键问题，及时获取指导，有效推进项目的进行，最终保证项目的完成度。同时，通过"设计过程管理书"，教师的师评可以基于学生作品自评与过程自评，来判定核心素养的达成情况。

表3-3-5 "便携式小凳的设计与制作"项目过程框架

实践环节	发现与明确问题（教材41页）初步制定设计方案	细化设计方案、制作原型、测试、优化等	作品说明与展示
时间安排	1课时	与教学第四-第七章时间同步，学生利用课堂和课余时间完成	1课时

表 3-3-6　设计过程管理书

项目名称	便携式小凳的设计与制作
设计要求:(可根据实际情况调整) 1.结构简单、稳固,易于制作 2.自重轻、体积小,便于携带 3.制作成本不高于 5 元 4.承重不低于 25 kg	

初步制定设计方案:(可对方案拍照,将照片插入)

细化与改进方案的相关记录:(可对方案拍照,将照片插入)

规划材料、选择工具:(将下料图拍照并插入)

所需工具:

测试过程:(可插入照片)

测试内容	质量(g)	承重(kg)	是否便携(赋分)					稳定性
			5	4	3	2	1	
测试结果								

作品实物图片:(以准确反映结构特征为宜,不限于一张)

作品说明书:

续表

作品自评：

项目	评价标准(请在符合的方框内划"√")			
结构功能的实现	功能的实现合理，人机关系合理	功能的实现合理或人机关系合理	能实现功能	不能实现功能
结构的强度与稳定性	能承重 25 kg，触碰(或摇晃)不倒	有一定的强度，轻碰(或轻摇)晃动，但不倒	强度较差，轻碰(或轻摇)晃动，但不倒	强度较差，轻碰(或轻摇)即倒
外观及制作工艺	外观创新，工艺连接合理，表面处理平整、光滑	工艺连接合理，表面处理平整、光滑	工艺连接合理或表面处理平整、光滑	未制作原型
设计方案	构思过两个及以上合理的设计方案，初步制定设计方案后有改进过程	构思并初步制定一个设计方案，有改进过程	有一个设计方案，无改进过程	无设计方案
实物与设计方案的一致性	完全一致	大致相符	部分相符	完全不符
符合设计要求	完全符合	大致符合	部分符合	完全不符

作品互评：(此项为手写)

请其他小组的同学为本作品打分

序号	评分项目(每项满分 20)					总分	评价人
	实用	创新	经济	美观	安全性		

小组成员分工：

我们的收获：

教师评语：

此外,在课堂要充分对学生进行安全教育。

布置便携式小凳的设计任务后,随着后续课堂内容的进行,教师要适当结合便携式小凳举例、展示等,如展示市面上的折叠凳;认识可以用来制作凳子的材料;介绍该材料的加工工具及工具使用方法等,以帮助学生推进这种大项目的进程。

经历设计的一般过程的实践活动通常能覆盖"技术意识""工程思维""创新设计""图样表达""物化能力"5大核心素养,如果全部在课堂进行,一般需要5课时以上才能完成。而实践所需的场地、设备、耗材等硬件水平和完善的课堂管理、安全保障等措施对学校和教师都提出的较高要求。在不具备这些条件的情况下,我们用1课时发现与明确问题,引导学生初步制订设计方案,后续的设计环节由学生结合课堂内容在家完成,一方面解决了课时限制的问题,另一方面学生可以使用的材料更丰富、工艺更多样,与家庭劳动教育相结合,操作安全也更容易得到保障。

5 展望

依据通用技术新课标和新教材,结合教学实际,以课堂可管理、好操作为前提,精选设计题目,着眼学生的学习过程,以创新的活动形式和管理方式开展实践教学活动,开发体现学科核心素养和课程技术特点的实践学习案例,需要一线教师的共同努力。期望我们开发出的适合高中学生特点、体现通用技术学科实践性和创造性的实践学习资源,能够为学科核心素养在教学中落地更好地服务。

参考文献

[1]中华人民共和国教育部普通高中通用技术课程标准(2017年版)[S].北京:人民教育出版社,2018.

通用技术实践操作案例的开发与研究

天津市东丽区四合庄中学　刘阳

摘　要：通用技术是一门立足于实践，注重创新、高度综合、科学与人文相融合的课程。在这门课程中，理论与实践是相辅相成的关系，脱离了实践的理论就犹如纸上谈兵，同样如果忽视了理论知识的学习，实践缺乏严谨，达不到一定的高度。通过动手实践可以提升对理论知识的认知，激发学生的学习兴趣。本文将讨论如何将理论知识贯穿于学生实践活动当中，这种实践操作活动应涵盖多章节知识，从而实现对各章节知识的综合运用，让学生的动手能力和技术素养的得到全面的提高。

关键词：实践操作活动；动手实践；理论实践结合

1 研究的主要内容

"基于学科核心素养的通用技术操作学习案例的开发"课题中，把通用技术实践活动的形式分为很多种：有技术设计活动、技术试验活动、技术探究活动、技术体验活动、技术游戏活动、技术制作活动、技术操作活动、技术评价活动、技术文化活动、技术与其他学科的整合活动。笔者主要研究与技术操作活动相关的案例。

技术操作是指学生在技术活动中能够安全、正确地选择和应用工具、设备、材料,完成相关的技术项目和作业的活动。在技术操作活动中,学生要能根据设计方案和已有条件选择加工工艺;能正确选择常用的工具,正确、安全地进行操作,制作出产品的模型或原型。具体而言,技术操作活动设计的主要内容有:能根据加工的模型选择加工工艺;能根据材料选择工具;正确的操作要领;安全操作规程;加工流程设计。笔者针对研究方向和学科知识体系,安排一个易操作、紧密联系本教材知识重难点开展的实践活动。要求主题鲜明、目标突出、比较有针对性且技术含量低,活动材料易准备。让学生将所学内容即时的应用于所设计的活动中。以此来激发学生学习兴趣、激活创新思维,提高教学效果。

2 研究的理论依据

《普通高中通用技术课程标准》中指出:"技术课程立足于学生的直接经验和亲身经历,立足于'做中学'和'学中做'。技术课程以学生的亲手操作、亲历情境、亲身体验为基础,强调学生的全员参与和全程参与。每个学习者通过观察、调查、设计、制作、试验等活动获得丰富的'操作'体验,进而获得情感态度、价值观以及技术能力的发展。"普通高中通用技术课程是一门立足实践的课程,由此可见,实践教学在课程实施中具有极其重要的地位。

《美国国家技术教育标准:技术学习的内容》指出:"学习技术最大的好处之一是学会动手",并强调:"实际利用一个设计过程,并用之找到技术难题解决方案的能力只能来自亲自动手的经历"。俄罗斯劳技课大纲规定:"理论学习占30%,实践与实验室学习占70%,其中个人方案设计占10%"。法国高中开设的"工程师科学"课规定:"实践活动占三分之二的课时,知识的概括与总结占三分之一的课时"。可见在技术课程中实践能力的培养尤为重要。实践教学实施的好坏直接关系到通用技术课程是否能够健康发展,课程目标是否能真正落实。通过实际的课堂教学发现对于一些综合性的实践活动由于受各种条件的限制,实施起来会比较困难,但是如何设计出一些适合学生能力又能培养学生创造力的实践活动,如何在课堂教学中更好实施实践活动等问题,也恰恰是教师在是通用课程实施过程中亟待解决的问题。

3 研究目的及意义

3.1 研究目的

通用技术的学习过程是同学们主动建构知识、不断拓展能力、形成良好的情感态度与价值观的过程,是一个富有生机、充满探究、方式多元的活动过程。因此,培养学生的创新精神和实践能力成为通用技术教学的重要使命。在本次新课程改革中,学生探究能力的培养、学生学习方式的转变成为重要内容之一。

在技术发明、技术革新、技术推广的活动中,技术试验的作用不可忽视,它是发现问题、探究规律、优化技术的关键。在通用技术的教学过程中,应突出这一点,它既是技术学习的内容,也是技术学习的方法和手段,对培养学生探究的思想方法、培养学生良好的精神和意志品质具有重要作用。

3.2 研究意义

通用技术课程是一门理论与实践相结合,注重技术与设计,科学与人文相结合,且实践性很强的课程。通用技术课程的最大特点就是实践性,如果想较好地达到教学目的就需要给学生提供一个技术学习的平台,从而提高他们的技术素养。技术操作活动是指学生在技术活动中能够安全正确的选择和使用工具、设备、材料,完成相关的技术项目和作业的活动。

教师在教学中只有让学生"在学中做,在做中学",才能激发学生兴趣,从而提高学生动手实践能力、创新能力,进而培养他们的技术素养。

4 研究方法

(1)文献资料法：以技术课程标准为主要依据，并结相关资料(网络上的优质资源)进行分析研究。

(2)观察法：对实践活动的项目的课堂教学实践进行全面观察。

(3)比较法：对同一教学目标采用不同的实践案例，从而产生不同的结果，对结果进行比较分析。

(4)问卷调查法：本课题调研采用问卷调查法，主要调查学生的动手实践能力、学生对通用技术课的认识和态度、对于实践活动的看法、喜欢的实践活动类型、喜欢的实践活动课堂组织方式。

(5)归纳法：对研究结果进行归纳总结。

5 研究思路与步骤

选择多个案例对同一部分问题进行研究，在案例实施过程中会发现各个案例的优点和不足，取长补短，经过比较权衡选出合适的案例，再加以完善。

5.1 第一阶段：2020 年 3—5 月

第一阶段是准备、调研阶段。这一阶段主要完成如下几项任务。

(1)收集与课堂技术操作活动相关的资料，研读相关的论著，确定研究内容。

(2)制订具体的研究计划。

(3)本课题调研采用问卷调查法，主要调查学生的动手实践能力、学生对通用技术课的认识和态度、对于实践活动的看法、喜欢的技术操作活动类型、喜欢的课堂组织方式和评价方法。

5.2 第二阶段：2020 年 6—11 月

第二阶段为实践研究和资源开发阶段。

(1)根据教材选取合适的内容进行实践活动的设计。根据第一阶段的调研分析结果,设计适合的实践活动案例。

(2)在实际的课堂教学中,运用实践活动案例,通过课堂教学效果,检验其实用性和易用性,并对其组织形式加以完善。

(3)中期检测,主要是部分经过教学实践检验的实践活动和教学案例及教学反思。

5.3　第三阶段:完成中期报告

第三阶段继续前面第二阶段的研究,完成中期报告。

5.4　第四阶段:反思总结阶段

第四阶段为反思总结阶段,主要完成以下几个任务:对前两阶段的研究成果进行反思、梳理、总结;最后成果以研究报告、研究论文、教学课例等形式展现出来。

6 研究主要解决的问题

6.1　案例设计要紧密结合教材内容

我们不能一味地追求开发学生的动手能力而脱离了教材,因此精选的实践案例需要涵盖书上的知识点。笔者主要解决的是设计涵盖技术操作部分知识点的实践活动,要解决如何把理论知识更好的渗透在动手过程中。

6.2　案例设计要贴合学生实际生活,激发学生的动手兴趣

通用技术实践操作案例只有把所学知识和学生的生活紧密联系起来,才能激发学生的学习兴趣,促使他们积极思考,努力探究,提高技术素养。

6.3　材料选择

在材料的选取上要遵循:环保、成本低、可循环利用的原则。尽量让学生在家

里收集一些废旧材料,实现废物再利用。培养学生的节约及环保意识。

6.4　实际操作

在技术操作活动中,学生要能根据设计方案和已有条件选择加工工艺;能正确地选择常用的工具,正确、安全地进行操作,制作出产品的模型或原型。

在本课题中,笔者主要开展技术操作这一分支案例的开发与研究,配合负责老师完成整体课题的研究工作。

7　主要研究成果

7.1　问卷调查

主要调查学生的动手实践能力、学生对通用技术课的认识和态度、对于实践活动的看法、喜欢的技术操作活动类型、喜欢的课堂组织方式和评价方法(图3-4-1)。

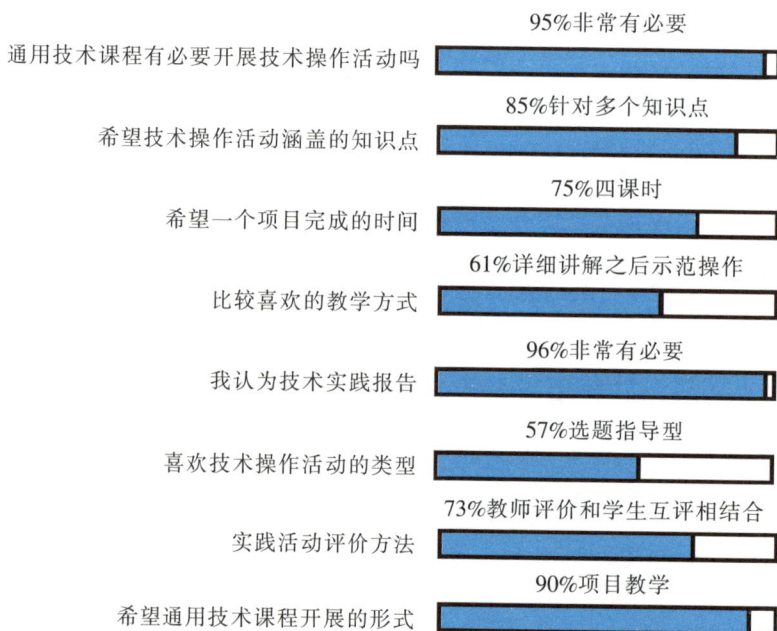

通用技术课程有必要开展技术操作活动吗　95%非常有必要

希望技术操作活动涵盖的知识点　85%针对多个知识点

希望一个项目完成的时间　75%四课时

比较喜欢的教学方式　61%详细讲解之后示范操作

我认为技术实践报告　96%非常有必要

喜欢技术操作活动的类型　57%选题指导型

实践活动评价方法　73%教师评价和学生互评相结合

希望通用技术课程开展的形式　90%项目教学

图3-4-1　问卷调查结果

7.2 教学案例

在研究初期,笔者主要把研究目标放在木材的加工工艺上,因为木材相比金属、塑料,有加工起来简单,危险系数低,成本低等特点。因此,选取了《木梳的制作》与《孔明锁的制作》两行个木工案例,分别在两个班级开展不同项目,根据目标达成情况及实操问题,总结出表3-4-1:

表3-4-1 项目梳理表

项目	三视图	构件之间的衔接	精度对作品的影响	工具的使用	文化内涵
木梳的制作	木梳是单一构件,三视图中主视图复杂	单一个体	精度影响美观	木工工具,多重复性易于操作	历史久远,寓意深刻,和生活联系紧密
孔明锁的制作	每个构件都是个独立个体,需要分别绘制三视图,难度和教材相仿,目标易于达成	3个构件组成,相互关联	精度影响连接,影响使用	木工工具,易于操作	历史久远,寓意深刻,闻名世界,是我国独有结构,在建筑上使用广泛,可以激发学生的民族自豪感和爱国热情。

如果抛开一些知识点,单纯是工具的使用,木梳的制作也是个很好的题材,学生们用到自己做的梳子,很有成就感。但最终还是选取涵盖知识点最全面,文化内涵更丰富的《孔明锁的制作》为技术操作实践案例,并在其他班级实施。

孔明锁的制作苏教版《技术与设计1》

教学目标:识读、绘制简单的三视图;木工的加工工艺,初步学会对材料进行加工(划线,锯割、打磨等);通过制作中反复尝试,选择合适的工具,找到合理的制作方法;制作时有一定的精度要求,培养学生严谨的态度。

教学重点：三视图的识读，制作工具的正确使用，安全意识。

教学难点：孔明锁各部分的修正。

教学资源准备：尺、铅笔、木工锯、普通钢锯、钢丝锯、锉、锤、砂纸、手电钻、木料等。

教学过程：

引入新课：观看古代建筑榫卯结构视频，体会中国古代建筑文化榫卯结构的博大精深。

找两位学生拆装孔明锁。

教师讲解示范"画线—锯割—锉削—修边"的方法及技巧。

强调安全操作。

制作步骤：选择木料并按图上的尺寸划线；利用手锯沿画好的线。

锯出原始形状，三块相同的薄木片（注意控制好后续加工的余量）；选用凿子或钢丝锯做出方孔，如果用钢丝锯，先用电钻钻孔；3块木板都完成后看看能不能插入和锁紧，并作微调（宁紧勿松）。

讨论小结：用什么方法保证了部件的准确度？用哪种锯进行了锯削，为什么？想锯直注意哪些方面？用凿子和钢丝锯哪个更简单，实际操作中哪个更理想？在提高效率方面你有无考虑，是怎样做的？

教学实施建议：本节建议4课时，第一课时带领学生了解榫卯结构，复习三视图知识，并进行下料画线；第二课时锯割，教师进行示范讲解，学生们动手锯割，老师进行指导；第三课时锯割收尾，锉削构件，并进行修边；第四课时进行误差调整，修改，并进行评价（自评、他评）。可参考图3-4-2和表3-4-2。

Part 1

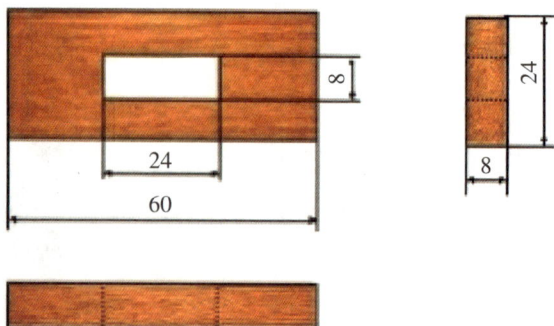

Part 2

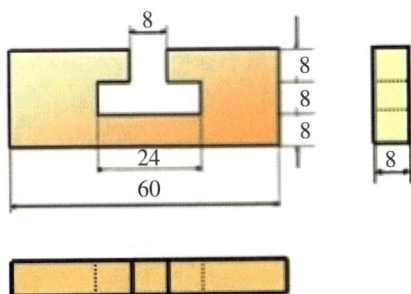

Part 3

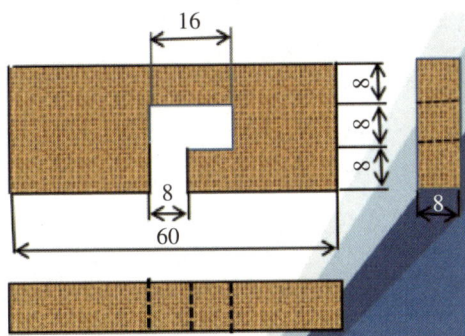

图 3-4-2　示意图

表 3-4-2　设计制作过程管理书

项目名称		班级	
小组成员			
成员分工			
测量及三视图的绘制			
规划材料选择工具：			
误差测量：			
作品实物照片			

续表

项目评价表				
	评价内容	分数	得分	备注
测绘	对实物进行测量,绘制出三视图	20		
下料	合理、经济的选材划线	15		
制作	合理选用工具,划线准确性高,尽量不出现废料	30		
质量	整体尺寸误差控制在 3 毫米,接缝处应紧实,缝隙控制在 1 毫米以内,成品线条流畅美观	20		
进度	4 课时	10		
文明施工	安全操作,工完料净	5		
总分				
体验收获				
教师评语				

参考文献

[1]顾建军.普通高中技术课程标准(实验)解读[M].武汉:湖北教育出版社,2003.

[2]教育部基础教育司,师范教育司.技术课程标准研修(通用技术)[M].北京高等教育出版社,2004.

[3]顾建军,段青.通用技术教学研究与案例[M].北京:高等教育出版社,2007.

[4]顾建军.理解与实践通用技术新课程[M].北京:高等教育出版社,2007.

学科核心素养导向下的实践学习
案例研究

天津市咸水沽第一中学　于丽萍

摘　要:通用技术核心素养包括技术意识、创新设计、图样表达、物化能力、工程思维。素养的形成不是由教师传递给学生的,而是通过教师的组织作用,引导和促进学生主动参与学习实践活动,在实践学习过程过程中形成和发展的,在 45 min 课内最好安排 20~25 min 能完成设计、制作、评价、交流展示的实践案例,最好与教学重点联系紧密,实践活动最好选择方便取材、安全可靠、较好操作、容易评价的案例。基于核心素养导向下的教学要积极引领学生学习方式的转变,使学生在技术学习过程中成为主动建构知识、不断拓展能力、形成核心素养。

关键词:通用技术核心素养;实践学习案例;素养的形成

通用技术课程实验已经 15 年, 积累了案例教学和项目教学等一些最基本的教学经验,但在学科教学中还存在着以知识传授为主,缺乏课程资源、教师专业知识能力水平有限等问题。随着课程改革的不断深入,基于核心素养的教学要求改变以往教学中学生过于偏重接受性学习的倾向, 积极引领学生学习方式的转变,使学生的技术学习过程成为主动建构知识、不断拓展能力、发展核心素养的过程。因此,本项目开展通用技术学科核心素养导向下学习方式变革的研究,对于推进通用技术课程实施具有重要意义。

我们都知道，素养是沉淀在人身上的，对人的发展、生活、学习有价值、有意义的东西；是一种准备就绪的状态或一个特定行为方式的倾向。核心素养是学生应具备的、能够适应终身发展和社会发展需要的必备品格和关键能力。学科核心素养、适应信息时代要求和未来社会挑战，运用学科核心观念、通过学科实践，以解决复杂问题的学科高级能力，主要包括学科观念、学科思维、学科方法等。通用技术核心素养包括技术意识、创新设计、图样表达、物化能力、工程思维。技术意识是对技术现象及技术问题的感知与体悟。工程思维是以系统分析和比较权衡为核心的一种统筹性思维。创新设计是指基于技术问题进行创新性方案构思的一系列问题解决过程。图样表达是指运用图形样式对意念中或客观存在的技术对象进行可视化的描述和交流。物化能力是指采用一定的工艺方法等将意念、方案转化为有用的物品，或对已有物品进行改进与优化的能力。核心素养是教学的方向，每位老师都在教学中要研究怎样落实核心素养，所以笔者主要参与《基于学科核心素养的通用技术实践学习案例的开发》子课题的研究和实践，学生活动与学生身心发展之间存在相关对应性，单一、片面的活动只能导致学生片面发展，多样、丰富的活动才能促进学生全面发展素养，素养的形成不是由教师传递给学生的，而是通过教师的组织作用，引导和促进学生主动地参与学习活动，在学习过程过程中形成和发展的。

笔者主要在实践教学中开发和设计了 3 个案例，而且在实际教学中发现了一些问题并思考怎样解决。很多学校都是每周一节课或者即使上两节课也不可能连排的情况，大多数的实践教学案例在知识学习的中间进行，所以在 45min 课内最好安排 20~25min 能完成设计、制作、评价、交流展示的实践案例，最好与教学重点联系紧密，案例最好选择方便取材，安全可靠，较好操作，容易评价的案例。基于核心素养导向下的教学要积极引领学生学习方式的转变，使学生在技术学习过程中成为主动建构知识、不断拓展能力、形成技术意识，创新设计，图样表达，物化能力和工程思维等核心素养的养成习惯。

1 技术设计与实践活动案例

包含技术设计、技术测试与评价、技术制作活动等内容。

必修 1 第二章第三节设计的一般过程,教学参考书中建议用一节课最多两节课完成,它是本书的重点也是本章重点怎样才能顺利设计制作和完成设计的一般过程,初步培养学生的技术素养是关键。

承重纸台的设计与制作

学习目标

(1)能够根据设计对象和现有条件制订解决问题的一个或多个方案,体验技术设计的一般过程。

(2)能用简单的草图表达与交流设计构想。

(3)通过经历技术设计的一般过程,初步了解设计方案的可行性和合理性。

(4)能根据设计要求选择合适的连接方式,分工合作完成制作。

(5)通过纸台的测试竞赛调动学生的成就感,初步培养学生的创新设计、物化能力、图样表达、工程思维等核心素养。

承重纸台准备的材料和工具

①A4 纸两张;②胶水和胶带,胶棒;③剪刀和壁纸刀;④一把尺子;⑤一个天平。

承重纸台的设计要求

(1)纸台的高度大于等于 8 cm,底面积大于 12 cm²。

(2)纸台的承载能力等于承重量比上纸台自重。

(3)承重测试保持静止最少 5 s。

承重纸台加工方法:画线、折叠、裁剪、粘贴。

承重纸台测试、评估及交流展示

承重纸台测试:在纸台上方放书籍,对承载能力进行测试并记录。

承重纸台作品评价:主要有 12 项评价从设计、草图、创新点、材料、工具、工艺、连接、牢固性、稳定性、造型美观、表面处理、合作分工、参与度,经比较权衡后提出改进意见等进行评价。先自评再互评教师评价等,评价的项目有以下几条(表 3-5-1)。

表 3-5-1　承重纸台评价表

评价项目	简述本组情况优缺点	评分2分	4分	6分	8分
1 设计造型					
2 设计特点说明					
3 设计方案草图					
4 工艺精湛					
5 所用材料					
6 所用工具					
7 承载能力(承重量比上自重)					
8 各部分连接方式					
9 粘贴紧密、牢固					
10 体现创新					
11 分工协作情况					
12 经比较权衡后提出修改意见					

本案例通过纸台的测试竞赛调动学生的成就感,初步培养学生的创新设计、物化能力、图样表达、工程思维等核心素养。其中体现了一定的工程思维,它是以系统分析和比较权衡为核心的一种统筹性思维,通过比较各方案的优劣,确定承重重量与实际纸台的重量比值,选出最优、最合理的方案。培养学生简单的物化能力,怎样把设计的图纸制作出实际物品,测试连接的牢固程度。图样表达是指运用图形样式对意念中或客观存在的技术对象进行可视化的描述和交流,通过绘制设计造型和特点说明培养学生的图样表达。

2 制作电容充放电作品

必修 1 第五章第二节常见的技术图样中识读电子线路图。

必修 2 第四章控制的种类、内容这两部分都可以利用该实践课题,绘制电路培养了学生技术图样表达的核心素养,会用手工和设计软件绘制简单的技术图样等;能通过图样表达设计构想,用技术语言实现有形与无形、抽象与具体的思维转换,培养学生规范作图的能力。

(1)画电路图培养学生(图样表达核心素养)。

(2)元件摆放与布线(创新设计素养)。

(3)练习焊接技术、工具的使用、工艺常识(物化能力素养)。

(4)外观设计、材料的选择(物化能力素养)。

(5)选写使用说明书(技术意识素养)。

选择这项实践教学的目的和学习目标如下。

选择目的

常见的技术图样包括线路图,我们在生活中到处与电都有联系,为了安全可靠的实践,教学中采用低压电路;为了很好地看出实践效果,用发光二极管的亮灭来体现。

学习目标

(1)掌握电烙铁的使用,培养学生的操作能力(物化能力)。

(2)学生会绘制基本的电路图样表达(图样表达)。

(3)分小组准备材料、设计造型、布置焊接电路、加工组装、装饰外表、测试作品等,培养学生的物化能力(表3-5-2)。

表3-5-2　电容充放电作品评价表

评价项目	简述本组情况	2分	4分	6分	8分
1 设计造型					
2 设计特点说明					
3 设计方案草图					
4 工艺精湛					
5 所用材料及环保性					
6 所用工具情况					
7 是否正常发光					
8 各部分布局合理性					
9 焊接紧密、牢固					
10 体现创新					
11 分工协作合理					
12 经比较权衡后提出修改意见					

通过本教学案例培养学生规范绘图的技术素养，每组设计制作的作品都不同，主要是培养学生的造型创新设计，如何把所有电线和元器件连接并焊接牢固的物化能力，怎样选取原材料、优化作品外观、渗透工程思维等技术素养。图样表达课标中提到能识读机械、电子等技术领域常见的技术图样，如简单的电子电路图等，学生在该案例中能培养较专业的图样表达能力，图样表达体现在评价上设计草图、设计造型和设计特点说明。体现物化能力的有所有材料的环保性，知道常见材料的属性，工艺的精湛程度，是否发光，所用工具、设备的使用方法，焊接是否牢固，焊点是否有虚焊的情况；能根据方案设计要求，测试与规划，工具选择与使用，具有较强的动手实践与创造能力；能体验工匠精神对技术制造质量的独特作用，评价从整体到局部，从结果到过程，多角度多方位多元化的进行。在此基础上还可扩展延伸：闪烁指示灯的设计与制作，可以让学生设计与制作：用滑动变阻器控制时间间断，控制的闪烁指示灯的闪烁时间。

3 案例3：房屋简易雨水收集与利用系统的设计实践

应用情境

天津降雨量偏少，淡水供应紧张的情况时有发生。如果能从家庭做起，从校园和小区做起，安装雨水收集系统，把白白流走的雨水储存起来加以利用，既环保又解决了部分园艺浇灌和非饮用水用途，有解决了小区物业公司打扫楼道卫生用水问题及学校冲卫生间用水问题。

设计要求

(1)收集房屋顶端雨水，设计积水槽、落水管及走线，将雨水引流到储水装置中。

(2)调研本地平均降雨量，设计能满足连续下雨2d收集雨水的储水装置，给出建议装置的尺寸。

(3)设计储水装置的位置，使之方便用于生活杂用水、浇灌本小区绿化植物等。

(4)在下列表格中表达设计与实现的主要思路(表3-5-3，图3-5-1)。

表 3-5-3　房屋简易雨水收集与利用系统的设计实践测评表

	项目	
设计方案及制定	设计要求	
	设计分析	
	设计方案	
设计实现	绘制草图、加工(施工)图	
	材料准备	
	模型(原型)	
测试	测试	
评估	评估	
优化	优化	
使用说明和维护		

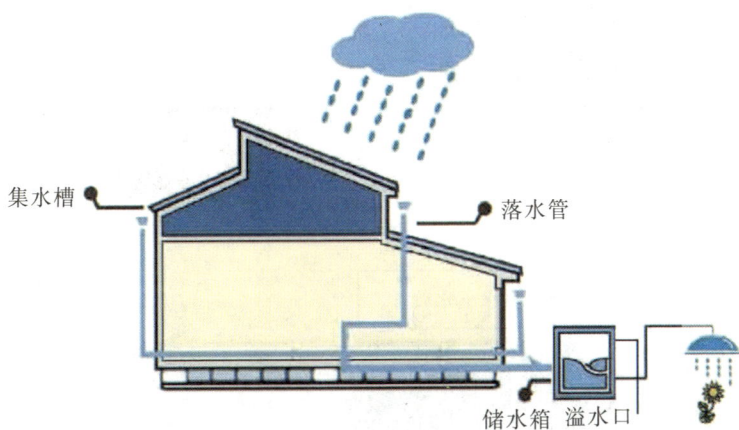

图 3-5-1　雨水收集系统设计示意图

根据案例设计的要求,主体可分为两个子系统,一是雨水收集;一是雨水储存。

3.1　雨水收集部分

组成

由集水槽和落水管组成。集水槽的走线,沿着屋沿下端一圈布线,各方向至少布一条落水管,将引入集水槽中。

材料

集水槽和落水管的材料选择,一种是可购买 PVC 材料的成品,一种是可以因地制宜选择毛竹这类天然材料加工而成。根据实地测量情况及项目资金用量,确定材料类型和用材量。

结构安装

雨水收集系统是隐蔽工程,安装应使外观不容易看出来,或管道走线应使房屋外观更加美化。采用夹片将管线牢固的固定在屋檐和外墙立面,确保管线不渗漏,流水通畅(图 3-5-2)。

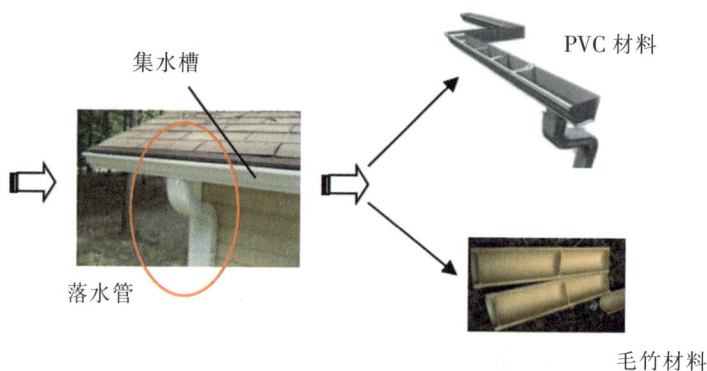

图 3-5-2　雨水收集

3.2　雨水储存部分

类型

根据场地空间和布局,储水装置可以设计为储水罐或储水池。

落水管中的水怎样收集,尤其夏天的雨水充足,若采用储水罐,可以立在小区边上的位置,并设计支架进行固定。若采用储水池,可做成开放的明池,也可做成封闭的地下池(图 3-5-3)。

位置

储水罐或储水池宜放置在距离用水量多的地点最近的位置和相对不明显的地方。

储水罐　　　　　　　　开放储水池　　　　　　　　地下储水池

图 3-5-3　雨水储存

储水装置尺寸计算

(1)年收集雨水量(屋顶面积 180 m²):1 mm 降水量也就等于向每亩地浇了约 650 kg 雨水,相当于每平方米浇了约 0.975 kg 雨水。以小区打扫卫生或学校冲卫生间为例,如果年平均降雨量为 1000 mm,每年每平方米可收集 975 kg 水。以屋顶面积 180 m² 计,每年收集雨水量为:975×180=175.5 t。

(2)储水罐或储水槽尺寸设计:按设计要求,要能满足连续下雨 2 d 收集雨水的储水量。

储水罐水位溢出

当雨水量大时,需要解决储水罐溢出问题,简单的办法是在储水罐上方引出一个溢出管,当水位到达管口自动流出,再让学生思考有什么解决方法。

房屋简易雨水收集与利用系统的设计实践培养了学生创新设计,怎样收集雨水、怎样存储雨水。同时也培养了学生图样表达,怎样把收集的信息通过构思方案绘制出来,与其他同学进行交流合作;培养了学生的工程思维,学生能认识系统与工程的多样性和复杂性,能运用系统分析的方法,针对雨水收集与利用技术领域的问题进行要素分析、整体规划,并运用模拟和简易建模等方法进行设计,能通过雨水收集和利用装置领悟结构、流程、系统等基本思想和方法并加以运用,能进行简单的风险评估和综合决策。从技术的功用性、可靠性、创新性和文化性以及专利保护等角度对作品(产品)设计过程和最终产品进行整体评价,写出评价报告。通过案例可以多方位多角度的培养学生的技术素养,形成对技术的亲近感,感觉技术就在我们身边。

4 实践活动 3 个阶段发现的问题及解决方法

实践性是通用技术课程鲜明的学科特色,实践活动中学生对各学科知识的综合运用、学科知识的内化、动手能力的提高、创新能力的培养都是通用技术课程的课程价值体现。相同的实践教学案例可能在教学中有不同的效果,想象很好的案例,可能在教学中并不理想。教师在实践教学中常遇到哪些问题,应该如何来设计与实现实践教学、并且有效的组织实施实践教学,才能实现实践教学为技术知识理论服务,实现对学生核心素养的全面提高。

4.1 实践教学开始阶段

学生参与实践活动分步骤,通常情况让学生先思考,再尝试,再分析(集中),再实践,再反思,再发言。先思考能有效避免学生的经验主义,具体操作是可以先不给实践活动材料或工具,引导学生按照教学内容中的技术思想和方法去思考实践活动应该实施的操作方向。尝试就是初步的动手去做一部分,这个部分是教师在教学设计时进行的有意识的分段;分析是学生集中反思刚刚进行的一部分实践活动的操作方向,相互交流后,对实践活动方向进行修正的过程;再实践就基本能够完成实践活动的全部内容了;反思是指对实践活动中应用到的技术知识的回顾,在实践活动中如何实现的理论联系实际,实现知识的内化过程。例如《手机支架的设计与制作》中提出任务驱动,教师引导先思考,手机支架怎样设计具有稳定性和美观的特点,怎样从灵感中提取素材应用到设计和制作中,学生再尝试,再分析。解决办法:在进行实践活动前,可以通过提问、引导、讲解、示范等多种教学方法,对实践活动内容进行铺垫,给学生充分的思考和准备动手做的时间。

4.1.1 知识上的铺垫

其中包括本次实践活动中涉及的基础学科知识(即科学原理),也包括通用技术学科知识(即技术思想和方法)。在进行知识铺垫的过程中,要注意思维不能跳跃,要循序渐进的开展活动。虽然在实践活动中运用的科学原理都是学生学习过的,但由于学生的知识迁移能力很有限,理论联系实际的能力也比较弱,很难轻松的独立完成实践活动,所以我们的实践教学前的铺垫和引导是非常必要的。通过铺垫和引导唤起旧知带动学生思维,让学生在实践中感受和锻炼知识的迁移能力和理论联系实际的能力。

4.1.2 技术操作上的铺垫

每一项具体的实践活动都对应着具体的操作规范,虽然有些技术规范是学生早就应该养成的,但实际的学生水平是有差异的,情况并不一定是我们理想的状态。凡是可能出现安全隐患的地方都要在操作前进行必要的讲解或提示;当某项技术操作相对复杂有可能会干扰到本节课的教学目标时,教师需要给学生操作提示,或者在不影响主要实践内容的前提下降低难度,避免喧宾夺主,将学生的注意力转移到操作技能上。这样在一次又一次的实践教学过程中实现学生技术操作规范的养成。如使用电烙铁焊接中断时要注意把工具放回支架上,防止烫到自己或其他同学。提醒锯弓的操作要领,防止锯条崩断,锯条的安装方向锯齿朝前等需要注意的地方。

4.2 实践教学进行阶段

通用技术教学经常讲"做中学",教学中教师希望学生快速进入"做"的状态中,所以老师快速讲完"要说的话",让学生"现在开始做吧",而学生却很茫然,不知所措,状态凝固一会儿,便开始观察一下桌子上摆的东西,有的用手试探性地碰一碰。学生在实践活动中按照自己的经验进行操作和实践,实践过程中问题频繁出现,教师有的疲于处理出现的各式问题,教学效率较低。

解决的办法:控制实践活动教学节奏,在实践活动中促使学生实现知识的内化,实现知识的沉淀。实践教学的每个步骤都应有集中、有展示、有点评,控制教学节奏,保证每个步骤的有效性。每个步骤集中时处理时间活动中的共性问题,让部分学生进行展示,然后可由学生互评,或教师点评,正所谓旁观者清,这是促进学生对自身操作的反思的好方法。《控制的手段与应用》一节内容中,实践活动为了让学生体验不同的控制手段,如小区垃圾桶盖的控制,有翻盖式的,有拉绳式的,有脚踩式的,也有感应式的,还有其他多种样式,学生充分发挥想象力和创造力,设计并制作出来。

4.3 实践教学总结交流阶段

很多时候下课前几分钟展示交流,草草结束了重要环节,实践活动后的总结是整个实践活动的点睛之笔,最后的总结除了有对学生的激励性评价外,还应指出可以提高、进步的空间,促进学生对实践互动的反思。房屋简易雨水收集与利用系统的设计实践,学生的设计方案各式各样,学生互评每组的优点,模拟投标的方式,学生角色分配表演,学生对与实践活动内容相关的问题或同类问题进行拓展研究,举一反三或是延展类推进行知识迁移,这样有利于学生自主学习能力的提高,促进知识体系的立体化。

通用技术学科核心素养包括:技术意识、工程思维、创新设计、图样表达、物化能力等5个方面,是从独特的知识建构、能力塑造、人格熏陶和个性与社会性培养等方面培养具有技术素养的人,实践教学案例的选取和实施紧密围绕培养学生的学科核心素养。学生在课程学习中,通过体现时代特征和社会发展需要的技术基础知识、基本技能、基本思想、基本态度的学习和基本经验的积累,形成对技术的亲近感、敏感性、理性精神、责任意识,以及对技术的文化感悟;经历技术设计的全过程,形成一定的方案构思、图样表达、工艺选择及物化能力;能够领悟基本的技术思想,形成初步的系统与工程思维,发展创造性思维,养成用技术解决实际问题的良好习惯;体验技术问题解决过程的艰巨性和复杂性,养成实事求是、严谨细致、精益求精、追求卓越的工作态度,培育工匠精神,最终学生喜欢技术,热爱技术,让技术之花开满校园。

参考文献

[1]中华人民共和国教育部.普通高中通用技术课程标准(2017年版)[M].北京:人民教育出版社,2018.

[2]顾建军,吴铁军.普通高中通用技术课程标准(2017年版)解读[M].北京:高等教育出版社,2018.

[3]张良,杨艳辉.核心素养的发展需要怎样的学习方式——迈克尔·富兰的深度学习理论与启示[J].比较教育研究,2019,41(10):.29-36.

[4]顾建军.技术与设计1[M].南京:江苏凤凰教育出版社,2019.

[5]顾建军.技术与设计2[M].南京:江苏凤凰教育出版社,2019.

高中通用技术实践教学探索

——以 3D 打印为例

天津市第一中学　　张君

摘　要:文章梳理了一线教师多年来利用三维设计软件和 3D 打印技术开展通用技术实践教学活动的探索与研究过程,总结了"3D 打印"校本课程实施的经验,分析了现阶段校本课程的不足,提出了"聚焦于通用技术课程,并以实践项目为依托"的校本课程实践活动设计思路,初步探讨了项目任务设计需要考虑的因素,并为下一阶段的研究指明了方向。

关键词:通用技术;实践教学;3D 打印;校本课程

在《普通高中通用技术课程标准(2017 年版)》中,关于该学科与实践教学的关系是这样描述的:普通高中技术课程是一门立足实践的课程;强化学生的手脑并用,发展学生的实践能力;注重学生创造潜能的开发,加强学生实践能力的培养;强调心智技能与动作技能的结合,强调理论与实践的统一……可见,技术实践能力是通用技术学科的核心能力,学生技术实践能力的培养是课程的重点之一。

1 实践教学问题的发现

在通用技术教学和指导学生实践的过程中,笔者曾被这些问题困扰……学生的设计创意受材料、加工方法和学生操作技能的限制而迟迟停留在图纸阶段;学生对生活用品的设计,比如一只手机壳、一个手机座,使用卡纸制作,往往强度不够,而用简易小机床来加工木板,尺寸精度又达不到要求,无法使用,只好放入展柜;学生在实践活动中也常常因材料和加工方法受限导致设计过程停滞,对材料联结的认识、标准件的使用、技术试验的实施无法进行,很难保证对设计过程形成完整的认识。有没有一种机械化水平较高,学生容易操作,耗材容易获得,加工精度较高,成品有一定强度的工艺,作为通用技术课内传统工艺的补充,能满足我们的需求呢?三维设计软件和3D打印技术引起了笔者的关注。

2 基于设备,主动探索

2013年学校购置了一台3D打印机,接下来的一年就是尝试使用该设备,并努力寻找3D打印在通用技术实践教学中的切入点。期间,需要研究耗材的分类及特性,对设备进行简单的维护与维修。在安全问题上,始终保持高度的警惕性,同时也积累经验,避免日后学生在操作时出现伤害事故。比如,疏通打印喷头容易烫伤手指;打印完成后,取模型时容易铲伤手指,这些内容应避免学生操作,由有经验的老师进行会比较稳妥。

要将自己的创意构思打印成实物,除了3D打印机的硬件需求,还需要三维设计软件。在我国,3D打印技术从2013年开始在基础教育领域起步,一些老师提出在中小学学科可用3D打印技术来打印教具。如语文学科,为配合小学五年级《赵州桥》的教学,3D打印出赵州桥的模型,以供学生直观地观察、欣赏赵州桥的整体及各个部分的构成。数学学科,打印所需的几何体,帮助学生学习立体几何的相关内容。但是,这些所谓的应用表征了对3D打印技术理解的片面性,认为凡是立体的物品都可以交给 3D 打印机来制造，却没有考虑要发挥 3D 打印技术的特长。事实上，与直接购买专用教具相比，3D 打印的教具成本高、打印速度慢，成品效果欠佳。3D 打印更适合于概念设计、私人定制、单件或小批量制造、打印样件用于试验，完成高精度的或内部镂空的复杂结构的制造等。结合中小学学科教学内容与特点，这项技术与学生的自主设计相联系是一种必然的趋势。

天津市第一中学早在 2009 年便尝试在通用技术必修模块用 1 课时让学生体验 Pro/E 三维软件实体建模，由于课时较少，学生只能算操作过三维设计软件，开阔了眼界，但与掌握三维设计技能相比还存在很大差距。要提升到设计技能的层次，三维设计软件的使用就必须基于学生的设计需求。

在 2015 年的"建筑模型设计与制作"选修课程中，学生第一次针对 3D 打印这种加工方式提出了设计需求。如图 3-6-1 所示，建筑模型的大门、栏杆需要特定比例与尺寸的设计，在网上无法买到合适的配件模型。

图 3-6-1　学生制作的建筑模型

为了表现建筑模型材料的丰富性，这些配件也不宜采用和墙体一致的材料，学生需要的理想材料是塑料。自主设计、制造的塑料件——这样的设计需求直接指向了三维设计和 3D 打印。由于课时有限，学生设计和制作建筑模型已经投入了大量的精力，实在无法分出一个人来学习三维软件。这时，笔者便作为成员加入了小组。由学生提供图纸，笔者来制作三维模型并打印。经常会有学生问："老师，为什么我设计的门,做成三维模型这么难看?"我会打趣地跟他说:"因为设计师设计的就是这么难看,我只是一个加工厂,完全是按客户的订单操作的。"经过多次交流与反复修改,学生最终都拿到了满意的配件模型实物。学生也从无法完整表达自己的设计方案到可以绘制比较准确的图纸,图样表达能力大大提升。这是一次有益的尝试,从学生的设计需求出发,用三维设计和 3D 打印解决问题。那么,有没有可能开设一门三维设计课程,让更多的学生掌握这项技能,并更好地为他们的设计活动服务呢?

3 校本课程的开设

天津市第一中学自 2015 年起,引入了创客教育模式的新思想,尝试开设基于 3D 打印技术的三维设计与制造高中校本选修课程。为了博人眼球和体现制造工具,我们的课程叫"3D 打印",但是我们并不只是讲 3D 打印机如何工作。从性质上来说它应该是一门三维设计与制造课程。利用现代化的计算机辅助设计方法解决传统设计不便,借助 3D 打印这一新兴的现代工艺,从学生的工科潜能发展、创造性实践兴趣等角度展开,培养学生敢于创新、善于实践的精神和勇气,拓展学生的"互联网+教育"视野,使学生的创造潜能与实践能力得到进一步发展。

从 2015 年选用的 Google SketchUp 建模软件到 2016 年的 3D One 软件,经过 4 期课程,我们选定了 3D One 为教学软件,同时也积累了校本课程实施的一些经验。

3.1 教师指导

首先,精确的设计与严谨的态度密不可分,而教师的态度又决定了学生的态度,因此教师在这方面应为学生做出表率。其次,教师对软件要保持足够的学习热情,这样才能感染学生。再次,教师在学生的设计活动中可担任参与者的角色,就像组内的一个成员,而不是旁观者。有效的讨论与思维碰撞更容易激起学生的创意火花并有效推进他们的设计过程。

3.2 学友互助

学生在课堂和课余都可实现互助。课堂是我们的"3D 打印"校本课程的课内时间。课余主要是学生在 QQ 群(天津一中 3D 打印交流群)中的交流。

3.3 持续关注

教师在布置设计任务后,要持续关注学生的设计进程,适时指导,避免学生出现效率低下甚至无法完成设计的问题。不但课堂上要积极指导,为学生答疑、示范等,课余也可通过 i 3D One 社区看到学生发布的模型,并通过社区私信的途径进行指导。当然,也可以给学生作品点赞,鼓励他们。

3.4 及时反馈

课堂及时反馈教师发现的、学生发现的共性问题,提高指导效率。学生完成三维模型的设计后,教师尽快利用课余时间打印,将实物在下一堂课中展示并送达学生手中。这样做的好处是,一个学生拿到打印成品会进一步激发其他同学的设计热情,他们将有可能更快、更好地完成任务。

3.5 整理存档

针对每节课或设计任务的不同阶段,及时归纳与总结,即使只是列出一个提纲,对于后续的改进与完善也是能起到重要的指导作用。此外,这些课程资料的积累,也可为学校课程改革及创新课程体系的建设提供参考。

4 回归实践教学出发点,打造特色设计项目

开设"3D 打印"校本课程 2 年来,通过教学,我们致力于训练学生在三维设计上的思维方式,养成动作技能,最终以令人眼花缭乱的学生作品呈现。然而,面对这些丰富的作品,静心反思,我们是否偏离了最初要解决的实践问题,而陷入了单纯的"工具"使用的过程呢?

我们实践的目的是培养学生的技术实践能力。在哲学层面,狭义的实践能力

一般是指改造自然、改造社会的能力,如实验能力、管理能力、操作能力等。在心理学研究中,对于实践能力的研究主要集中于实践智力,美国心理学家斯腾伯格认为:实践智力是一种将理论转化为实践,将抽象思想转化为实际成果的能力。我国学者刘磊、傅维利在对个体实践能力研究后,将其定义为:保证个体顺利运用已有知识、技能去解决实际问题所必须具备的那些生理和心理特征,并提出实践能力含有4个基本构成要素:实践动机、一般实践能力因素、专项实践能力因素和情境实践能力因素。综合以上内容,为了使技术实践能力的培养具有现实性和可操作性,我们最终应聚焦于通用技术课程,并以实践项目为依托。

项目教学法是指学生在教师的指导下亲自处理一个项目的全过程,在这一过程中学习知识和各项技能。在通用技术实践教学中,可以通过项目任务的形式,引导学生深入探究某一近乎真实、复杂的问题,从中培养学生的技术实践能力。项目任务的设计需要考虑多方面的因素,比如:考虑项目成品的实用性以提高学生的实践动机;考虑项目任务与教学内容的匹配度,以提高学生思维的深度;考虑与学生的能力匹配以提高项目完成的成功率;考虑教师的专业背景以使指导更得心应手;考虑材料处理的便捷性以提高项目完成的时间效率;此外还要综合考虑学校的特点、材料的价格等方面。而以像3D打印机这样的设备为依托,结合通用技术课程理论,科学地设计实践项目并在校本课程中实施,就成为我们下一步研究的主题。

参考文献

[1]中华人民共和国教育部.普通高中通用技术课程标准(2017年版)[S].北京:人民教育出版社,2018.

[2]童宇阳.3D打印技术在中小学教学中的应用研究[J].现代教育技术,2013,23(12):16–19.

[3]斯腾伯格.成功智力[M].上海:华东师范大学出版社,1999.

[4]刘磊,傅维利.实践能力:含义、结构及培养对策[J].教育科学,2005,(02):1–5.

[5]孙俊.高中生技术实践能力培养的研究[J].教育研究与评论,2015(05):69–74.

基于学科核心素养的步行机械小人项目的开发

天津市第二新华中学　　高旭

摘　要：本文从步行机械小人的特点及教学中遇到的问题入手，展现了步行机械小人项目的开发基础，开发过程为对步行机械小人进行拆分，按照课程标准要求设计教学内容，遵循目的性、活动性、实践性、趣味性、连接性的原则开发步行机械小人项目教材、教学设计及课件，并进行教学实践，展现了实施过程，给出了开发启示，力争对学科核心素养下的通用技术教学有一定的借鉴价值。

关键词：开发基础；开发过程；实施；启示

1 步行机械小人项目的开发基础

1.1　初识步行机械小人

最早接触步行机械小人是在指导学生参加无线电工程竞赛上，该比赛要求在一定时间内，通过机械组装、电路焊接等环节制作完成步行机械小人套材，在具有不同分值的场地图纸上行走调试后进行比赛。步行机械小人最后停下的区域分数就是得分,并记录行走时间,比赛成绩按分值优先,分值相同,用时少者获胜。该项目是一个相对简单的电子控制系统,集合了结构、流程、系统、控制的相关知识,具有一定的趣味性,深受学生喜爱。

1.2 《技术与设计 2》教学遇到的问题

《技术与设计 2》共有 4 个单元,结构及其设计、流程及其设计、系统及其设计、控制及其设计,每个单元教材上都给出了大量的案例帮助学生理解相关知识,但是这样的方式对于结构、流程、系统、控制的认识相对独立,不容易建立联系。《普通高中通用技术课程标准》项目任务提示中指出,本模块可以采用大概念引导大项目的方式进行项目设置,不同地区、学校可以根据自身特点确定项目。天津市第二新华中学有电子制作专用教室,工具材料齐全,同时还有 3D 打印设备,可以满足学生的个性设计制作要求。因此,进行步行机械小人项目的开发,把《技术与设计 2》相关知识融合在设计制作项目中,为学生创造实践情境,在"做中学"及"学中做",提高学生的技术素养。

2 步行机械小人项目的开发过程

2.1 设计教学内容

本项目面向高二年级学生,根据学生的年龄特点及认知规律,在认真研读《普通高中通用技术课程标准》的基础上,对步行机械小人进行拆分,分别找出对应结构、流程、系统、控制的核心知识并设计相应活动,如表 3-7-1 所示。

表 3-7-1

单元	教学活动	课标内容要求	培养核心素养
结构	拆装减速齿轮箱	从力学的角度解释结构对技术产品及其功能实现的价值	技术意识
	探究试验:稳定性影响因素及结构的连接方式	通过技术试验或技术探究分析影响结构的强度和稳定性的因素	工程思维
	支撑脚的设计与制作	结合生活中的实际需求进行简单的结构设计,并绘制图样,做出模型或原型	图样表达 创新设计 物化能力
流程	机械组装	理解流程及其环节、时序的含义,识读和绘制简单的流程图	图样表达 物化能力
	电路板焊接		
	电气及整体连接		
	画出整个过程的流程图		
系统	步行机械小人系统特性	从技术应用的角度理解系统的含义、基本构成及主要特性,结合实例学会系统分析的基本方法	工程思维
	机械调节		
	电路调节		
控制	步行机械小人控制系统的工作方式及方框图表达	熟悉简单的开环控制系统基本组成与工作过程,用方框图表达控制系统的工作过程	图样表达 物化能力
	趣味竞赛	根据控制系统的控制要求,进行调试运行和综合评价	

2.2 开发项目教材及配套教辅材料

2.2.1 开发原则

根据学校的发展理念和学生实际,在充分了解学生认知能力和知识技能的基础上进行《步行机械小人的制作》项目教材的开发。开发过程中注重以下原则。

(1)目的性:为学生系统学习《技术与设计2》的相关知识开发步行机械小人项目,帮助学生建立结构、流程、系统、控制的基本思想与方法,提高学生的通用技术核心素养。引导学生认识生活中有着广泛应用的减速电机箱,了解它的结构组成及工作原理,提高学生的技术意识;通过识读安装图及绘制制作流程图,提高学生的图样表达;借助 3D 打印机设计制作支撑脚,提高学生的创新设计、物化能力及工程思维;步行机械小人的电路调试及机械调试,提高学生的工程思维;制作完成步行机械小人的制作,提高学生的物化能力。

(2)活动性:步行机械小人项目教材的开发以学生为主体,教材按照学生活动顺序展开,即使没有教师讲解,学生也完全可以参照教材开展活动,进行自主探究。

(3)实践性:实践性是通用技术的特色之一,技术思想和方法的获得往往要借助动手实践活动。在步行机械小人的结构分析中进一步理解结构的稳定性及强度的相关知识,齿轮传动、连杆机构的设计中掌握机械传动的特点及应用;组装过程中理解流程中环节及时序的属性,建立流程优化的意识;故障排查中理解系统的概念及相关特性;调试过程中理解控制的方法及相关概念;趣味比赛中获得成功的体验及积极的情感,真正实现在"做中学"和"学中做"。

(4)趣味性:步行机械小人的制作评价借助竞赛来进行,分为竞技赛和表演赛,竞技赛中学生想方设法让步行机械小人走得快的同时还能停在 100 分区域,需要不断调试电位器,比较权衡。步行机械小人速度太快有可能倾倒,不走直线有可能两个撞在一起;表演赛考查的是小组的整齐程度,尽量让本小组的步行机械小人速度相同,走成直线,但总有步调不一致的,竞赛过程中充满欢声笑语。

(5)连接性:步行机械小人的制作过程中综合运用到物理及电子制作的相关内容,识读电子元器件、电子电路焊接、电路调试等内容是通用技术选修课程内容,也是大学中电子信息工程、自动化等专业的课程内容,让学生在高中阶段涉猎相关知识,连接大学课程内容,为学生的职业生涯奠定一定的基础。

2.2.2 教材及配套教辅材料

按照结构、流程、系统、控制的顺序排布教材内容,教材目录如图 3-7-1 所示。教材采用图文并茂的形式,分单元按照活动步骤展开,既有活动内容,又融合相关知识,帮助学生顺利进行制作。如第一单元认识步行机械小人,不同型号的螺丝用在不同的位置、机械腿的组装步骤及工具的使用等都以图片的形式清晰呈现。栏目设置的知识链接为学生提供帮助,思维拓展帮助学生进一步思考,发散思维,拓展能力。同时,依据教材,编写了每节课的教学设计及教学课件。如减速电机箱中的蜗轮传动及齿轮传动都有配套的视频,让学生能够清晰、直观的了解传动原理。

目　录

图 3-7-1　教材目录

3　步行机械小人项目的实施过程

3.1　项目实施准备

教室：电子制作专用教室。

工具、材料准备：电烙铁（带烙铁架及湿水海绵）、焊锡丝、十字螺丝刀、一字螺丝刀、尖嘴钳;3D 打印机;步行机械小人套材。

其他物品:烫伤膏、碘伏棉棒、酒精棉球等。

3.2 创建学习小组

两人一组,自愿结组,明确分工,课前完成。

3.3 教学实施

第一阶段:情境创设,初识步行机械小人

展示步行机械小人比赛视频,创设任务情境,激发学生兴趣。分发已做好的步行机械小人,每组 1 个,观察并写出它的组成。动手拆装减速电机箱,了解其结构特点及传动过程。进行结构分析,探究提高步行机械小人稳定性的方法,分析"C"型支撑脚的连接方式及受力情况,设计一个支撑脚,借助 3D 打印机完成制作,进行安装,分析运动效果。

第二阶段:分发材料,制作步行机械小人

分发套材,学生辨认、清点组件,借助工具进行机械组装。了解步行机械小人控制电路的工作原理,了解电阻、电容、三极管、555 集成电路等电子元器件的特性。进行焊接练习,掌握电子焊接技术后焊接控制电路及电气连接。

第三阶段:机械调试及电路调试,系统控制步行机械小人

进行步行机械小人行走练习,仔细观察行走路线,调整左右腿的长度,保证步行机械小人走直线;调整速度电位器,加快行走速度;调整时间电位器,让步行机械小人最终停在 100 分区域。运用控制变量法,一次次调试,不断接近成功,这一过程需要足够的耐心和认真细致的观察。

第四阶段:趣味比赛,检验成果,获得快乐

竞赛过程是相互交流的过程,在获得快乐的同时学生能看到不同组别的步行机械小人的行走情况,通过观察分析,会自觉引发深入的思考,提升思维能力。

4 步行机械小人项目的开发启示

4.1 项目学习有利于提高学生的综合素质

建构主义主张学生是整个教学的中心,学习是学生主动建构知识的过程。项目学习为学生提供了完整的自我活动和体验的机会。基于项目的教学,从学生的生活经验出发,通过驱动性任务或实际问题引导学生深入研究,设计项目进度,按照自己的步调展开实践项目学习活动,提高了学生的规划管理能力。项目实施的过程中往往综合多学科知识,提高了学生综合运用知识解决实际问题的能力。小组成员相互发挥自己的技能与优势,共同完成任务,提高了学生的交流协作能力。

4.2 项目教学有利于教师的专业发展

教学项目的开发有利于教师创造潜能的发挥,从教育实践入手,逐步拥有教学研究的态度与能力,形成自主、持续专业发展的意识;有利于教师对学科知识结构进行重组,综合多学科知识,促进教师专业知识结构的完善。教学项目的实施过程中,教师要总体设计,掌控项目进行节奏,对学生进行过程性评价,提升了教育管理及教育评价能力。通用技术实践项目往往要进行设计制作,工具设备的正确使用需要教师具有一定的专业技术能力。

4.3 通用技术项目教学需要现代加工设备

制作模型或原型是设计的一般过程中必不可少的环节,但是传统加工工艺有耗时长、不易成型或不能成型的弊端,有时很难把学生的创意构思展现出来。可以使用 3D 打印机、激光雕刻机等现代加工设备高效地把学生的设计构想物化出来,学生可以在经历完整的设计过程中发展技术核心素养。

参考文献

[1]褚宏启,张咏梅,田一.我国学生的核心素养及其培育[J].中小学管理,2015(09):4-7.

[2]明燕,赵建华.项目式学习研究综述———基于与学科教学融合的视角[J].远程教育杂志,2014,32(02):90-98.

[3]王支勇,秦剑雄,齐宇歆.学科核心素养视域下通用技术项目式学习设计与实践研究——以"智能机械臂"为例[J].教育与装备研究,2021(05):33-35.

[4]中华人民共和国教育部.普通高中通用技术课程标准(2017 年版)[S].北京:人民教育出版社,2018.

[5]顾建军,吴铁军.普通高中通用技术课程标准(2017 年版)解读 [M].北京:高等教育出版社,2018.

通用技术教学微项目开发与设计的研究

天津市蓟州区擂鼓台中学　王雨辉

摘　要:通用技术教学离不开技术实践活动,活动的形式多种多样,但目前教学活动的展开多数是以大项目实践活动为主要形式展开的。这种形式虽然能够很好地吻合教学要求, 但也同样存在着实施过程中展现出来的弊端,周期长、活动内容单一、针对性不强等问题在教学中体现明显。探寻一种更为灵活、更适合学生学习发展的新的课堂组织形式,是技术教师不断探索的目标,采用微项目活动充实课堂教学,将更有利于学生参与课堂教学活动,灵活多样的活动内容有助于提升学生的参与度,更好的理解通用技术教学的内容。

关键词:大项目教学;微项目活动;技术体验

通用技术是高中阶段开设的一门以实践活动为引领的技术素养培养的通识技术教育课程,诣在提升学生的基础性技术素养,让学生能更加客观的认识技术、理解技术、应用技术。技术来源于科学但有别于科学,它并不是科学的简单应用,技术有其自身独特的知识体系和系统研究的方法。但本门课程开设的时间并不长,所以可借鉴的教学经验少之又少,但几乎所有技术教师都会达成一种共识,那就是技术教学离不开实践活动,单纯的讲授技术知识是不可能取得良好的教学效果的。

1 课题研究内容的分析

1.1 技术活动课开展的现状

教师通常是按教材章节的顺序展开教学的,知识要逐步展开,也就是学生学习较为完整的技术与设计知识要经历一个很长的时间,至少也要完成必修 1 整本书的学习,学生才可能对设计有初步的了解。而技术课程却需要实践活动来引领,以提升学生参与技术学习的积极性、加深对技术的理解、体验技术的应用,因此,实践活动的安排不可能等到一本书讲完之后才开展。并且每个设计与制作活动项目都是对所有知识的一个综合运用,他不会去区分哪点知识在前哪点知识在后的,这样活动完成通常需要一个很长的周期,对知识理解和应用将缺少必要的针对性。因此,技术学习的展开与时间活动在时间安排上本身就存在着矛盾。如何克服这种矛盾是教学过程必需的解决的问题。

1.2 大项目实践活动的认识

学生系统的应用技术与设计的知识完成一项完整的设计与制作过程我们称之为大项目教学,大项目活动开展将有助于学生对技术知识的理解,提升学生的操作技能,课程展开过程穿插大项目是当今技术教学的常态。课堂实践活动项目的选择也是多种多样,比如:便携式小凳的设计与制作、简易台灯的设计与制作、鲁班锁的设计与制作等,教师对项目的选择与学校的教学现有条件有关,同时也会与技术校教师的技术偏好和技术特长有关,比如有的学校将航模的设计与制作作为技术课堂的教学活动项目,从项目选题上看他更会使学生感到技术课堂的设计韵味,但这种选题一定离不开技术教师自身的技术专长,这种偏好并不是每位教师都具有的。虽然活动项目的具体内容有所不同,但学生所学所用的知识确是相同的,大项目活动的展开对知识的应用也必然是综合性的,它既会要求学生能够做出较为完善的设计,合理应用好设计环节相关的知识,又希望学生在制作工艺上也有较为出色的表现。显然学生的现有水平和项目活动要求会有很大的差距,在这种情况下就会使教学中所选择的大项目实践活动的教学效果大大折扣,甚至直接影响参与学习技术课程的学习兴趣。

1.3 微项目设计的提出

鉴于大项目活动实施过程存在的不足，本研究活动尝试在大项目引领的前提下，穿插与教学进程同步的微项目活动，以达到活动内容与所教知识保持更加紧密的连接。微项目活动将会针对一节课的教学重点和教学难点进行设计，让学生在学习技术理论的同时通过微项目的实践对所学知识进行深化，在操作中体验技术、理解技术、感悟技术。微项目实践活动的特点是针对性更强，活动目标更明确，通过简单易操作的实践活动内容，让学生更快地获得技术水平成长的成功体验。准确把握教学需要展开的知识要点，为学生提供一个真实可行的操作目标，帮助学生将所学的技术知识内化。

1.4 大项目实践活动与微项目实践活动的关系

大项目的设计将帮助学生经历一次完整的设计与制作的技术体验，使学生正确认识技术、了解技术，让学生亲身体验到一次设计与制作过程，学习设计与制作的相关知识并在实践中应用，从而获得技术素养的提升。改变学生对技术的认识，揭开设计在学生心目中神秘的面纱。因此，大项目的设计目的是让学生关注技术活动的整体，认清技术应用和发展的重要性以及作为年轻一代所肩负的责任。大项目的设计将统领技术学习的全局，而微项目的引入是学生对技术学习有益的补充和强化。技术的知识是零散的，《必修1》的每个章节都涉设计过程的一个个重要的环节，他所关注的重点各不相同，学生学习这些知识都需要有深刻的体验才能理解和掌握，学习的过程中不能将学生技术素养的养成单纯依靠大项目的训练来实现。从认识技术到体验技术，要让学生对知识掌握的每个环节都有所依靠，有知识的学习也有实践的训练。所以微项目实践活动是对整个技术教学的有益补充，它使实践活动的内容更加丰富，形式也变得多种多样，它可以针对某一个知识点进行展开，运用学生已有知识解决特定情境下的问题，这样的实践将更具有对知识的针对性。

2 课题研究过程

2.1 微项目活动选题的论证

活动项目 1:钻木取火

认识技术的存在和技术实践的重要性。"钻木取火"的实践操作是教材中的一个技术体验实验,是人类走向文明的一个重要阶梯。学生普遍认为钻木取火是一件简单得不能再简单的事情,任何人都能很容易的实现。给出原始材料:木棒、木板、刀具、绳子,条件近似原始,提出的要求就是将火点燃。可参考书中的方法制作取火工具,也可以自行设计。分组进行,男女同学可以协调结组。

学生学习通用技术的第一堂课,体验技术绝非是凭空想象,学生通过本活动要能够认识技术实践的重要性,一件看起来简单的操作,但做起来却同样需要认真去研究才能做好,技术不仅仅是动手的能力,更重要的是思维的完备。学生的参与度很高,教学效果明显。

活动项目 2:都江堰水利工程模型制作

体验技术与自然的关系,技术可以帮助人类更合理改造和应用自然,人类还可以利用技术更好的保护自然,实现人和自然的和谐发展。这次实践活动将帮助学生感悟和还原古人的智慧,模型的制作要充分理解都江堰工程的原理,理清分水在不同时期的作用,借助现有的材料来实现工程原理的复原,在加深对技术与自然关系理解的同时,训练学生的动手能力。

《技术与设计 1》"第一章 走进技术的世界"是高中阶段技术课程的开篇内容,通过本章的学习,学生要重新规范的认识什么是技术,技术的发展伴随着人类文明进步并起到了推动作用, 技术在学生的发展进程中同样具有举足轻重的作用,生活的方方面面都离不开技术产品的支持,学生的发展也将与自身的技术素养息息相关。关注技术、学习技术是本章内容的重点。

活动项目 3:教室用书架的设计

体验设计的过程,经历设计工作的各个环节。活动的核心是学生要进行设计实践,要学会发现生活中的问题,并有目标的确定如何解决问题。通过各种渠道收集设计所需要的信息,归纳总结解决问题的方法。设计工作的核心是创新,突破现有原型和解决方式的限制,提出崭新的、有特点的解决问题的方案,增强发现问题的意识,坚定解决问题的信心。

活动项目4:绘制课桌的草图

绘制草图是在设计工作中迅速捕捉设计灵感最为简洁的一种记录表达方式,草图绘制的学习与训练是对学生技术表达能力的一种训练。规范的图样表达是完成设计工作的一种基本的技能,有效的训练将促进学生技术素养的形成。将自己的设计构思记录在纸上,便于在同学之间进行交流,有效促进学生设计思维的展开。图样的表达是通用技术学科核心素养之一,草图是绘制图样表达的起点,顺利准确表达创意不仅需要创新思维,更要有绘画表达的功底,有的学生有一定的基础,大多数学生要从头学起,表达的效果上差距很大,要求学生正确,看待差距,努力提高自己。

活动项目5:形状对材料强度影响的技术试验

技术试验是技术活动中的一项重要内容,它不仅可以帮助我们验证设计的成功与否,还可以在我们学习相关理论知识的过程中提供定量的、直观的验证。设计过程是一个不断完善创新的过程,每一项进步都需要反复的验证比较,从而确定设计的更新。在论证过程中,技术试验是常见的检验论证方式,它可以在不断变换条件的情况下做出准确的比较,通过不同的方式得出更切实际的结论。

活动项目6:简易电话机的制作

电子电路在生活中的广泛应用深刻地改变着我们的现有生活,通信方式和设备的更新给人们的交流带来了极大的方便。但对于绝大多数人而言,对相关电学原理知之甚少,学生们有必要通过技术学习叩开对知识探索的大门,作为未来技术创新的中坚力量,要具备探索知识开拓创新的勇气和信念,相关认识不到位和技术理解不深刻的现状,应该成为努力学习技术的动力,真正承担起国家技术发展的责任。无论哪个高新技术的开发都是以基本的技术知识为基础的,打好基础才可能理解新技术开发新技术。

活动项目7:再现"铁锹作业实验"

人机关系是设计制作中必须考虑的核心问题之一,铁锹把手的设计受到使用环境的限制,而装载量的大小又将直接影响相同工人的使用效率。利用对比的方式让学生体验在设计工作中人机关系的重要性。通过操作实验,学生应能正确分析影响工作效率的相关因素,它包括人的因素、工具的因素、环境的因素等。综合各种因素间的关系是设计成功的保障。

2.2 微项目活动的课堂实践

微项目活动穿插于教学过程之中,开展前明确活动目标,要求学生全员参与。制订活动计划,让学生的实践活动有清晰的思路。活动中充分调动学生参与的积极性,发挥学生们的想象能力,对问题的解决提出独到的见解。活动后要有总结,总结活动中的收获与不足,发现在实践活动中学生自身存在的问题,及时总结做好进一步学习的准备。

2.3 微项目活动开展后教学效果的比较

学生在短时间内完成实践活动,参与的积极性明显提高,课堂的学习氛围更加浓厚,学生间的交流深度有所提升。活动的目的性更强,有效增进了学生对知识的掌握。

3 课题研究结论

(1)通过对比研究大项目与微项目实践活动,发现无论活动的大小都将蕴含着完整的设计过程,但大项目经历的时间长,微项目经历的时间短,为保证学生参与活动的积极性,微项目活动的教学效果更好,学生可以在一两节课的时间内就能够实现短期目标。

(2)大项目活动展开安排在《技术与设计2》的教学中更为合适,因为在《技术与设计1》中已经将设计的原则、设计的过程、构思的方法、设计的表达、模型的制作等一系列问题进行了展开,学生在从事设计中所需要的基础性认识已经具备,完整的设计过程需要将所解决的问题按照一定的流程逐步实现,这样实践活动的效果才会真正的显现。

(3)微项目实践活动同样也是一个完整的设计过程,但学生的知识储备并不充分,进行完整的设计经历有一定的困难。虽然在具体知识点的学习中具有针对性强的优势,但不讲设计的过程只抓问题的某一方面又会对设计工作完整认识有一定的负面影响。学生的技术学习需要实践活动的训练,但在没有整体设计过程指引下的实践又具有一定的盲目性。为了解决此问题,特意将《技术与设计1》教学安排进行了一些调整。课程的展开在完成第一章教学之后,先概括讲授后面的其他几章,先让学生对设计工作有初步概念和过程的了解,然后再按先后顺序对教学内容通过活动安排细致学习,将教材作为活动过程的指导纲要,用微项目活动将每个知识点进行加强认识。充分利用微项目灵活的特点,营造学生学习和思考技术活动的环境,引导学生对设计过程的全面掌握。

通用技术课程诣在提升学生的技术素养,新课程保准凝练了通用技术学科的核心素养:技术意识、工程思维、创新设计、图样表达、物化能力,关注学生素养的提升是教师技术教学努力的方向。在指导教师的带领下,整个团队确定了"学科核心素养导向的通用技术学习方式研究"大课题,学习方式是一种与学科特征紧密相连的教学活动构成因素,是学生学习知识、提升素养不可缺少的重要途径,教学组织形式为学生提供学习方式及方向,学生将在教学活动的引领下完成学习过程。不同的学科有不一样的学科特点,那就决定了不同的学科将会有不一样的学习方式。比如语言类学科以文字的识记、背诵、运用为主要的学习方式,在学习的过程中让学生去体验和感受语言、词句美的意境。而理科的学习则重在"理"的修养,学习方式将要以熟练掌握理性规律为主,运用逻辑的推理探寻物质间的联系。技术学习有技术学习的方式,课堂中除技术理论形成之外,更应注重学生在做中学的体验,体验技术中人的成长,感悟人对技术发展的理解。技术素养的提升将会在学生对生活的观察和体验中呈现,通过他们对通用技术课程的学习培养学生对生活中技术产品的观察能力,结合自身知识的储备去分析技术产品,这不仅仅是学科知识的再现,更是学生对生活的体验,是理论与技术融合的感悟,虽然在这种体验中学生们会感到自己在技术上的缺憾,感受到自己在知识的应用中存在着很大程度上的不足,但正是这种不足的存在才激发了学生对技术知识学习的愿望。学生在学校学习是为学生成长和发展服务的,所学知识是智慧是经验,只由学生将所学知识应用到生活中去才能实现学校教育的目标。技术课程是一门学和做紧密相连课程学生创新思维、动手能力都是这门课程培养的目标,给学生一个明确合理的学习方式的呈现将有助于推动本课程目标的实现。

参考文献

[1]顾建军.技术与设计 1[M].南京:江苏凤凰教育出版社,2019.

[1]顾建军.技术与设计 2[M].南京:江苏凤凰教育出版社,2019.

第四篇

通用技术实践学习案例的研究

技术体验案例：水管件自制台灯的组装流程

天津市第四十五中学　王学化

1 活动说明

采用老师提供的水管件、灯具电路等标准件、通用件，使用螺丝刀等工具组装水管件自制台灯，并绘制科学、合理的组装流程图，体验台灯的生产和组装流程，培育学生筹划性工程思维、动手实践的物化能力等通用技术学科核心素养。

2 教材

本节课选自普通高中通用技术实验教材《技术与设计 2》(苏教版)第二章《流程与设计》第三节"流程的设计"。

教材中的流程设计应考虑的因素(材料、工艺、设备、人员、资金、环境)是企业生产流程设计主要考虑的因素。由于学生对企业生产流程这种复杂的流程比较陌生，要学生综合考虑分析比较难，因此，本节课笔者设计"水管件台灯的组装流程"

设计实践活动,先让学生对流程设计的目标和简单流程设计应考虑的因素有一定的认识,再结合实际生产中的"流水线台灯组装"案例进行扩展,分析设计应考虑的材料、工艺、设备、人员、资金、环境等因素。

3 教学目标

(1)理解流程设计应虑的因素,初步体会、认识流程设计的步骤,能对生活和生产中的简单事项进行流程设计,并画出所设计的流程框图。

(2)经历实践体验——水管件台灯的组装流程,学会分析流程设计应考虑的因素,培育工程思维和物化能力的学科核心素养。

(3)通过对陌生技术问题的实践体验,增强学生解决技术难题的积极性,培育技术意识——用流程的眼光去看待生活或发现身边的技术问题,初步建立优化的意识。

4 教学重难点分析及解决措施

4.1　重点与难点

教学重点:流程设计应考虑的主要因素。

教学难点:对生活和生产中的简单事项进行流程设计,并画出方框图。

4.2　解决措施

(1)教法:探究法、讨论法、实践法。学法:小组合作探究学习、实践体验。

(2)采用实践体验教学模式,为学生创设情境,使学生通过实践活动,自己归纳总结出流程设计的目标和应考虑的基本因素,再通过生产中的"流水线台灯组装"案例进行扩展所学知识,加深理解,使学生学会用流程眼光看待技术问题,从而实现从感性认识到理性分析,再到进一步应用,达到知识内化的过程。这种"做中学"的策略,有助于突出重点,突破难点。

5 教学资源准备

教学环境:通用技术教室。

媒体选择:多媒体课件、视频、活动记录、纸介活动支持材料。

材料工具:自制灯具水管件、电路设备、胶水、螺丝刀等(见图4-1-1)。

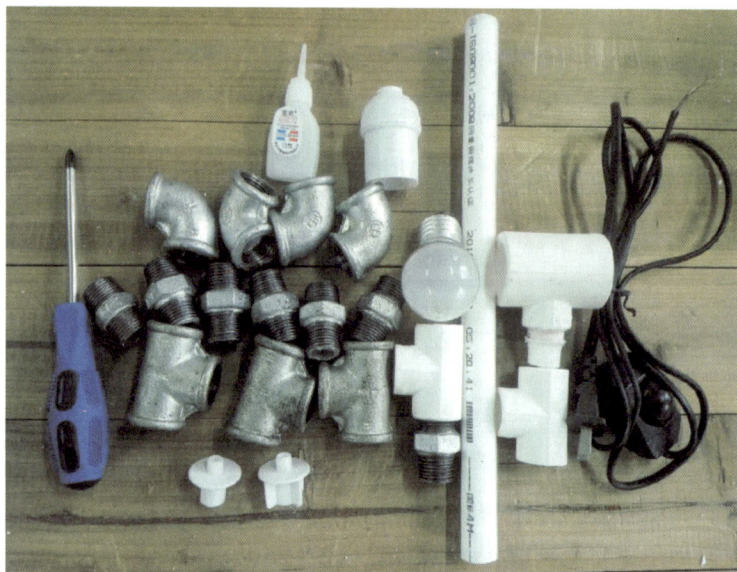

图 4-1-1 教学材料工具

6 活动实施（表4-1-1、表4-1-2）

表4-1-1　活动实践表

教学环节	任务要求	活动设计/成果展示
复习流程基础知识导入新课	1.热身活动：灯口接电线的流程有那几个环节，时序如何安排，用流程图怎么表示 2.引入新课：提出要设计一个科学、合理的流程需要对设计任务进行分析，综合考虑	1.灯口接电线拉拽测试活动（学生往往会直接接电线，电线不在灯口内打结，接口容易拽断）
水管件台灯的组装流程	1.展示自制水管件台灯教具，提出组装流程设计任务 2.讨论任务：①以小组为单位，结合桌上的材料和工具，讨论如何开展"自制灯具"的组装活动；②思考组装活动可以分为哪些的环节，如何安排时序，初步设计组装流程方案；③书记员记录讨论结果 （4）请学生对讨论的情况进行介绍 3."组装自制灯具"实践探究活动 （1）分工体验组装灯具的流程 （2）书记员记录组装"环节"和时序的安排，画出流程图 （3）思考所设计流程的优点 （4）组长做好组织协调工作	 1.小组讨论实践：讨论探究水管件自制台灯组装流程的环节和时序 2."组装自制灯具"实践

教学环节	任务要求	活动设计/成果展示
	4.展示交流:上台展示组装的灯具和设计的组装流程图,说明设计的原因和优缺点	 1.小组讨论实践:讨论探究水管件自制台灯组装流程的环节和时序。 2."组装自制灯具"实践:
"激光雕刻生产台灯"流程扩展	1.播放视频"激光雕刻生产台灯"流程视频 2.引导学生思考企业实际生产当中,要根据具体任务的不同,考虑很多影响因素 3.总结提升	

表 4-1-2 《流程设计》实践活动记录表

组长：	书记员：	组员：	
主题		水管件自制灯具组装流程设计	
讨论探究	任务	1.对组装活动进行规划 2.组装可以分为哪些环节,时序如何安排	
	讨论结果		
动手探究	要求	1.体验组装灯具的流程 2.书记员记录组装"环节"和时序的安排,画出流程图 3.思考这样设计流程的优点 4.组长做好组织协调工作	
	方框图		
	反思	1.完成制作的组:思考流程安排的成功之处,有没有再改进的地方 2.未完成的小组:思考流程安排有什么不合理的地方	
讨论探究	任务	思考并完成本组设计流程的步骤	
	流程设计的步骤		

7 教学建议

(1)PPR 水管件的连接对学生来说比较难,涉及热熔接口,可以提前加工好半成品。

(2)组装成果在通电测试之前,老师一定要检查电路连接是否正确,确保测试安全。

技术体验案例：插座中的
技术规范

天津市第二新华中学　高旭

1 活动说明

　　设计的一般原则既是设计的规范，也是评价的尺度。对于设计的实现和提高消费者的生活质量有着非常重要的影响，是教学的重点内容之一。技术规范原则是设计的一般原则之一，相对于其他原则，技术规范学生了解较少，但又非常重要，因此，采用学生熟悉的插座作为载体，通过体验活动，帮助学生理解技术规范的特点，提高技术意识。

2 教材分析

　　本活动选自《技术与设计1》（苏教版）第二章技术世界中的设计第二节设计的一般原则。教材上给出了手机全球漫游通话、不同国家和地区插座的示意图、部分产品标准认证标志以及铅笔芯的技术规范，这些案例可以帮助学生意识到技术规范是存在于生活的,但对于技术规范的特点没有总结归纳。

技术规范是有关使用设备工序,执行工艺过程以及产品、劳动、服务质量要求等方面的准则和标准。当这些技术规范在法律上被确认后,就成为技术法规。可见,技术规范存在于我们生活的方方面面,我们享受着技术规范给我们生活带来的安全与便利,但是对技术规范学生却了解较少。分析原因,主要是作为消费者接触到的都是技术规范下相对合格的产品,很少去思考它会涉及哪些技术规范。技术规范意识是重要的技术意识之一,它关乎着是否能安全生产及生活。因此,借助插座帮助学生理解两个层面:

一是技术规范是普遍存在的。

二是技术规范有 3 个特点。

(1)国际标准和国家标准。

(2)技术规范有强制性的,也有非强制性的。

(3)技术规范是发展变化的。

3 活动目标

(1)通过测量不同插座的孔距,了解插座插孔间距尺寸的技术规范。

(2)通过查找资料并对比观察,了解新旧国标插座的特点。

(3)应用插座的技术规范知识,正确选择插座,提高技术意识。

4 教学重难点分析及解决措施

4.1 重点与难点

教学重点:插座中的技术规范。

教学难点:技术规范是普遍存在的,不论是设计产品还是使用产品,都要有技术规范意识。

4.2 解决措施

选取学生熟悉的插座为载体,通过测量法及对比观察法了解插座中蕴含的技术规范,进而了解技术规范的3大特点,通过引导找出生活中的多种技术规范,帮助学生理解技术规范是普遍存在的以及技术规范的重要意义。

5 活动资源准备

教学环境:通用技术教室、可上网查找资料。

媒体选择:多媒体课件、视频、活动记录单。

材料与工具:插座若干(新旧国标)、直尺、笔、螺丝刀等。

6 活动实施(表4-2-1)

表4-2-1

教学环节	任务要求	活动设计/成果展示
问题情境	1.教师演示:插头在不同的插座上都可以使用 2.请同学们思考插座可以通用的原因是什么	创设问题情境,引发学生思考及研究
识读铭牌 测量插座	布置任务: 按步骤完成下列活动,并填写表格。 1.把插头在相同孔数的插座上分别试插一下,看是否合适 2.识读铭牌 3.测量两孔插座孔距的大小 4.测量两孔插头插脚间距 教师总结:插座的设计与生产是有统一的标准的	 学生填写数据及结论:

教学环节	任务要求	活动设计/成果展示
技术规范的特点	一、国际标准和国家标准 (一)国际标准 请查找该标志的含义 CE (二)国家标准 布置任务： 1.请辨认下列插座是哪个国家的 2.我国家用电压是 220 V,请查找美国、加拿大、日本等国家的家用电压是多少	CE 认证，不论是欧盟内部企业生产的产品，还是其他国家生产的产品，要想在欧盟市场上自由流通，就必须加贴"CE"标志。以表明产品符合欧盟《技术协调与标准化新方法》指令的基本要求。这是欧盟法律对产品提出的一种强制性要求
	二、技术规范有强制性的，也有非强制性的 1.强制性标准(GB) 2.推荐性标准(GB/T) 布置任务： 1.请查找 3C 标志 2.请查找插座的推荐性标准	学生查找结果： 1.3C 认证 中国强制性产品认证制度 CCC S&E China Compulsory Certification 2.推荐性标准 ICS 29.120.30 K 30 GB 中华人民共和国国家标准 GB/T 1003—2016 代替 GB 1003—2008 家用和类似用途三相插头插座 型式、基本参数和尺寸

261

教学环节	任务要求	活动设计/成果展示
	三、技术规范是发展变化的 **布置任务一:** 观察三种插座,思考插孔变化的原因,并查找它们的生产标准 1.万能插座 2.组合孔插座 3.新国标插座 **布置任务二:** 用螺丝刀拧松后盖螺丝,打开后盖,观察插座内部结构	学生查找结果: 1.第一代 万能插座 按照 GB2099.3—1997 生产,1999 年 5 月 1 日实施,2011 年 6 月 1 日起禁止销售 2.第二代 组合孔插座 按 GB2099.3—2008 标准生产,2010 年 6 月 1 日起实施,2018 年 10 月 13 日起禁止销售 3.第三代 新国标插座 按照 GB2099.7—2015、GB2099.3—2015 标准生产,2017 年 4 月 14 日实施 内部结构变化,安全性提高
生活应用	选购插座: 小明爸爸要去德国出差,他应该购买哪种移动插座转换器呢	 国标:中国、澳大利亚、新西兰等 美标:美国、加拿大、日本等 欧标:德国、丹麦、芬兰、法国、挪威等
能力提升 思维拓展	请找一找生活中还有哪些技术规范	楼梯的踏步高度、宽度 书本 鞋子尺码……

7 活动反思

技术规范有很多案例可选,比如建筑中的技术规范,更加专业,适合于建筑专业人士深入研究,非专业人士知道建筑中有技术规范即可,并且离学生生活较远,学生不容易深入研究;再比如课本的技术规范,学生很熟悉课本,而且从小到大课本的尺寸也在发生变化,这种变化不是随意的,它也是有着技术规范的,但是我们更多的是关注课本的内容,对于课本的尺寸只是在使用层面,不会涉及安全问题,对学生的触动不大。经过比较,最终确定利用插座来了解技术规范的原因如下。

(一)插座中的技术规范能更好地体现技术规范的3个特点

插座的标准有国际标准也有国家标准,有强制性的也有推荐性的,同时,插座到目前为止经历了从万能插座到组合孔插座再到新国标插座的更新换代,更好地体现了技术规范的发展变化的特点。

(二)贴近学生生活,对生活有指导意义,增强学生的技术意识

对于插座,学生们在日常生活中都司空见惯,比较熟悉。学生都有使用插座的经历,同时学生出国旅行时可能会用到转换插座,以前只是知道要带转换插座,通过学习就可以知道原因,解决了生活中的问题,提高技术意识。

附录：

文字材料——插头插座的"三版国标"

2017 年 4 月 14 日,修订之后的国家强制性标准 GB2099.3—2015《家用和类似用途插头插座第 2-5 部分:转换器的特殊要求》及 GB2099.7—2015《家用和类似用途插头插座第 2-7 部分:延长线插座的特殊要求》正式实施。

此前,国家曾发布过两版插头插座的国家标准。第一版是 1999 年 5 月 1 日起实施的 GB 2099.3—1997《家用和类似用途插头插座第二部分：转换器的特殊要求》。第二版是 2010 年 6 月 1 日起实施的 GB2099.3—2008《家用和类似用途插头插座第 2 部分:转换器的特殊要求》。

插头插座的"第三版国标"要求更为细化,主要改变在以下 5 个方面:

(1)强制性增加保护门(如图 4-2-1)。增加保护门可以防止金属物体与插座内部的金属片接触,避免触电事故的发生。

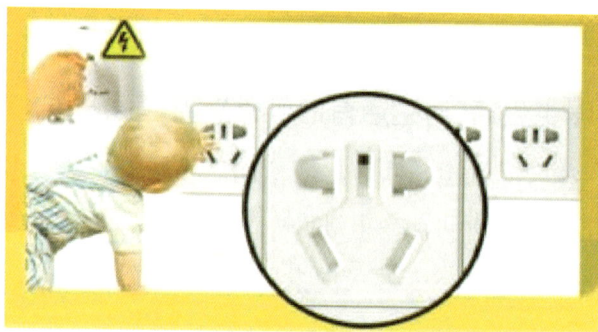

图 4-2-1

(2)电源线加粗(图 4-2-2)。电源线加粗可以提升插座的承载能力,对于常见的 5 m 以下额定电流为 10 A 的插座来说, 导线的最小横截面积由原来的 0.75 mm² 提高到 1 mm²。

(3)材料阻燃等级提升。插座所使用的绝缘材料必须要有阻燃的特性,要求针焰明火与插座接触 30 s 后不起燃,或者起燃 30 s 后自动熄灭。过去插座经常用的 ABS 材质已经不符合要求了,阻燃 PC/PP 是目前新国标插座常用的材质。

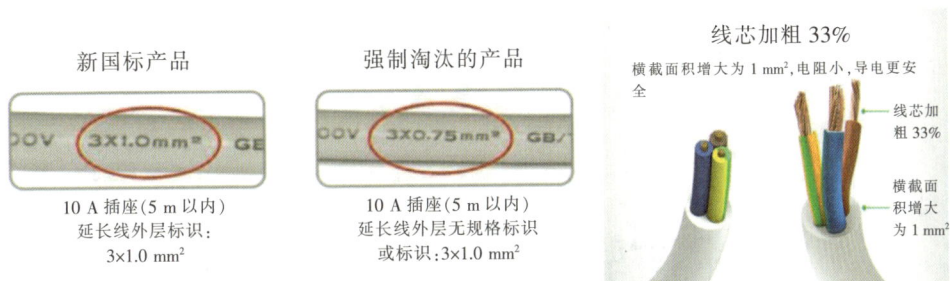

线芯加粗 33%

横截面积增大为 1 mm²，电阻小，导电更安全

线芯加粗 33%

横截面积增大为 1 mm²

新国标产品

强制淘汰的产品

00V 3X1.0mm² GE

10 A 插座(5 m 以内)
延长线外层标识：
3×1.0 mm²

00V 3X0.75 mm² GB/1

10 A 插座(5 m 以内)
延长线外层无规格标识
或标识：3×1.0 mm²

图 4-2-2

(4)3C 认证要求。按照"第三版国标"的要求，上市的插座产品必须通过 3C 认证，注意是整机 3C 认证，不只是插头和电源线要有 3C 认证，插座本体也必须通过 3C 认证(图 4-2-3)。

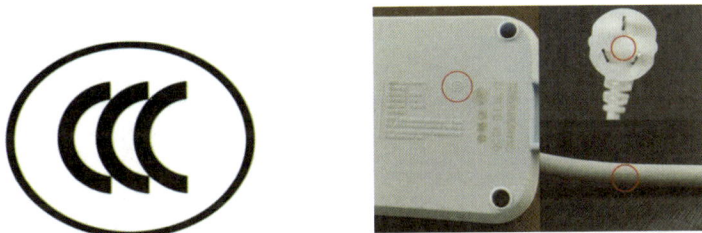

图 4-2-3

(5)名称统一。带线产品为延长线插座，不带线产品为移动插座转换器(图 4-2-4)。

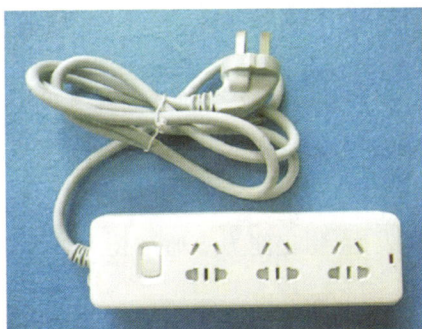

延长线插座

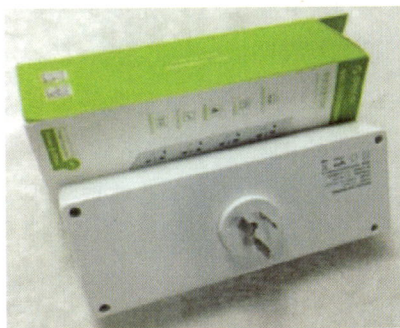

移动插座转换器

图 4-2-4

技术试验案例：探析结构的
稳定性

天津市宝坻区第一中学　倪金海

1 活动说明

　　结构的稳定性是指结构在荷载的作用下维持其原有平衡状态的能力，它是评价结构体的重要指标。本活动从实际问题出发，以货车过弯倾斜后翻到为切入点，引导学生通过思考发现这是一个有关于结构稳定性的技术问题，以此提高学生的技术意识。让学生意识到生活中我们经常遇到需要增加结构稳定性的问题（也有个别情况需要降低结构的稳定性）。

　　那么影响结构的稳定性的因素到底有哪些呢？在这个问题的探究过程中，让学生经历"猜想—设计试验验证—总结规律"这一完整的研究过程既能够让学生通过直观的试验主动获取知识又能够在试验设计、实践实施数据分析、的过程中培养学生工程思维、创新设计、图样表达、物化能力等通用技术学科核心素养。

2 教材

本节课选自普通高中通用技术实验教材《技术与设计2》(苏教版)第一章《结构及其设计》第二节"探究结构稳定性",是"结构与设计"中的重要内容之一。在有关稳定性的教学过程中有大量的技术试验内容,对于学生的操作能力和试验设计能力要求很高,要让学生通过试验来切身体会结构的稳定性以及影响稳定性的因素。技术试验具有很丰富的教育价值,对于培养学生技术意识、工程思维、创新设计、图样表达、物化能力等通用技术学科核心素养具有不可替代的作用,对于知识的形成也有极大的帮助。所以本节教学笔者计划以学生试验为切入点和主要手段。

3 教学目标

(1)通过创设情境,让学生理解结构稳定性的概念,以及稳定性对结构体的重要意义。

(2)通过技术活动探究重心、支撑面等因素对结构稳定性的影响。培育学生的学科核心素养:技术意识、工程思维、创新设计、图样表达、物化能力。

(3)尝试解决相关的技术问题,提升学生的科学精神与实践创新素养。

4 教学重难点分析及解决措施

4.1 重点与难点

教学重点:结构稳定性的概念、影响结构稳定性的因素。

教学难点:设计试验验证影响结构稳定性的因素。

4.2　解决措施

（1）教法：讲授法、探究法、实践法。学法：小组合作探究学习、实践体验。

（2）采用实践体验教学模式，为学生创设情境，使学生通过实践活动，综合运用所学知识，开展实践设计探究。在教学中采用先由教师分析理论，后引导学生进行实践，再进行成果展示的方式进行教学。在学生设计试验的过程中教师要注意指导，要求学生注意设计试验的技巧，鼓励多元化、发散性的思维，对于授课中遇到的问题要允许存疑，课后再进行解决。

（3）学生普遍善于解决问题，但是不善于提出问题，在设计试验研究与结构稳定性的因素时有的小组会迟迟不能确定自己需要研究的课题，导致设计过程不能顺利完成，这是本节课教学的难点。因此，在教学过程中教师应在问题的提出时强调控制变量法的运用，要学生选择研究的变量，控制好其他变量，快速进入角色，这一点对于课堂教学的顺利完成尤为重要。

5　教学资源准备

教学环境：普通教室。

媒体选择：多媒体课件、视频、试验报告及参考材料。

材料工具：立方体组、双面胶、剪刀、量角器、硬纸板、天平、粉笔等。

6 活动实施(见表4-3-1)

表4-3-1

教学环节	任务要求	活动设计/成果展示
创设情景导入新课	1.思考问题:如何判定结构优略？要考虑稳定性的问题 2.认识到生活中结构稳定性的重要意义	播放货车翻到事故视频或网页介绍,提出控制结构的稳定性是一个重要的技术问题。 原标题:集装箱突然翻倒 集装箱货车翻在路上 昨天上午7点多,雨花台区岱山南路和岱山西路路口,一辆集装箱大货车在左转时发生了事故。巨大的集装箱从车身上掉了下来,车身也"四脚朝天"翻倒在地上,事故中,货车司机受伤严重。截至记者发稿时,当事司机依然没有脱离生命危险。 大货车翻到案例
稳定性的概念	1.提问:你认为结构的稳定性的概念是什么 2.了解结构稳定性是相对的,是在受扰动后允许状态有所改变的,但扰动消失后要能回到原来的平衡状态	让学生阅读"超高层建筑物会有轻微晃动的现象的网页"理解相对稳定的概念 根据金茂大厦写字楼的官方解释,在超高层建筑物上感觉到有轻微的晃动现象是正常的。城市高空比近地面的风速大,因此在强风来袭时,高层建筑受影响要比一般建筑大。超高层建筑在设计时是允许有微幅晃动的,超过30层的大楼往往都会产生几公分的偏幅。以金茂大厦为例,按照"Structural System Summary in Jin Mao Building"中国规范推算而得的风荷载作用下产生的结构顶部位移和楼层层间位移为,总漂移位移=H/575;其中 H 为总高度。假如您在 330 米的位置(87 层),即 H=330 米,则总漂移位移为0.574 米。因此,在高层的租户感觉"晃动"是正常的,不必担心。

教学环节	任务要求	活动设计/成果展示
影响结构稳定性因素的猜想、探究、展示	1.让学生提出对于影响结构稳定性因素的猜想 可能是质量、重心位置、支撑面的形状等 2.分小组确定一个设计课题（即其中一个猜想），使用预先提供的立方体组、双面胶、剪刀、量角器、硬纸板、天平、粉笔等材料，设计一个试验，对猜想进行验证 3.分小组展示自己的试验并给出试验结论	1.小组试验设计 2.试验方案的展示 研究质量对物体稳定性的影响 控制量：形状、重心的位置 改变量：材质(也就是质量) 研究重心的高度对物体稳定性的影响 控制量：形状、质量 改变量：重心的高度 研究重心的高度对物体稳定性的影响。 控制量：形状、质量 改变量：重心的高度

教学环节	任务要求	活动设计/成果展示
		研究重心的水平位置对物体稳定性的影响 控制量:形状(图中物块要装在粉笔盒内部保证形状相同)、质量 改变量:重心的水平位置 研究重心的水平位置对物体稳定性的影响。 控制量:形状、质量 改变量:重心的水平位置 研究支撑面的形状对物体稳定性的影响 控制量:重心的位置、质量 改变量:支撑面的形状(图中用材质相同的 4 个物块模拟轮胎,调整位置改变支撑面的形状,测量时有物块的一面朝下) 研究支撑面的形状对物体稳定性的影响。 控制量:重心的位置、质量 改变量:支撑面的形状
总结试验结果,得出结论。尝试给出大货车提高稳定性的初步建议	1.过实验找出影响结构稳定性的因素有:重心的位置(各个方向均应考虑)、支撑面的面积 2.大货车稳定性可以从货物装载、车辆设计的若干方面入手提高	

7 教学建议

(1)本节课课题开放,学生思路较多,但是往往会把时间过多地使用在初期方案讨论的阶段,如果不加以控制和提醒,很难完成完善的方案设计,最终进入试验环节。如果采用一课时完成难度较高,需要学生有较好的技术意识、较强的组织和行动能力。教师必要时可以使用倒计时的方式,时刻提醒学生注意时间。当然如果有条件,可以分为两学时,第一学时用于基础知识学习和明确问题以及初步方案的讨论。课下作业可以布置为完成试验设计,第二学时再进行试验操作和交流评价以及最后的总结提升,相对效果会更好。

(2)学生在方案设计时往往忽略控制变量这一重要思想,可以运用学案和试验报告的形式,让他们把这一重要思想落实到纸面上。想要说明猜想是否正确必须采用对比试验的方法,但是大部分学生缺乏这一意识,往往只设计一次试验,结论缺乏科学性。要事先让学生了解这一问题,并且知道要做到试验的准确需要进行定量的测量和数据分析,要设计试验数据记录表格,采集试验数据。

(3)由于试验条件所限,难免会出现误差,如果误差和理论偏离较大,教师要提醒学生进行误差分析,采用适当的方式减小误差。所采用的器材可能无法设计验证形状影响结构稳定性因素的试验,需要后续讲述说明或对器材进一步完善。

(4)关于结构稳定性概念中荷载的理解,学生仍存争议。如果以偏离角度作为判定标准则质量不会影响结构的稳定性;如果以受荷载的力的大小作为判定标准则质量也会成为影响结构稳定性的因素之一。这一问题还需要课后查阅资料确定,这里应允许学生存疑。

附录:试验报告范例

试验报告

试验题目	探究重心的高度对结构稳定性的影响	日期	
班级		成员	

【试验目的】

通过试验验证在其他条件不变的情况下,改变重心的高度能够影响结构的稳定性

【试验准备】

立方体组、双面胶、剪刀、量角器、硬纸板等。确定要控制的变量为形状和支撑面的大小,要改变的量为重心的高度,要测量的量为结构的稳定性

【试验步骤】

1.准备好立方体组中4种不同材质小物块,材质分别为木材、铝、钢、铜,其外观相同密度从小到大排列

2.使用剪刀裁减合适大小的双面胶,分别粘贴在木材、铝、钢质的小物块一侧,然后依次将它们按照密度从大到小的顺序粘贴到一起。铜质物块在下放置在硬质板上如图

3.缓缓抬起硬纸板左侧,使其与桌面呈一定角度,并逐步增大该角度,直到物块组合体向右倾倒为止。测量倾倒时硬纸板与桌面的角度值并记录(重复测试3次,取平均值)

4.将物块组合体木制物块在下放置在硬质板相同位置如图

5.按步骤3的方法再次测量(重复测试3次,取平均值)

6.比较两次测量结果。(首次测量重心高度低,二次测量重心高度高。所以预期结果为首次测量角度值远远大于二次测量角度值)

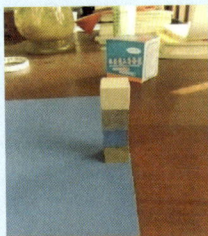

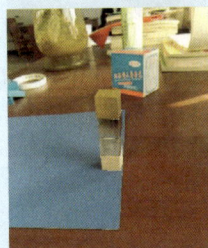

【试验记录】

首次测量角度值1	2	3	平均值
二次测量角度值1	2	3	平均值

【试验结论】(包括提高大货车稳定性的设想)

重心的高度和结构的稳定性有关,重心越高结构的稳定性越低

在大货车装载货物时,把密度高的货物装载在下方降低重心可有效提高其稳定性

设计制作案例：个性手机支架的设计

天津市第一中学　张君

1 活动说明

　　本项目以"个性手机支架"为设计对象，学生从明确设计任务与要求、收集资料、方案构思、制作、测试到评价与反思，能运用所学的通用技术必修内容，包括"设计的一般过程""明确问题""方案的构思""设计图样的绘制""模型或原型的制作""结构及其设计"等章节的内容解决实际问题。发展了学生的实践能力、创造力和合作精神。

　　在设计过程中，学生面对熟悉的技术情境，明确需要解决的技术问题，制订出一个或多个方案，发展创新设计能力。将简单的设计方案用三维设计软件表现出来，并不断进行优化和改进，提升图样表达能力。明确材料、个人设计能力等方面带来的限制，体会技术问题的复杂性和平衡、决策、及时调整技术方案等工程思维。选择并使用工具完善作品，并对作品进行基本的技术试验，从多方面进行方案的评价与优化，形成精益求精的良好品格，培养物化能力。

2 教材

本案例应用教材内容是苏教版《技术与设计 2》第一单元"结构及其设计"。本项目是以通用技术课程必修一"设计的一般过程"为基础,着重内化必修二"结构及其设计"单元内容的实践项目。

3 教学目标

(1)结合生活中的实际需求进行简单的结构设计,并绘制设计图样,做出模型或原型。

(2)理解结构设计对功能实现的价值。

(3)在设计过程中明确材料、个人设计能力等方面带来的限制,通过解决具体问题,体会技术问题的复杂性和平衡、决策、及时调整技术方案等工程思维。

(4)体验现代三维设计技术,提升图样表达能力。

(5)关注设计细节,形成严谨细致的工作态度,会选择并使用工具完善作品,提升物化能力。

4 教学重难点分析及解决措施

4.1 重点与难点

教学重点:结合生活中的实际需求进行简单的结构设计,做出模型或原型。

教学难点:使用三维设计软件完成结构设计。

4.2 解决措施

(1)通过播放微课并介绍三维设计网上"社区"资源,带领学生认识三维设计软件,迅速进入学习状态,初步掌握简单的建模工具。

(2)由于每班已有 6 名学生选修过"三维设计与 3D 打印"校本课程,具备一定的三维设计能力,以这些同学为软件操作核心,能够带动组内其他同学并有效推进本组的设计进程。

(3)技术实践能力的培养需要激发学生的实践动机和热情,它是学生从事实践活动的原动力。在本项目中,学生对设计过程充满兴趣,虽然遇到了一些困难,但是"为自己私人订制一款手机支架"成为他们参与设计活动的内在驱动力,使学生产生积极、主动参与实践过程的愿望,有效促进学生学科核心素养的形成。

5 教学资源准备

教学环境:普通教室、计算机教室。

媒体选择:多媒体课件、电脑、3D One 软件、微课视频、项目记录。

设备工具:3D 打印机、3D 打印耗材、修整工具、502 胶水。

6 活动实施

教学设计如表 4-4-1。

表 4-4-1

教学环节		任务要求	活动设计/成果展示
前期准备	发现与明确问题	1.问题情境:能不能利用三维设计与 3D 打印技术来制作一款个性手机支架 2.明确问题:设计并制作一款个性手机支架。设计要求:①具有支撑手机的功能;②结构稳固、耐用;③结构新颖,外形美观	
	布置准备工作	教师向学生简要介绍 3D 打印原理并展示耗材,以方便学生直观了解	学生分组 在课余时间根据设计任务查找相关资料,初步构思方案,做好组内人员分工等
设计过程	方案构思	学生在组内参考已收集的资料,对手机支架的结构特点、功能等进行分析,初步确定手机支架的结构设计方案,画出设计草图	
	制作模型或原型	教师播放微课,并介绍三维设计网上"社区"资源	
		教师对学生提交的模型做必要的修改,并在学生的活动记录页上附说明 教师完成模型文件的三维打印工作	学生尝试学习并使用三维设计技术

续表

教学环节		任务要求	活动设计/成果展示
	测试与优化	教师指导学生选择合适的方法对手机支架的稳定性、强度、成本、外形等方面进行测试与评价,适当优化设计方案,并填写效果自评表格	效果自评:(不合格 4,合格 6,比较好 8,非常好 10;满分 100。) 见下表
设计总结	展示、评价与反思	1.学生分组完成《个性手机支架项目记录》 2.各小组长作为代表对本组作品进行展示与交流,主要从功能演示、设计亮点、设计中遇到的问题、解决方法等几方面进行介绍,师生共同点评 3.学生整理并上交《个性手机支架项目记录》,教师对作品拍照,以形成完整的技术实践活动成果	

效果自评:(不合格 4,合格 6,比较好 8,非常好 10;满分 100。)

设计作品	基本功能	横向支撑	稳定性		设计过程	组织是否协调	
			强度			采用的方法是否正确	
		纵向支撑	稳定性			过程是否全心投入	
			强度			资源运用是否合理	
	成本较低				总分		
	形式新颖,外形美观						

7 教学建议

　　本项目以"个性手机支架"为载体,看似简单,却能引导学生深入感知材料的特性,体验工艺的选择,解决生活场景中的问题,学生学习更主动了。项目因以必修一内容为基础,又涉及稳定性和强度试验、结构设计与功能的关系等内容,所以与必修二"结构及其设计"章节内容匹配度较高,与高中学生的能力匹配较好,学生完成的成功率高。成功的体验更有利于激发学生学习技术、使用技术的潜能。

　　该项目耗材选用 PLA 材料,打印过程安全健康。建议 3D 打印过程由教师利用课下时间完成,从而提高项目完成的时间效率。

设计制作案例：桁架结构桥梁的设计

天津市第四十五中学　王学化

1 活动说明

（1）围绕"天津的桥"，借助电脑桥梁虚拟设计（桥梁计划），并进行虚拟测试，培养学生创新思维核心素养。设计完成后进行桥梁结构虚拟通车测试，都实现顺利通车的情况下，比较不同设计方案的材料、所花费资金，评选最优解决方案，培养学生工程思维核心素养。完成设计及测试后，将软件中桥梁桁架结构设计图按照1:2绘制到图纸上，培养学生图样表达核心素养。

（2）结合虚拟设计图纸和提供的桥梁模型制作材料和工具，开展"桁架结构桥梁"模型制作活动，完成制作后进行桥梁模型承载试验，体会结构设计应考虑的因素，培养学生工程思维和物化能力核心素养。

2 教材

本节课选自普通高中通用技术实验教材《技术与设计2》(苏教版)第一章《结

构与设计》第三节"简单结构的设计",是"结构与设计"中的重要内容之一。"结构"与"设计"共同构成了本单元的两个核心概念。教材内容的设计遵循课程设计的基本原则:在学生建立对结构感性认识的基础上,深化对结构概念的理解,分析结构的稳定性和强度,在问题的解决中学习结构的设计。本节课属于"在问题的解决中学习结构设计",与学生的生活实际联系密切,融技术设计学习和操作学习为一体,贯穿着《技术与设计 1》中的技术设计思想与方法,是培养学生创新精神和实践能力的重要载体。

3 教学目标

(1)进一步理解简单结构设计应考虑的因素,理解结构设计根据设计目标和要求的不同,对结构设计应考虑的因素要有所侧重。

(2)通过体验桥梁桁架结构模型的探究设计,并制作模型进行技术试验,培养学生的学科核心素养:技术意识、工程思维、创新设计、图样表达、物化能力。

(3)学生通过对天津桥梁的直观感受、桥梁桁架结构设计与制作,提升学生的人文底蕴、科学精神与实践创新素养。

4 教学重难点分析及解决措施

4.1 重点与难点

教学重点:桥梁桁架结构的设计及应考虑主要因素的分析。

教学难点:桥梁桁架结构设计及模型制作。

4.2 解决措施

(1)教法:探究法、实践法。学法:小组合作探究学习、实践体验。

(2)采用实践体验教学模式,为学生创设情境,使学生通过实践活动,综合运用所学知识,开展实践设计探究,进一步加深对结构设计影响因素的理解,认识到根据具体结构设计要考虑结构设计的影响因素应有所侧重。使学生学会用技术眼光看待结构问题,从而实现从感性认识到理性分析,再到进一步应用,达到知识内化的过程。这种"做中学"的策略,有助于突出重点,突破难点。

(3)桥梁设计对学生来说比较陌生,采用电脑虚拟辅助设计,很好地为学生开展设计创设情景的同时,也为学生提供了很好的设计抓手。学生利用软件界面的辅助标示、辅助工具开展设计探索,有效降低学生设计难度,进而突破教学难点。

(4)在学生进行设计和制作过程中很难开展桥梁抗风能力测试,借助虚拟设计软件进行模拟真实情况,让学生看到桥梁结构在遇到飓风情况下,结构各个部分的受力变化情况。

5 教学资源准备

教学环境:创客活动教室。

媒体选择:多媒体课件、计算机虚拟辅助设计电脑及软件、视频、学案及参考材料。

材料工具:桐木条、胶水、剪刀、尺子、砂纸等。

6 活动实施

教学设计如表4-5-1。

表 4-5-1

教学环节	任务要求	活动设计/成果展示
展示活动 作品 复习基础 知识 导入新课	1.学习回顾:结合"桥墩支撑桥梁"结构设计活动,回顾结构设计应考虑的因素 2.思考问题:桥面两侧桁架结构的作用 3.桥面桁架承载测试,引入新课内容:对桥梁桁架结构进行探究 4.了解常见的桁架结构	1.播放上节课作品展示视频,学习回顾 2.展示"解放桥"等海河上桁架结构桥视频,提出思考问题 3.桥面桁架承载测试,引入新课
虚拟桁架 结构桥梁 设计	1.结合常见的桁架结构材料及桥梁计算机虚拟设计软件进行小组探究设计 (1)在桥梁虚拟设计软件中对桥梁进行桁架结构设计,并进行虚拟测试:利用虚拟设计软件中的测试功能,对所设计的桥梁进行车辆通行虚拟测试 (2)思考设计中考虑了哪些结影响因素 2.设计成果绘图:将软件中桥梁桁架结构设计图按照1:2绘制到图纸上	1.小组设计实践 在桥梁虚拟设计软件中对桥梁进行桁架结构设计,并进行虚拟测试 2.绘图实践 3.计算机虚拟设计成果展示 4.活动总结

教学环节	任务要求	活动设计/成果展示
桁架结构桥梁模型制作及承重测试	1.布置桥梁模型制作任务 (1)用桌面提供的材料和工具完成设计的桥梁桁架结构模型制作 (2)注意材料的合理计划使用,桥梁承重值相同的,桥梁重量轻者获胜 (3)规划制作步骤,组长做好分工协调及安全监督,记录员做好活动过程记录 2.制作安全注意事项 注意剪刀、壁纸刀、胶水的安全使用。使用胶水时轻轻挤压胶管,将胶水少量挤出,避免胶水粘到手部,如果胶水触及手部,可用肥皂水或洗涤液清洗。裁切材料注意安全,防止木条伤人 3.组织桥梁模型承载测试,并记录测试结果	1.小组制作实践: 结合体验桁架桥梁结构模型制作 2.制作成果测试 3.活动总结
交流评价总结;认知扩展	1.开展模型制作实践活动交流评价,进行个别点评 2.扩展桥梁桁架结构抗风能力虚拟测试 3.结构设计应注意的问题 (1)进行结构设计时,必须明确设计的目标和要求 (2)结构设计应考虑的主要因素有:结构的功能、安全、强度、稳定性、成本、美观、个性化的需要等 (3)必须抓住主要因素开展设计工作 4.扩展认知展示塔吊图片及国泰桥等海河上的桁架结构桥梁图片,扩展学生对桁架结构应用的认识	1.成果展示交流评价 2.感受桥梁抗风能力虚拟测试 3.总结扩展

7 教学建议

(1)"桥梁计划"软件中有不同的桥梁设计情境,学生可以根据情境,选择合适的材料,利用软件界面的辅助标示、辅助工具开展桥梁结构设计探索。设计完成后,还可以借助软件中的承载测试、抗风能力测试、抗震能力测试等多种测试情境开展虚拟测试。测试完成后还可以对桥梁设计的虚拟花费成本、用料情况等进行综合统计和评分,有助于培育学生创新设计、工程思维等通用技术学科核心素养,并激励学生多方案解决问题。生活中常见的桥墩支撑结构桥梁、桁架结构桥梁、斜拉索结构桥梁均可以设计和测试。

(2)桥文化是天津地域文化和靓丽城市风景的重要组成部分,建议以桥梁结构设计贯穿"结构与设计"章节的学习。学生通过对天津桥梁的直观感受、桥梁结构设计与模型制作,这种对在生活经验基础上实际问题开展的探究和交流,有助于增强学生对技术现象及技术问题的感知与体悟,有助于提升学生的人文底蕴、科学精神与实践创新等核心素养。

(3)在进行桥梁结构模型制作的过程中,要关注材料切割和胶水粘接过程中的安全操作。本节课中采用的材料是桐木条,便于学生用剪刀切割,但是粘接的时候采用502胶水,容易粘手。

设计制作案例：激光切割多功能储物架设计

天津市第四十五中学　王学化

1 活动说明

老师办公桌上需要放置各种办公用品,结合这一实际问题,同学们进行班级科任老师用户调查、采用激光切割机、木板材料(400 mm×400 mm,厚度5 mm)为老师设计制作一款多功能桌面储物架。同学们亲历发现与明确问题、制订设计方案、制作模型或原型等项目设计制作全过程,培育学生技术意识、创新设计、工程思维、图样表达、物化能力5大学科核心素养。

2 教材分析

本案例应用教材内容是苏教版《技术与设计1》(2019版)第三章至第七章,在学习了第一章"走进技术世界"和第二章"技术世界中的设计"基础上,以设计的一般过程为主线,基于"大过程",采用"大项目"实践,学习设计一般过程几个模块,将教材知识的学习融入项目实践的各环节。

3 教学目标

(1)亲历技术设计的一般过程,理解技术设计一般过程中学业考察知识的同时,培养积极通过技术解决实际问题的意识、技术规范的意识、安全操作的意识、节约环保的意识、技术专利的意识等技术意识。

(2)能结合设计要求和设计的一般原则就项目任务进行系统分析、方案比较权衡、材料规划使用等,培育工程思维。

(3)能在综合分析的基础上制订出符合设计一般原则的设计方案,并结合技术试验在实践过程进行方案的优化,培育创新设计素养。

(4)能够识读简单的机械加工图,能结合手工和二维绘图软件(LaserMaker)绘制加工图,并结合绘制图样进行交流和表达。

(5)了解常见木质材料的加工工具和工艺方法,能按照安全规范要求完成阅读书架制作,学习激光切割等数字化加工工艺,培育物化能力。

4 教学资源准备

工程笔记、铅笔、尺木塑板或木板、电脑、LaserMaker 绘图软件、激光切割机。

5 活动实施

教学设计如表 4-6-1。

表 4-6-1

教学环节	任务要求	成果展示
发现与明确问题（1课时）	(1)通过结合对老师办公桌上物品摆放情况分析和调查，提出设计方案要解决的技术问题 (2)明确设计项目所要解决的技术问题、技术规范等要求	
制定设计方案（3课时）	(1)从人、物、环境3方面对所设计的项目进行分析，进一步明确设计要求 (2)结合设计的一般原则、设计的要求和方案构思方法制订符合设计要求和设计规范的方案，绘制草图、说明 (3)通过不同方案比较权衡，优化并呈现符合设计要求的完整设计方案	

续表

教学环节	任务要求	成果展示
设计图样的绘制（3课时）	(1)结合设计草图、三视图等知识绘制设计项目的加工图样，进行尺寸标注 第一步：进行纸面加工图纸的绘制，可以是所设计作品的部件加工图，也可以是三视图，为后面进行软件绘图奠定基础 (2)结合纸质加工图和Laser Maker绘制激光切割图 第二步：结合纸质加工图，用LaserMaker进行部件切割图绘制，为后面模型制作环节进行激光切割做基础	
制作模型或原型（2课时）	(1)结合设计方案对制作作品（产品）的材料进行选择和规划，掌握木板的加工工艺 (2)掌握激光切割机、热熔胶枪等设备和工具的使用，并能安全规范操作	

续表

教学环节	任务要求	成果展示
	(2)采用激光切割机进行材料的切割,再组装进行模型或原型的制作,注意工具安全规范使用	
技术交流与评价(1课时)	(1)绘制作品展示交流评价 (2)结合设计要求、实际需求、技术试验等,对设计方案进行多方面优化 (3)编写简单的作品(产品)使用说明	

6 教学建议

(1)在发现与明确问题、制订设计方案环节,可以先以个人进行方案设计和草图绘制,然后进行分组、讨论、筛选、项目优化,再结合集体筛选和优化的方案进行后续的图样绘制、模型制作、交流展示和优化环节,这样设计,有利于充分激发同学的积极性。强调设计项目应当实用美观且简单有创意,可以模仿但不能照搬,要考虑所设计项目能够完成制作,使学生通过项目实践提高技术意识和创新设计素养。

(2)在绘制项目加工图样时,除了可以绘制三视图以外,强调让学生绘制部件加工图,为绘图软件设计奠定基础,提高学生工程思维和图样表达能力。老师需要对 LaserMaker 绘图软件进行介绍,掌握起来比较容易。

(3)模型制作过程中,规范工具使用安全是项目实践顺利完成的保证,老师要做好演示,在制作过程中要时刻提醒,安排每组组长进行监督,防止意外发生。让每位学生都尝试使用 LaserMaker 绘图软件和激光切割机。制作完成之后,每位学生对本组项目进行评价,努力提高每位学生的物化能力。

设计制作案例：木质书架的设计与制作

天津市第二新华中学　高旭

1 活动说明

通用技术教学强调学生亲历技术设计过程，在具体技术问题的解决过程中学习技术，体现技术学科特色。课标中提供给老师们一些设计制作项目，如可调节亮度的学生用小台灯的设计、橡皮筋动力导盲小车的设计、多功能笔筒的设计等。依据天津市第二新华中学的教学条件及教师、学生的实际情况，自行开发贴近学生生活的木质书架的设计与制作项目，实现"做中学"及"学中做"，落实学科核心素养。

2 教材分析

本案例对应的教材内容是苏教版《技术与设计1》(2019 版) 第三章至第七章，在学习了第一章"走进技术世界"和第二章"技术世界中的设计"的基础上，基于项目进行实践，学习设计的一般过程，将教材知识的学习融合在项目实践的各环节中。

3 活动目标

在新课标理念的指导下,突出学科特色,培养学生的创新实践能力和学科技术素养,具体的学习目标如下。

(1)通过搜集书架资料,逐步形成搜集、分析和利用信息以及解决问题等多方面的探究能力。

(2)借助草图表达设计构思,经过小组讨论,最终确定设计方案,绘制规范的下料图,提高学生的图样表达能力及交流能力。

(3)选取合适的工具,制订合理的加工流程,完成木质书架的制作,提高学生的物化能力。

(4)通过展示评价,学会交流和分享研究细节、创意及成果,养成合作分享、积极进取的良好个性品质及精益求精的工匠精神。

4 教学重、难点分析及解决措施

4.1 重点与难点

教学重点:理解设计的一般过程。

教学难点:木工加工工具、设备的正确使用。

4.2 解决措施

创设真实的问题情境,自然引发学生的思考讨论,在问题的解决过程中,学生发现需要借助工具、设备对木材进行加工,在需求的推动下,自然认真掌握正确使用工具和设备的方法,通过反复的练习,最终完成制作。

5 教学资源准备

场地需求：通用技术专用教室、有网络环境的机房或可用手机上网。

工具：台虎钳、手锯、曲线锯、各种锉刀（三角锉、圆锉、方锉等）、手电钻或钻床、锯床、磨床、榔头、保护垫板。

材料：桐木板（尺寸 300 mm×300 mm×10 mm）、钉子、胶水、热熔胶枪、丙烯颜料、水粉等。

防护用品：护目镜、围裙、创可贴、碘伏棉棒。

6 活动实施

教学设计如表4-7-1。

表4-7-1

教学环节	任务要求	活动设计/成果展示
项目提出	问题情境：陈晨同学在教室里遇到了这样的问题：书桌上的书很多，叠在一起，需要某本书时不能很快找到；也有可能在找书时把水杯碰倒，发出很大的声音，甚至把水杯摔坏；还有很多散落的文具，即使放在笔袋里，笔袋也可能掉在地上……	活动说明：请你设计制作一个木质书架，帮助陈晨同学解决以上问题。至少能收纳桌面上的书，有附加功能会有适当加分 设计要求 1.书架跨度不小于 20 cm 2.具有一定的稳定性及强度 3.安全、美观
技能准备	操作技能准备 锯床、磨床、钻床的使用 手锯、手锉的使用	

教学环节	任务要求	活动设计/成果展示
制订 设计 方案	小组活动： 1.小组讨论、分工 2.查找资料、收集信息 3.方案构思 4.方案呈现，绘制草图或三视图等图样 5.方案筛选	
制作 原型	1.绘制下料图 原则：节省材料，便于加工	
	2.锯割 操作要领： 压实、平推、慢拐	
	3.锉削 可以使用磨床或锉刀进行打磨	

续表

教学环节	任务要求	活动设计/成果展示
	4.组装 可以用钉子或胶水及热熔胶枪等方法连接	
优化设计方案	1.功能测试 2.结合测试结果,按照设计的一般原则及设计要求改进设计	
设计的评价	一、个人评价 填写设计制作过程记录单 二、相互评价 1.抽签(组织学生抽签,确定作品展示发言顺序) 2.作品展示(2 min 内,介绍各组成部分及连接方式、创意点等,为本组拉票) 3.以小组为单位投票,选出各奖项	<table><tr><td>奖项</td><td>第一名</td><td>第二名</td><td>第三名</td></tr><tr><td>最佳工艺奖</td><td></td><td></td><td></td></tr><tr><td>最佳造型奖</td><td></td><td></td><td></td></tr><tr><td>最佳创新奖</td><td></td><td></td><td></td></tr></table>

7 评价指标

评价指标见表4-7-2。

表4-7-2

学习内容	学科核心素养	观测指标	水平层次
制订设计方案	工程思维	制订设计方案	水平1:对木质书架进行设计分析、整体规划,并遵循模型制作流程及技术要点 水平2:设计方案能实现设计功能,基本遵循模型制作流程及技术要点 水平3:设计方案、操作流程能基本实现,能领悟结构流程基本思想
	创新设计		水平1:提出符合设计原则且具有一定功能性的木质书架设计 水平2:设计方案符合人机工程学,有一定的新颖性
制作原型	图样表达	绘制技术图样	水平1:能用草图表达及交流设计构思 水平2:绘制出规范的下料图纸,对材料使用进行可视化的描述和交流
	物化能力	工具使用和部件加工	水平1:遵循工艺流程:画线—钻孔—锯割—锉削—打磨,独立完成木质书架的制作,并形成一定的操作经验积累和感悟 水平2:掌握基本的工具使用和部件加工方法,主动规避安全事故
优化设计方案	技术意识	测试、评估及优化	水平1:对木质书架进行测试、评估,以优化设计方案、完善木质书架原型,明晰技术的规范、标准与专利意识 水平2:木质书架能很好地符合设计要求,并能对作品做出一定的理性分析 水平3:分析测试和评估的具体记录,明确改进方向,形成技术的安全和责任意识
展示评价	物化能力	制作设计展板或作品详情图	水平1:展板设计内容包括作品名称、整体和局部效果图、外观尺寸图、材料说明、设计说明等 水平2:能用文字图表系统表述设计的成果

8 活动实施建议

8.1 课时安排建议（表 4-7-3）

表 4-7-3

序号	内容	课时
1	项目的提出、技能准备	2 课时
2	制订设计方案	1 课时
3	制作原型	3 课时
4	优化设计方案	1 课时
5	设计的评价	1 课时

8.2 注意事项

8.2.1 确保学生具有正确使用工具和设备的能力

在正式制作之前，学生应具备一定的工具及设备使用的能力，如果零基础，一定要先进行操作技能练习，熟练使用工具及设备，以免出现安全问题及浪费材料的情况。

8.2.2 半成品的存放

由于书架的配件较多，体积较大，所以最好能有固定的地方存放。也可以装在每组学生自带的无纺布袋子里，每节课后带走，下节课带过来，防止组件丢失而不能完成制作。

8.2.3 操作过程中的教师指导

如果需要打孔，教师一定要在旁边监督指导，以免学生换钻头时安装不紧出现安全问题。

STEAM 实践案例：智能宠物生命保障系统

天津市第四十五中学　王学化

1 活动说明

(1)通过生活情景——宠物运输过程中的安全保障问题,引出问题,让学生思考,通过头脑风暴构思解决方案,按照设计的一般过程进行初步设计。

(2)通过学习完善智能宠物生命保障系统认识系统的构成,认识系统必须具备的 3 个条件,了解系统的基本特性。

(3)分析智能宠物生命保障系统,了解系统分析的一般过程、基本方法和系统分析的主要原则。

(4)通过智能宠物生命保障系统的实现过程,理解控制的含义,了解控制的具体应用,从而理解控制系统工作原理,达到控制的目的,深化理解控制的必要性。

(5)通过项目的学习与延伸学习认识并分析开环控制系统与闭环控制系统的工作过程,了解反馈的作用与重要性。

(6)完善智能宠物生命保障系统,从项目中理解学习控制系统的设计要素,体会开环与闭环控制系统的区别与联系,并使用闭环控制系统完善作品。

(7)通过系统设计的方案,将智能宠物生命保障系统物化成作品,体验系统设计的优化与实现过程,提高学生的综合能力。

2 教材分析

本教学案例是基于苏教版《技术与设计2》(2019版)教材第三单元"系统及其设计"和第四单元"控制及其设计"进行设计的,项目贯穿两个单元的教学与学习内容,依据课程标准的要求,通过项目的学习锻炼学生的通用技术核心素养,用技术的眼光看待问题,培养学生们的技术意识,在系统设计的过程中,发展学生工程思维,提升学生物化能力与创新设计能力。通过大项目将两个单元贯穿成为一个整体,让学生完整的体验系统设计与实现,控制系统设计与实施的整个过程,并有体系的学习教材知识与技能,将两个单元的知识提纲挈领的整合到一起。

3 教学对象

本案例是针对已经学习了《技术与设计1》的学生设计的,学生已经学习了设计的原则与过程、方案的构思及方法等学科知识,能够绘制基本的设计图样,具备一定的技术素养,能够完成项目中的任务。学生学习了《技术与设计2》前两章的知识,掌握了结构与流程设计等知识,具备了一定的工程思维与设计思维。高中学生对生活中的情景问题更感兴趣,用此项目可以激发学生们的学习热情,让学生利用工程思维和技术知识解决实际生活中的问题,学以致用,认识到课本知识指导实际生活的作用,在学习中可以提升学生的合作与探究能力,为进一步学习打下良好基础。

4 教学目标

(1)学生通过对宠物运输过程中的安全保障问题的分析,参与到设计智能宠物生命保障系统的过程中,了解系统构成的 3 个必备条件,即系统组成至少要有两个或者两个以上的要素(部分),要素(部分)之间相互联系、相互作用,按照一定方式形成一个整体,系统整体具有的功能是各个要素(部分)所不具备的,在学习知识的基础上提升学生的创新设计能力。

(2)通过对智能宠物生命保障系统的进一步设计与分析,让学生总结、归纳、学习系统具有整体性、相关性、目的性、动态性、环境适应性等基本特性,让学生能够直接体验这些特性,是教学与实际相结合,提高学生的技术意识,用技术的眼光看待生活,发现问题。

(3)体验系统分析的一般过程,以此项目为例,分析构成项目的一般过程,从明确问题到最后做出决策,体会其中各环节的实施过程,发展工程思维,学习建模方法,掌握数学建模与框图建模的使用方法。

(4)通过探究学习的方式,理解整体性、科学性、综合性等技术原则的含义,并能依照这些原则改进系统,增强技术意识。

(5)通过本项目系统的设计与实现,深化理解系统的特性、分析方法、分析过程、分析原则,设计过程,提高综合能力,将理论学习与社会实践相结合,学以致用的解决实际问题,提高学生的创新设计能力。

(6)通过对智能宠物生命保障系统作用的分析,理解控制的含义,理解控制的现象、控制的目的、控制的手段,理解控制的应用领域,从项目直观地认识到控制的重要性,并能举例说明,增强学生的技术意识。

(7)通过对智能宠物生命保障系统功能的分析,理解控制系统中各个组成部分与作用,分析、体会、理解开环控制系统,认识开环控制系统的组成要素与工作过程,并画出开环控制系统的方框图,深化理解开环控制系统的作用,提升学生的图样表达能力,深化学生的工程思维。

(8)通过智能宠物生命保障系统功能的进一步分析,体会闭环控制系统的组成要素及工作过程,体会开环与闭环控制系统的区别与联系,画出闭环控制系统的方框图,理解反馈的概念,通过本项目,理解反馈的作用与重要性,提升学生的图样表达能力,锻炼学生的技术意识与工程思维。

(9)通过智能宠物生命保障系统功能的实现过程,探究控制系统的设计要素,学习并完成开环与闭环控制系统的设计,并用传感器实现开环与闭环控制系统的功能,从实际项目体会控制系统的设计思路、方法和过程,提高学生的工程思维。

(10)完成智能宠物生命保障系统项目的设计与实施,学生全面体验控制系统实施的整个过程,全面了解控制系统各个要素发挥的作用,同时对系统的概念也有更深层的认识,让学生将系统与控制的知识综合运用,使单元间的知识联系起来,成为一个整体,同时在系统的制作与实现过程中,提高了学生的物化能力与创新设计能力。

5 教学资源准备

工具:木工锉、电钻、尺、绘图纸、砂纸、工程笔记纸、木塑板或木板、激光切割机、电脑。

材料:木塑板、Arduino 芯片、智能传感器、杜邦线、宠物箱。

软件:Lasermaker 绘图软件、Mixly 图形化编程软件。

教室:通用技术教室、创客实验室。

6 教学策略

本案例主要采用了问题探究教学、项目教学、体验教学等教学方法,采用分组学习、讨论学习等学习方法。

通过情景导入抛出问题,引发学生思考,头脑风暴最终形成系统功能设计方案,让学生通过生活实际问题引入,激发学生学习兴趣,产生内驱力,从而达到主动学习的目的。

两个单元通过一个项目进行贯穿,环环相扣,在教师的引导下,以学生主动学习为主导,在各子项目学习中学习知识与技能,通过子项目间的关系建立知识的内在联系,帮助学习建构知识体系,从而达到项目学习的目的。

以小组学习的方式,通过体验式的教学方式,让学生把教材知识与社会实践结合起来,在学习过程中强化项目的作用,使学生学习知识更深刻,并能举一反三,提升技术意识与工程思维,培养学生的合作探究能力。

7 活动实施

教学设计如表4-8-1、表4-8-2。

表4-8-1 第三单元:系统及其设计

教学环节	任务要求	项目评价	课时安排
系统定义与构成	1.生活情景:通过宠物运输过程中的安全保障问题引入课程主题,学生通过头脑风暴,根据宠物在运输过程中遇到的问题,分析设计系统的各个功能,设计理解系统的定义,要素的定义,明确组成系统必备的3个条件 2.了解各温度控制系统、湿度控制系统、喂食系统、排泄系统、视频对话系统等子系统的作用,了解复杂系统有子系统组成	1.通过想能否理解系统的定义,阐述组成系统的3个必备条件。并能具体说明个必备条件 2.能分析复杂系统中的子系统,并能画出系统结构图	1课时
辨析系统的基本特性	将学生按梯度分成若干小组,进行项目学习,通过分析系统各个功能的作用,分析智能宠物生命保障系统中影响各功能的主要因素,从而能够辨析系统的基本特性	完成课后练习,能够分析出具体系统的基本特性,并能列表整理析出具体特性体现在那些方面	1课时

教学环节	任务要求	项目评价	课时安排
系统的分析	1.通过回顾之前项目的分析过程，细化项目的分析，让学生具体体验项目，明确问题设立目标、收集资料、制订方案、分析计算评价比较、校验核实、做出决策 2.分析项目的人一个子系统，用数学建模或者框图建模进行分析，画出对应的模型 3.通过项目了解系统分析的主要原则，并能结合项目进行说明 4.将项目按照一般过程详细析出各个环节，体会各个环节中的作用	1.学生能否运用适当的建模方法对具体系统进行分析 2.结合具体系统阐明项目各原则 3.学生能否析出完成的系统分析过程	3课时
系统的设计	依据项目的分析过程，将智能宠物生命保障系统分解成各子系统，根据系统设计的一般步骤设计其功能和结构，并撰写设计过程	能够根据项目分析的具体方案撰写系统设计的一般过程	1课时
系统设计的优化与实现	1.小组成员分工合作，遵循系统分析的原则将系统进行优化，通过建模方法反复验证、完善设计方案 2.绘制技术样图、功能图、结构图，认真撰写工程笔记，完成智能宠物生命保障系统设计，从而实现具体功能	1.项目工程笔记是否有优化修改的痕迹。 2.从设计的原则评价智能宠物生命保障系统	3课时

表 4-8-2　第四单元　控制及其设计

教学环节	任务要求	项目评价	课时安排
控制的方式与应用	1.通过前面系统中设计与实现的系统，学习控制的含义，通过小组讨论，分析智能宠物生命保障系统是如何实现控制的，理解控制的现象、控制的目的、控制的手段 2.扩展延伸控制在不同领域中应用的例子，了解控制在不同领域应用的重要性	学生能理解控制的含义，通过讨论分析出本项目中的控制现象、目的与手段 1.能举出不同领域中控制的应用例子并说明过程和重要性	1课时

续表

教学环节	任务要求	项目评价	课时安排
开环控制系统的设计	1.小组通过分析喂食系统与排泄系统的实现过程,认识其组成要素,理解开环控制系统 2.绘制这两个开环控制系统的方框图,分析开环控制系统的工作过程	完成课后练习,能够独立画出喂食与排泄控制系统的方框图,并说出工作过程	2课时
闭环控制系统的设计	1.通过开环控制系统的过程,小组分析讨论温度控制系统和湿度控制系统工作过程 2.绘制这两个闭环控制系统的方框图,分析闭环控制系统的工作过程 3.分析阐述这两个控制系统与前面的控制系统的区别与联系,从而理解反馈在系统中的作用	1.完成课后练习,能够独立画出温度和湿度控制系统的方框图,并说出工作过程 2.理解并说出反馈在闭环控制系统的重要作用 3.能分辨开环与闭环控制系统的区别与联系	3课时
控制系统的实施	1.小组成员分工合作,将前面的控制系统的方框图,利用相关传感器,连接实现控制系统,并通过程序完成相应的控制功能 2.利用激光切割等工具完成作品的各结构与功能,完善作品 3.在项目的实现过程,理解并阐述系统与控制的联系,让知识连接为整体 4.优化工程笔记,记录项目实施的全过程	1.项目中各子系统是否完成功能,各控制系统能否具备控制作用 2.工程笔记是否完整,并达到记录过程目的	5课时
项目的展示与交流	作品进行展示与交流,同学们互相评价,取长补短,互相学习	相互评价,指出各组的优缺点	1课时

8 教学建议

(1)利用项目进行大单元的学习过程中,一定要结合通用技术的先行知识进行学习,而且要求学生熟悉技术、设计的相关知识,掌握技术样图的绘制方法等基础知识技能,可以在教学过程中帮助学生进行复习,再讲授新知。

(2)工具的安全、规范使用是制作实践顺利开展的保证,要重点关注,老师做好演示、教育提醒的同时,还可安排组长监督提醒本组同学实施。

(3)在项目设计的过程中,学生绘制的技术样图要规范,教师要起到引导和改正的作用,提升学生图样表达能力,帮助学生培养规范意识、技术意识,为将来的学习打下良好的基础。

(4)运用工程思维做好图纸的设计,做好工程笔记的记录,让学生在学习传统的加工工具的基础上,利用激光切割等技术快速加工零件。

(5)项目开展的过程中,要求学生在基础功能上加入自己的创新意识,不要限制学生的创新思维,提高学生的创新设计能力。

(6)项目是学习的敲门砖,通过这个项目能让学生举一反三,增强学生的技术意识,教师可以引导让学生发现生活中其他的问题,并用工程思维去思考问题,解决问题。

9 项目学习过程与成果展示

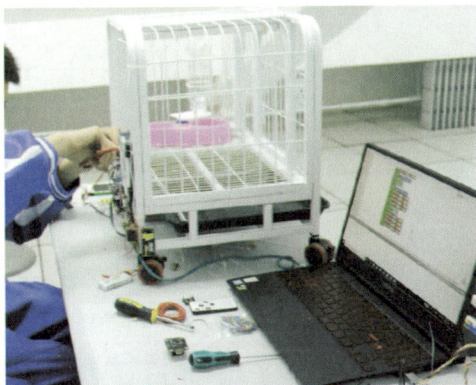

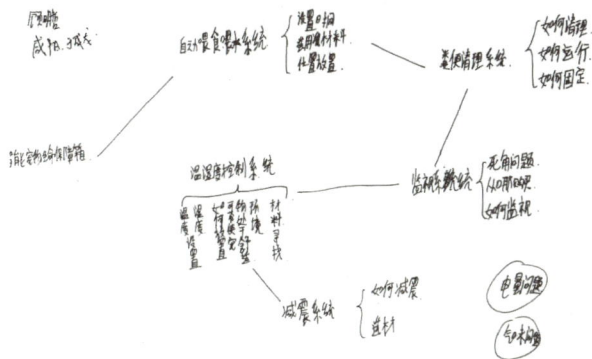

图 4-8-1　学生项目学习过程与思维导图

天津市第四十五中学创客社团工程笔记

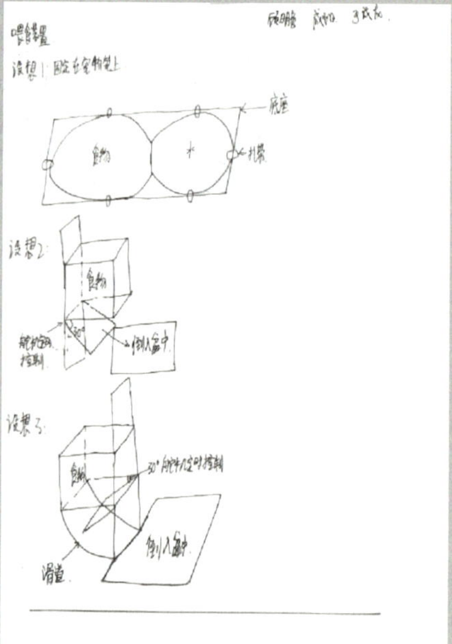

天津市第四十五中学创客社团工程笔记

天津市第四十五中学创客社团工程笔记

项目：	创客创意设计	时间：	2019.10.3
人员：	于武宏、成阳、顾明哲		
	一、在我们的社团创意设计日时，讨论活动中，我们将平时生活中的一些问题以及改变生活的想法全部都说了出来，我们每一个人都提出一个创意。 二、我们将每个人的想法都说出来以后，分别有以下几个创意。 ①自动照顾宠物的保障箱。 ②自动晒衣服的衣架 ③自动晒被子的衣盒。 三、头脑风暴 经过头脑风暴以后，最终将顾明哲所提出的“保障箱”的创意确定为本组的创新设想		

天津市第四十五中学创客社团工程笔记

项目：	创意功能设想	时间：	2019.10.5.
人员：	成阳、于武宏、顾明哲		
	一、确定了我们的创意以后，我们将生活经验与网上所查阅的一些资料结合了起来，确定了以下生活中的一些问题。 ①托运时的无人看管，以及暴力运输。 ②主人外出时，宠物在家无人看管。 ③宠物店中照顾宠物费时费力。 二、我们于是对如何解决以上问题展开了头脑风暴，便产生了创意的功能雏形。		

天津市第四十五中学创客社团工程笔记

项目：	讨论有关保障箱的实际功能 1	时间：	2019.10.15
人员：	于武宏、成阳、顾明哲		
	1. 我们讨论了有关保障箱的一些实际功能： 1 我们想解决宠物在无人看管的情况下，或者托运途中宠物的食物问题。 2 设想1 我们打算将专门的宠物盆固定在宠物窕上。 缺点：①在托运途中由于颠簸，将宠物撒出 ②在家中无人看管时，宠物可能一次全部吃掉 设想2 在宠物盆上固定一个自动开关系统。 缺点 ①易损坏，可能宠物将其咬坏。 ②不可控制进食量，以及在关闭门时可能伤害宠物 优点 可控制宠物的进食时间 设想3 将一个储存食物的罐子绑在笼子侧旁，并在罐子底部加，并用舵机控制开关， 缺点：塑料罐可能不牢固，后续可使用更坚固材料 优点：①可控制宠物进食时间 ②将食物漏到饮水喂食盆中，不会误伤宠物。 3. 我们在探讨中，最终确定了“用设想三这”一方案

天津市第四十五中学创客社团工程笔记

项目：		时间：	
人员：			

天津市第四十五中学创客社团工程笔记

项目：		时间：	2014.10.22
人员：			

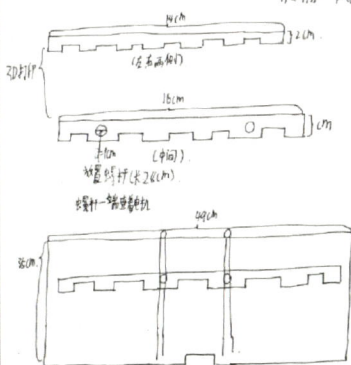

天津市第四十五中学创客社团工程笔记

项目：		时间：	2014.10.25
人员：			

天津市第四十五中学创客社团工程笔记

项目:	保障箱的程序设计	时间:	2019 11.8
人员:	于成军 戚曜 高阳		

一、在组件全部购买完成之后，我们便开始进行分工，由擅长编程的于成军负责主要程序设计部分，使用mix的配套仿真组件，继续进行程序设计，时而连接硬件进行功能调试。

二、在恒温工作进行完毕之后，我们便对自动喂食喂水系统的功能开始程序编写，并在结合硬件测试之后，功能展示实现。

天津市第四十五中学创客社团工程笔记

项目:	保障箱的程序设计	时间:	2019 11.15
人员:	于成军 戚曜 高阳		

一、自动喂食系统得到了优化之后，便对恒温恒湿调控系统进行了设计，由于组件需要的电压主板供电不能使用，便使用继电器完成组件功能，继我们学习了继电器的使用方法，在编程中不断调试，完成了恒温恒湿系统的制作。

二、我们的变低清理系统需要控制电机带动螺杆推动粪子，所以便使用组件中的电机控制板，在上一功能的启发中也能将电机也需要使用继电器。

天津市第四十五中学创客社团工程笔记

项目:	保障箱的程序与设计	时间:	2019 11.22
人员:	于成军 戚曜 高阳		

一、在便清理系统的原理及其组件已被确定之后，便于我们对其硬件进行编程调控，其中为驱动方向是一难点。

二、克服难点后，我们便完成了此系统的整部设计，调试之后，功能正常。

天津市第四十五中学创客社团工程笔记

项目:	保障箱的功能实现	时间:	2019 11.26
人员:	于成军 戚曜 高阳		

一、在各个系统编写完成之后，继与组装完成之后，我们对其在实际生活中进行了考量，便将鸡蛋放入保障箱中，历时每管18小时，每12小时打印一次采集数据，发现各项功能完善，能使系统达到预期效果。

二、在实验完毕之后，对其所得与表现进行总结时，本保障系统的缺点与可改进处主要有以下两点：
① 减震系统。
② 监控系统。

天津市第四十五中学创客社团工程笔记

项目:	智能口罩研究—实验结果的分析	时间:	10月12日
人员:	成隆 于天宇 李佳懋		

1. 今天我们讨论了"智能口罩"在前期保障的方向上做进步的地方
 ① 显示出的检测系统，以及通过以太网对方案进行完善和改进
 ② 保障执行系统
 ③ 维护系统
 ④ 控制升级装置

2. 讨论缓震装置采用的操作及原理
 ① 设想1：把设计的缓震材料填充到保障装置中
   优点：性价比高
   缺点：缓震效果不明显
 ② 设想2：在缓震装置的下层加一层缓震材料(如 boost、bounce)
   优点：缓震效果明显
   缺点：价格贵

3. 在经过一系列的讨论之后，考虑到实验结果的预期以及应有的操作性能方面，我们决定采用设想一。

天津市第四十五中学创客社团工程笔记

项目:	社会检测系统智能硬件研究进度	时间:	10月12日
人员:	于天宇 APP软件测试		

· 往后的日子我们讨论后我们进行了第二项更进—APP
· 我们由 APP Inventor 和 Blynk 中选择 Blynk 来进行我们社团的APP制作。
· 具体功能：① 可以通过无线网络来控制硬件 温度传感器
   ② 还可通过手机来远程控制 风扇和加热灯
· 显示检测情况：我们可以网上购买的摄像头来放在保障内。
  优点：有可以远程观测的状况。

天津市第四十五中学创客社团工程笔记

项目:	保障穿戴佩戴后的发现	时间:	10月13日
人员:	李佳懋 黄文钊 于天宇		

一、在加入减震与监控等系统后，我们还有APP这时正在进行最后的测试，由于我们对实验进行了改进，将实验设备接入近24小时形态中，还支持球游时带着穿戴在保障装置中，模拟状态的情况。

二、穿出效果较好后，分析发现一切完好，同时又发现了一些问题：
 ① 电量的问题，续航的时间可能不足。
 ② 佩戴透气性无法彻底研究
 ③ 减震与系统不够明显

天津市第四十五中学创客社团工程笔记

项目:	保障穿戴佩戴后的发现	时间:	10月13日
人员:	李佳懋 黄文钊 于天宇		

一、在加入减震与监控等系统后，我们还有APP这时正在进行最后的测试，由于我们对实验进行了改进，将实验设备接入近24小时形态中，还支持球游时带着穿戴在保障装置中，模拟状态的情况。

二、穿出效果较好后，分析发现一切完好，同时又发现了一些问题：
 ① 电量的问题，续航的时间可能不足。
 ② 佩戴透气性无法彻底研究
 ③ 减震与系统不够明显

天津市第四十五中学创客社团工程笔记

项目:		时间:	2020/8
人员:			

1. 空气净化装置
设想1: 定时喷撒空气清新剂
设想2: 利用风扇来换新空气

2. 缓震装置
因为经过实验，轮子的缓震不明显，所以我们决定缓震采用"设想二"在托盘下面铺一层缓震材料

3. 电池
因为电池容量上升，将对"智能宠物生命保障箱"的运行时间延长，右续采用大容量电池

第五篇

通用技术教师专业发展的研究

基于学科核心素养探索教师
专业发展路径

天津市河北区教师发展中心　吴津

摘　要：本文基于学科核心素养，深入思考与探索教师的专业成长问题，研究围绕通用技术学科改革的需要，引领教师专业化发展，探索学科核心素养导向下促进通用技术教师专业化发展的路径。

关键词：核心素养；专业化发展；路径；普职融通；区域教研

"核心素养"概念在教育部 2014 年印发的《关于全面深化课程改革落实立德树人根本任务的意见》中首次提出，这标志着我国学生核心素养和学科核心素养的培养战略已经正式启动。要建构通用技术学科的核心素养（技术意识、工程思维、创新设计、图样表达、物化能力），首先要建构教师自身的学科素养，这些需要教师通过自身的积累和不断实践才可以实现。在此背景下，我们必须深入思考与探索教师的专业成长问题，研究围绕通用技术学科改革的需要，形成相对完备的实施路径和内容载体，并将理念、目标、策略、方法等影响教育质量的关键要素纳入其中，丰富区域教研"研究、指导、服务"工作职能的内涵与外延。

学生发展核心素养的真正落地，必须通过研制，建立基于学生发展核心素养的教师教育培养模式，加大基于学科核心素养的教师研培以及促进教师自我发展的路径，引领教师专业化发展。促进教师专业化发展，助力培养教师"核心素养"，已成为教育改革的趋势，这对丰富教师发展理论，提升教师发展水平和境界，提升教师"职业幸福",具有较为深远的现实意义和重要的理论价值。作为专职教研员,必须对教研工作进行全面创新、转型升级,才能充分发挥教研系统在整体提高教育教学质量、培养创新型人才中的"杠杆"作用。基于学科核心素养探索通用技术教师专业发展路径的实践研究,力求在理念与行为之间搭建桥梁、建构模型,探索教研转型的实践路径,笔者的实践与思考如下。

1 立足主题式共研,推进分层研培,满足个性需求,助力教师专业化发展

1.1 全员研修,解决共性问题,推进教研向研培转型,倡导基于学科核心素养主题式共研

以问题为导向,梳理聚焦课堂教学、校本研修、教学规范等重点问题,服务、发现、诊断制约通用技术学科教师专业化发展的因素,开展"全员督查–定点回查–专题指导–专业引领"等不同方式和内容的教学研究活动。基于学科核心素养的内涵,根据通用技术教学中普遍存在的共性问题、难点问题、疑点问题、热点问题等,面向全体教师做形式多样的主题式研培,突出专业引领,强化有效教研,提升全员教师教学能力。

1.2 注重通用技术教师专业发展的不同阶段及需求,设置不同层级的研培内容,聚焦项目,解决关键问题,助力个体发展

开展以案例研究为载体的实证教研;以课题研究为载体的区骨干教师中心组专题研讨;开放多维度教学现场,促进校际间教师展开分层教研;构建教研协作网络等。教研员可针对教学质量相对落后的学校进行对点帮扶,针对学校制约教学质量发展的瓶颈问题和症结顽疾,送研下校,使得研培人员主体性更强,目标性更突出,研究味更浓,成效更显著。以通用技术教研组为中心吸纳聚合区域内的优秀教师,总结、提炼通用技术教学中的优秀经验并及时推广,通过分层研培模式打造学科名师,发挥学科教学的示范与辐射作用,进而满足教师专业化发展的个性需

求,助力个体发展。

1.3　突出载体设计,挖掘教研实践阵地和校本研修的指导资源

通用技术学科教研基地提炼教研组教学经验,吸纳其他学校的教研经验,累积教学、教研的实践性案例。通过主题研讨、同课异构等多种形式,聚焦关键问题,探求解决办法,主动向外传播校本研训经验,扩大通用技术学科在区内外的影响力,及时总结、推广教改先进经验。

坚持通过研训一体来支持人的发展,这彰显了教育发展关键还是教师发展的价值认同,适应了时代发展的新需求。在主题式共研中,教师践行将学科核心素养内化为自身的教育教学理念,转变为个人的教育行为,升华为自身的教育教学特色。教师在提升自身专业素养的同时必然促进了学生的发展。

2　基于学科核心素养,深化融通教研,在理念与行为之间搭建桥梁、架构模型,探索具有技术特色的"普职融通"教研模式

"普职融通"教研模式,以"融德于品、融爱于才、融道于心、融术于行"为理念引领,深刻思考如何通过建构新型区域教研文化,推进"普职融通"教研模式的常态实施、深度融合,做好积极探索并强化实施策略的规划设计。借助区域内优质技术教育资源,探索适合通用技术学科自身融通教研的新路径,进而强化学生核心素养的形成,实现终身教育理念。

(1)根据区域内通用技术教师、职业学校教师专业发展的不同阶段及各自需求,设置不同主题不同形式的研培内容,满足需求、引领需求、创造需求。有的放矢地帮助教师真正掌握通用技术专业教学技能,系统学习技术项目,逐步引导通用技术教师成为专业型教师,乃至专家型、学者型教师。具体实践如下。

1)交汇普通高中通用技术学科和职业教育的相似内容和共性问题。中职学校很多专业课程与普通高中通用技术学科、技术试验内容甚至 STEAM 课程有着很

高的相似度,通过区级教研牵头交汇二者的相似内容和共性问题,激发二者融通的工作灵感。

2)聚焦技术学科特征、发挥普职教师各自技术特长,精心打造独具个性的普职融通研培内容。由区教研员牵头,骨干教师团队着手开发建设促进普、职技术学科教师专业能力共同提升的"融通教研"研培课程。

通用技术教师通过研培课程提升操作技能水平,教师有了较强的技能运用意识和实践能力,逐渐学会并掌握技能生活化的方法,才能不断将专业技能知识内化,进而与现实生活中的事物建立起一定联系,形成专业自觉性。

(2)通过"广泛调研−聚焦问题−普职对比−融通定位−研发实践"的过程,逐步探索出具有技术特色融通教研新路径(图5-1-1),开展"普职融通"教研模式提升通用技术教师专业素养的实践研究。

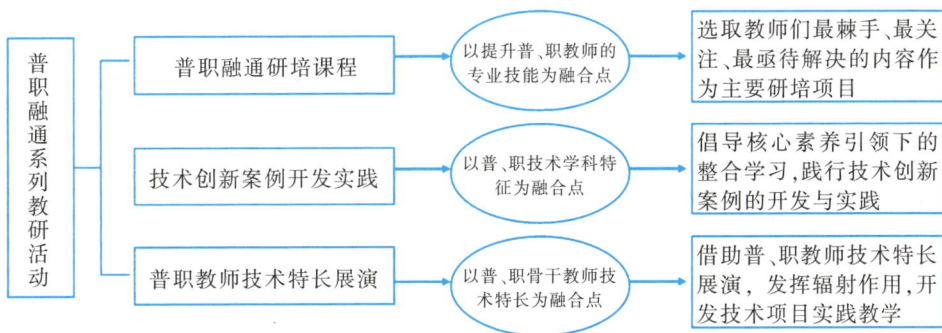

图 5-1-1 "普职融通系列教研活动"实践路径

1)以提升普、职教师的专业技能为融合点,选取教师们最棘手、最关注、最亟待解决的内容作为主要研培项目,开发"普职融通研培课程"。

2)以普、职技术学科特征为融合点,倡导核心素养引领下的整合学习,践行"技术创新案例的开发与实践研究"。

3)以普、职骨干教师技术特长为融合点,借助普、职教师技术特长展演,发挥骨干教师辐射作用,开发"技术项目实践教学"。

"普职融通"教研模式突破了仅仅针对或区域或学区片或学校等单层次问题研究的简单模式,而是站在整体的视角,从理念入手,融通问题、融通原因、融通策略、融通方法、融通资源，使教师专业素养发展获得了长远、全面、系统的强有力支持。

3 以通用技术学科核心素养为载体，以提高课堂教学质量为核心，构建"研训联动体"

联动体是以教研员为引领、学科骨干教师为辐射、青年教师为主体的研训联动团队。整合全区通用技术教师资源，打破学校间壁垒，将学科骨干教师与入职3年内的青年教师结为师徒，使青年教师在群体学习中，在学科骨干教师的帮扶下不断提升专业素养；骨干教师在带教的实践中发挥辐射作用，不断实现自我超越；教研员在引领教师专业发展中探索"研训一体"的新路径。三者职责分工、目的任务各有不同，形成了面—线—点三层联动学习生态系统，使具有不同智慧水平、知识结构、思维方式、认知风格的成员在一起形成互补，既有同质间的交汇融合、又有异质间的错落参差，这样使学习主体之间保持多元联动而和谐的关系，从而有力带动全区通用技术教师专业水平的阶梯式发展。

在基于学科核心素养探索通用技术教师专业发展路径研究过程中，还存在许多问题需要在今后教研实践中不断完善。

一是有些教师虽然改变了传统的教育理念和教学模式，但因通用技术学科兼职教师比较多，自身的重视程度不高，加之时间和精力达不到进而行动力欠缺，参加教研活动及培训的时间不能保障。这不仅制约、影响了教研培训的实效，未能充分开展周期较长的专业技能相关培训及核心素养的训练培养，在专业发展路径的实施上导致教师主体地位体现不够充分。

二是对教师专业化发展的研究程度不够，在激发教师的专业化学习积极性方面的措施不力，灵活性有待提升。在教师专业发展路径的探索中可以从转变教师观念、改革学生学习方式等角度展开教师培养体系，继续深入、系统开展实践研究，优化核心素养导向下教师专业发展的路径。

基于学科核心素养探索通用技术教师专业发展路径，是站在新时代背景下尝试以区校整体的视角审视教研的发展；尝试打破区校教研、片校教研、校校教研之间相互封闭的壁垒,以融通为原则从区域层面设计和引领学科教研活动;尝试以促进不同需求的通用技术教师专业发展为主线梳理实践研究思路。通过不断探索、共识与革新的过程,倡导推进通用技术学科核心素养的实证研究,逐步探索通用技术教师专业发展的引领路径,终将成为助力培养教师"核心素养"和专业化发展的不竭动力!

参考文献

[1]孙丽艳.高中阶段普职融通模式研究[D].石家庄:河北师范大学,2017.

[2]董西辰.核心素养下高中通用技术课堂教学探究[J].中国农村教育:2019(03):105-106.

[3]倪嘉声.普职融合 提质增效——嘉善县通用技术教研活动[EB/OL]. [2018-4-28].http://www.jxjy.com.cn/MainSite/Detail.aspx?ID=31594.

[4]白鱼江.深化普职融通合作构建人才成长通道[EB/OL]. [2018-7-24].http://www.sohu.com/a/243007689_378601.

培训、教研、科研助力通用技术教师专业发展

天津市第二新华中学　高旭

摘　要：教师是基础教育课程改革的直接参与者和实施者，教师的专业发展不仅关系到教师个人素质的提高，更关系到整个教育质量的提高。在核心素养背景下，通用技术教师的专业发展可以借助培训、教研、科研来实现，各类培训帮助通用技术教师提升专业素质及专业技能，教研帮助通用技术教师成为会思考的实践者，科研帮助通用技术教师成为研究者。

关键词：培训；教研；科研；通用技术教师；专业发展

教师是基础教育课程改革的直接参与者和实施者，教师的专业发展不仅关系到教师个人素质的提高，更关系到整个教育质量的提高。在核心素养背景下，研究、探讨教师的专业发展日益重要。教育部已经颁布《中学教师专业标准（试行）》，内容包括专业理念与师德、专业知识和专业能力3个维度、14个领域的63项基本要求，为教师的专业成长指明了方向。

通用技术是一门相对新兴的学科，据不完全统计，目前全国通用技术教师大约有40%从物理、劳技教师转来，30%从信息技术、机械教师转来，也有从语文、政治等一些不相关的学科转来的。在这样的教师专业背景下，通用技术教师的专业发展显得尤为重要。

1 教育培训助通用技术教师提升专业素质及技能

各级培训部门为教师的专业发展制订了翔实的方案,针对不同阶段的教师设定不同的培养目标,如新青教师培训、学科领航教师培训等。培训形式多样,如网络研修、集中培训、参观学习等。参加各级各类培训学习可以提高教师的专业理念,是更新、补充知识,提高教育教学技能的有效途径。

1.1 通识培训

定期开展的通识培训帮助教师理解和贯彻党和国家的方针政策,遵守教育法律法规,更新教育理念,如天津市专业技术人员继续教育公需课中《科学谋划"十四五"经济社会发展的宏伟蓝图——中共十九届五中全会、中央经济工作会议精神解读》有助于深刻理解会议精神,并在工作中认真贯彻落实。

1.2 教材、教法培训

在新课程理念、教材、教学方法等的培训中深入理解新课程,加深对技术内涵的理解,完善学科知识体系,为教学实施奠定理论基础,如全市通用技术教师的新课程培训、跟进式培训等;在专题培训中,逐步提升教学的理论与技能,如区级专题培训《基于课程标准的教学目标的制定》《微课的制作》等。

1.3 实践操作技能培训

实践性是通用技术的特色之一,在教学中要指导学生借助实践活动理解相关知识,提高技术素养。因此,教师必须要具备一定的操作技能。如图样表达技能,构思草图、三视图、轴测图等技术图样的绘制;材料加工技能,木工、金工等工具及设备的正确使用,或是能运用新设备3D打印机或激光切割机等。

在培训过程中要认真倾听,做好笔记,更要在专家的专业引导下主动参与,以问题为导向,以反思为中介,在培训后把培训内容与教育教学实践和教师研究活动紧密结合起来,以解决实际问题,推动教师专业化的自主发展。如聆听专题讲座

《关于学校教育科研课题的几个重要问题》，讲座中用典型的事例展示了如何使课题名称的表达准确、简明扼要、逻辑清晰、指向明确、内在一致。这对笔者的启发非常大，在进行课题名称界定时就曾犯了名称过空、过大的错误，按照讲座中的方法重新界定，既使课题研究内容清晰，又容易抓住研究重点，为课题的顺利实施奠定基础。

2 教研活动帮助通用技术教师成为会思考、有分析能力的实践者

教研是教师专业发展的主阵地，教研活动内容丰富，形式多样。从以下 4 个方面来阐述。

（1）通过集体备课教师们发挥各自的特色，各抒己见，相互借鉴，集思广益，加深对教材的理解，对教材内容的处理更加恰当，准确制订教学目标，优化教学实施。

（2）通过相互听课、说课、评课以及教学评比等活动交流教学经验。如同课异构活动，在做《认识流程》一课时，两位教师都应用了技术体验，但因为教学设计意图不同，教学模式也不尽相同，这就激发了教师对技术体验模式的进一步研究，在这样的过程中进行思维的碰撞，逐渐去思考问题、分析问题，不断提升自己。

（3）通过针对性的专题研究对通用技术课程进行深入研究。如通用技术课堂思政、基于课程标准的案例教学、通用技术与信息技术学科整合等研究，从不同角度加深对本学科课程的理解。

（4）通过学期初制订个人研修计划，使教学指导更具有针对性，学期末进行反思总结，在这一过程中促使自己积极进行教学实践与理论研究，不断完善提升自己。

3 科研活动帮助通用技术教师成为研究型教师

进行教育科研也是提高教师自身素质、促进教师专业发展的有效途径。课题

的选择和论证可以让教师学会质疑和反思;研究实践可以培养教师的探索精神和互助意识;教学改革可以培养教师的科学精神和求真态度。在研究中,不断丰富自己的专业知识,将理论与实践有机结合,逐步向研究者方向发展。

笔者在教育科研的过程中经历了 3 个阶段。

第一阶段:对科研的敬而远之。

刚参加工作时感觉科研特别神秘,都是专家们才能进行的工作,作为新青教师只要把教学工作完成好就行,同时又觉得教学工作非常繁忙,没时间参与科研,当然也不会系统的研究方法。这些想法就使得自己对科研即渴望又无能为力,只能敬而远之。但实际上用心教学过程中的思考及经验都会成为后期科研的视角或研究点,在不知不觉中已经在进行科学研究了。

第二阶段:参与别人的课题研究。

参与市级及国家级课题的研究工作,揭开了科研神秘的面纱,在参与的过程中,选取感兴趣的内容作为切入点,总结提炼自己的教学成果,逐步熟悉课题研究的基本程序及研究方法。

第三阶段:独立承担课题的过程。

课题研究不一定非得高大上,可以选取教学中遇到的问题,从小课题研究开始实践独立承担课题研究过程。实现从实践者到总设计兼实践者的转变。以《程序教学法在技术课中的应用研究》为例说明课题研究过程。

有的老师可能会问课题从哪里来?教学中遇到的问题即课题,问题自产生起,课题就诞生了,研究也就开始了,带着问题进行教学工作,那么教师每天所面临的真实教育情境就是教师最本真的研究过程。如《模型制作》课中设计与制作项目的教学中经常会出现两种现象,一种现象是如果教师给出模型作为参照,学生能够在熟练掌握工具的使用及加工技巧的基础上很快完成作品的制作,但往往学生作品和教师提供的模型几乎一模一样,学生的创造力没有得到充分发挥;另一种现象是如果教师不给出参照模型,在知识讲解后放手让学生去做,学生往往不知如何下手,以至于最后出现失败的作品,严重打消学习的积极性。分析出现上述问题的原因在于一个完整的技术项目的设计包含很多因素,是一个系统工程,而学生由于缺少系统设计的思想与方法,考虑问题不够全面。

教师怎么办?就需要教师将教学内容分成一个个小步子,两个步子之间的难度相差很小,允许每个学生按自己最适合的速度进行学习,学生容易成功,并建立起自信。这正是程序教学法的小步子原则。因此,采用文献法进一步查找程序教学法的相关理论。

在这一过程中明确可研究的课题《程序教学法在技术课中的应用研究》,制订研究计划及实施步骤,并在教学中依据研究成果——制订的程序进行教学实践,从学生的上课状态及作品完成情况观察该方法的教学效果。实践证明是行之有效的。同时把该方法应用在《丝网花艺》校本课程的教学上,进一步检验,并在区级教研中做主题发言,分享经验,进行成果推广。

以课题研究为载体,将经验和理论结合起来,把日常教学工作融于课题研究中去,以课题研究促进教学行为和课堂教学状态的改善,在实践中提升理念,体会教育科研的价值,从而在课题实验研究中提高科研能力。

4 善于总结成果—— 一题、一课、一文的完美结合

在天津市河西区教研室教研、科研、培训三维联动模式的培养下,把教学实践与教科研紧密联系,形成了参与一个课题研究,认真实践并及时总结,做至少一节观摩课及写出一篇围绕课题研究的论文,把课题研究落到实处的同时不断提高教学水平及实践操作能力。如在研究《程序教学法在技术课中的应用研究》课题过程中,做《跷跷板的连接》一课,荣获全国优质课评选一等奖,并在全国研讨会上执教观摩,受到专家与教师的一致好评,同时论文《程序教学法在设计与制作项目中的实践与探索》荣获天津市基础教育"教育创新"论文评选二等奖。

教师专业发展贯穿其职业生涯,在学科知识不断更新的背景下,教师的知识库只有与时俱进,才能适应时代的发展,满足学生的需求。所以,教师要以终身发展为目标,积极学习现代教育理念,使用现代教学方法,关注教育事业的前沿动态,不断拓展教师的专业素养与学术水平。

参考文献

[1]赵玉生,冯莉萍,李宗远.普通高中通用技术教师专业发展研究综述[J].吉林省教育学院学报,2012,28(02):70-71.

[2]解月光,马云鹏.普通高中技术课程实施的问题与对策[J].教育研究,2008(02):66-74.

[3]郑挺谊.通用技术教师转型及专业发展策略[J].北京教育(普教),2009(03):55-56.

附　录

附录1　普通高中通用技术课程学生学习现状的调查问卷

设计说明

本次调查对象的前置条件是确定已经开设了通用技术课程的学生。特别说明，未学习过通用技术课程的学生不在本次调查范围内。

A 学生基本情况

1.学生性别

2.学校所在地理位置

B 学生前概念

1.接触过的技术课程

2.获得技术相关知识的途径

C 课堂实践学习情况

1.学习活动过程

2.制作项目及持续时长

3.设计制作经历的环节

4.对作品的实用性的预期

D 学习效果

1.工具的使用

2.课堂反馈

3.核心素养

普通高中通用技术课程学生学习现状的调查

亲爱的同学们：

非常感谢大家抽出时间参与本次调查,此问卷旨在了解同学们学习通用技术的情况,探寻更加适合高中生的学习方式。本问卷题目选项无对错之分,数据结果仅做研究使用,请同学们如实填写。谢谢配合!

天津市中小学"学科领航教师培训工程"

高中通用技术团队攻坚项目组

1.你的性别是( )。[单选题]

选项	小计	比例
男	447	45.52%
女	535	54.48%
本题有效填写人次	982	

2.你所在的学校地理位置为( )。[单选题]

选项	小计	比例
城市	88	8.96%
区县	647	65.89%
乡镇	247	25.15%
本题有效填写人次	982	

3.在学习通用技术之前,你接触过的技术课程有( )。[多选题]

选项	小计	比例
初中劳动与技术课程	663	67.52%
校外机器人培训课程	55	5.6%
科技竞赛培训课程	61	6.21%
没有接触过	320	32.59%
本题有效填写人次	982	

4.在通用技术课上你最喜欢的学习活动有（　　　）。[排序题]

选项	平均综合得分
设计制作	2.6
技术体验	2.36
案例分析	1.53
技术探究	1.46
其他	0.29

5.你更愿意参与以下哪种设计制作项目（　　　）。[单选题]

选项	小计	比例
涵盖一节知识内容，并在课堂完成的微项目	575	58.55%
涵盖一章知识内容，2~3课时完成的中项目	239	24.34%
涵盖多章知识内容，4~6课时完成的大项目	168	17.11%
本题有效填写人次	982	

6.在设计制作时,你经历的环节有（　　　）。[多选题]

选项	小计	比例
构思	755	76.88%
绘图	589	59.98%
制作	610	62.12%
试验	510	51.93%
优化	411	41.85%
评价	473	48.17%
本题有效填写人次	982	

7.在进行设计制作时,是否希望自己的作品能在生活中应用并解决实际问题(   )。[矩阵滑动条]

行标题	平均值
期望程度	7.07
	小计:7.07 平均:7.07

8.通过通用技术课程学习,你学会使用的工具和设备有(   )。[多选题]

选项	小计	比例
金工工具	259	26.37%
木工工具	522	53.16%
电子电工	306	31.16%
3D打印机	308	31.36%
激光雕刻机	151	15.38%
其他	204	20.77%
本题有效填写人次	982	

9.通用技术课上最大的收获是什么(   )? * [排序题]

选项	平均综合得分
了解的典型的技术案例	3.42
知道了最新的科技知识	3.19
体验了设计制作的过程	2.58
学会了工艺加工工具的使用	1.62
完成了作品的制作	1.14
其他	0.31

10.你认为通过学习通用技术课,以下哪些方面得到了提升(　　)? [排序题]

选项	平均综合得分	
主动了解生活中的新技术,主动探究技术问题	3.43	
可以使用系统分析的方法分析问题,在多种方案中做出科学的决策	2.05	
根据需求设计出符合设计原则的具有创造性的构思方案,并不断优化	1.62	
掌握常见的工艺加工方法,根据方案设计要求,选择合适的材料与工具,完成产品的制作并测试优化	1.1	
能识读简单的机械加工图及控制框图,能运用二维或三维软件绘制简单的技术图样	0.97	

附录2　普通高中通用技术课程教师教学方式调查问卷

设计说明

本次调查对象的前置条件是确定已经开设通用技术课程的学校,且有专兼职教师任教。特别说明,未开设通用技术课程的学校不在本次调查范围内。

A 学校教学条件

1.学校属地

2.授课场地

3.硬件条件

B 教师个人背景

1.学科背景

2.从教背景

3.从教年限

C 课程教学情况

1.开课年级

2.开课频次

3.教材版本

D 教师教学效果

1.教学模式

2.教学方法

3.教学效果(核心素养的达成度——排序题)

E 学生学情反馈

1.过程设置

2.课堂气氛

3.教学痛点(排序题)

普通高中通用技术课程教学方式调查问卷及结果

尊敬的通用技术学科老师：

您好！

非常感谢您抽出宝贵的时间参与本次调查！作为同行，本次调查旨在了解通用技术学科教师队伍、教学活动以及教学环境建设等情况，以便有针对性地设计并开展学科教研活动，探寻提高学生核心素养达成度的教学方法，提高本学科教学质量。

问卷题目分为单选题和多选题，您的回答无所谓对错，只要能真实的反映您的感受就能达到这次调查的目的。调研问卷所涉及的数据结果只做研究使用，请您按实际情况填写即可，再次感谢您的支持与配合！

天津市中小学"学科领航教师培养工程"

高中通用技术团队攻坚项目组

第1题：您所在的学校地理位置是( )。＊[单选题]

选项	小计	比例
A.城市	80	48.19%
B.县区	29	17.47%
C.乡镇	54	32.53%
D.村落	3	1.81%
本题有效填写人次	166	

第2题：通用技术课程的教学活动场所安排在( )。＊[单选题]

选项	小计	比例
A.普通教室	81	48.8%
B.技术实践室	25	15.06%
C.普通教室和技术实践室	57	34.34%
D.其他	3	1.81%
本题有效填写人次	166	

第3题:通用技术课程教室现有的设备包括( )。* [多选题]

选项	小计	比例
A. 机械加工	106	63.86%
B. 电子电工	81	48.8%
C. 3D打印机	63	37.95%
D. 激光雕刻机	42	25.3%
E. 其他	47	28.31%
本题有效填写人次	166	

第4题:您本人取得最高学历的学科专业是( )。* [单选题]

选项	小计	比例
A. 机械类	17	10.24%
B. 自动化	10	6.02%
C. 电子类	14	8.43%
D. 信息类	31	18.67%
E. 数理类	53	31.93%
F. 文史类	11	6.63%
G. 艺术类	1	0.6%
H. 其他	29	17.47%
本题有效填写人次	166	

第5题:您本人在担任通用技术教师前所任教的学科是( )。* [单选题]

选项	小计	比例
A. 劳动技术	17	10.24%
B. 信息技术	37	22.29%
C. 通用技术	36	21.69%
D. 物理	36	21.69%
E. 计算机	1	0.6%
F. 数学	14	8.43%
G. 其他	25	15.06%
本题有效填写人次	166	

第6题:您本人现已担任通用技术教师的年限是(   )。* [单选题]

选项	小计	比例
A.1~2 年	23	13.86%
B.3~5 年	23	13.86%
C.6~10 年	39	23.49%
D.10 年以上	81	48.8%
本题有效填写人次	166	

第7题:学校开设通用技术课程的年级包括(   )。* [多选题]

选项	小计	比例
A.高一	42	25.3%
B.高二	160	96.39%
C.高三	3	1.81%
本题有效填写人次	166	

第8题:学校每周通用技术课开设的节数和编排形式为(   )。* [单选题]

选项	小计	比例
A.每周 1 次，每次 2 节	14	8.43%
B.每周 2 次，每次 2 节	11	6.63%
C.每周 2 次，每次 1 节	20	12.05%
D.每周 1 次，每次 1 节	100	60.24%
E.每 2 周 1 次，每次 2 节	5	3.01%
F.其他	16	9.64%
本题有效填写人次	166	

第9题:学校开设通用技术课程必修模块《技术与设计1》《技术与设计2》的情况是(　　)。* [单选题]

选项	小计	比例
A.高一开设必修1，高二开设必修2	37	22.29%
B.仅高一开设两册必修	7	4.22%
C.仅高二开设两册必修	113	68.07%
D.其他	9	5.42%
本题有效填写人次	166	

第10题:您本人在通用技术课程教学过程中采用过的教学模式是(　　)。* [单选题]

选项	小计	比例
A.理论教学	61	36.75%
B.实践教学	14	8.43%
C.理实一体化教学	85	51.2%
D.其他	6	3.61%
本题有效填写人次	166	

第11题:您本人在通用技术课程教学过程中使用过的教学方法包括(　　)。* [多选题]

选项	小计	比例
A.案例教学	145	87.35%
B.技术体验	83	50%
C.技术探究	74	44.58%
D.设计与制作	97	58.43%
E.项目学习	51	30.72%
F.其他	7	4.22%
本题有效填写人次	166	

第12题:您认为通用技术课程实施项目式的学习方式最大的困难是什么（　　）。* [多选题]

选项	小计	比例	
A.项目的选择	97		58.43%
B.实施的时间	86		51.81%
C.过程的管理	98		59.04%
D.项目的评价	63		37.95%
E.与教材知识的融合	71		42.77%
本题有效填写人次	166		

第13题:您本人认为在现有的教学方式下,学生基于通用技术学科的5大核心素养的达成度是（　　）。[排序题,请根据达成度由高至低排序,未达成的核心素养不填写] * [排序题]

选项	平均综合得分
A.技术意识	3.9
C.创新设计	2.82
D.图样表达	2.69
B.工程思维	2.3
E.物化能力	1.8

第14题:学生在通用技术课程教学过程中,感受的环节包括（　　）。* [多选题]

选项	小计	比例	
A.构思	145		87.35%
B.绘图	120		72.29%
C.制作	122		73.49%
D.试验	104		62.65%
E.优化	94		56.63%
F.评价	97		58.43%
本题有效填写人次	166		

第 15 题:学生在通用技术课程教学过程中表现出来的兴趣是( )。* [单选题]

选项	小计	比例	
A. 感兴趣，积极主动参与互动	40		24.1%
B. 感兴趣，但不主动参与互动	22		13.25%
C. 有的感兴趣，有的不感兴趣	97		58.43%
D. 均不感兴趣，只是被动听课	7		4.22%
本题有效填写人次	166		

第 16 题:您本人认为目前通用技术课程的教学痛点是( )。[排序题,请按照痛点程度由高至低排序] * [排序题]

选项	平均综合得分
E. 教学条件的制约	4.3
B. 授课时间的安排	3.06
F. 参考案例的匮乏	2.69
C. 授课过程的管理	2.64
A. 教材知识的融通	2.63
D. 授课评价的标准	2.03